Studienbücher

Kybernetik und Politik

Dr. phil. Wolfgang Haseloff
Dr. phil. nat. Herbert Schramm

VERLAG MORITZ DIESTERWEG
Frankfurt am Main · Berlin · München

ISBN 3-425-05351-5

1. Auflage 1976

© 1976 Verlag Moritz Diesterweg, Frankfurt am Main

Alle Rechte vorbehalten. Die Vervielfältigung auch einzelner Teile, Texte oder Bilder – mit Ausnahme der in §§ 53, 54 UrhG ausdrücklich genannten Sonderfälle – gestattet das Urheberrecht nur, wenn sie mit dem Verlag vorher vereinbart wurde.

Gesamtherstellung: Brühlsche Universitätsdruckerei, Gießen

VORWORT

Mit der vorliegenden Schrift wird der Versuch unternommen, im weiten Bereich der Datenverarbeitung die *naturwissenschaftlich-technische Entwicklung* und deren *Einwirkung auf Gesellschaft und Politik* zu beschreiben. Das *Technische Zeitalter*, an dessen Anfang wir stehen und dessen hervorragende Merkmale die Durchsetzung der *Automation* und der *Datenverarbeitung* sind, verlangt auch in der Schularbeit die Berücksichtigung der Ergebnisse von naturwissenschaftlicher Forschung und ihrer technischen Anwendung sowie die sozialwissenschaftliche Reflexion ihrer Konsequenzen für Gesellschaft und Politik. Ein wichtiges Ergebnis der gegenwärtigen naturwissenschaftlich-technischen Revolution wird die *Mathematisierung fast aller Lebensbereiche*, also auch der Wirtschaft, Gesellschaft und Politik sein.

Politische Bildung wird von diesem Prozeß immer stärker beeinflußt werden. Da politisches Handeln zunehmend die Datenverarbeitung einbeziehen oder sogar von ihr ausgehen wird, kann politisches Urteilen künftig nicht mehr ohne Kenntnis der mathematischen Grundlagen, der technischen Gestaltung und der Wirksamkeit der Datenverarbeitung in Wirtschaft, Gesellschaft und Politik möglich sein.

Die Schularbeit wird sich stärker um eine *Synthese von Natur- und Sozialwissenschaften* bemühen müssen. Insbesondere die Zusammenarbeit von Biologie und politischer Bildung wird notwendig sein, da im Bereich der Biologie Forschungsergebnisse und Entwicklungen auf uns zukommen, die das Zusammenleben der Menschen sehr nachhaltig beeinflussen werden. *Die politische Gestaltung der biologischen Entwicklungen muß schon jetzt ins Auge gefaßt werden.*

Mit der vorliegenden Schrift wird zusätzliches Material zur politischen Bildung angeboten; im Vordergrund stehen dabei die Themen *Herrschaftsformen und Entscheidungsanalyse, Planung* von Wirtschaft und Gesellschaft, *Ökologie und Politik, technokratische Herrschaft* sowie *Informationswesen*.

Eine ausführlichere Darstellung der Nachrichtenverarbeitung in biologischen Systemen bietet das Werk von H. Birett: Funktionsmodelle — Versuche zur biologischen Nachrichtenverarbeitung; Verlag Moritz Diesterweg, Frankfurt am Main 1974. Die zozialpolitischen Auswirkungen der naturwissenschaftlich-technischen Revolution werden eingehend behandelt in dem Werk von G. Lauschke: Automation und Kybernetik — Wirtschaft und Gesellschaft im Wandel; Verlag Moritz Diesterweg, Frankfurt am Main 1968. Es wird empfohlen, diese beiden Werke zur Arbeit mit der vorliegenden Schrift hinzuzuziehen.

INHALTSVERZEICHNIS

1 Kybernetische Grundlagen
Von Dr. phil. nat. Herbert Schramm

1.1	**Abgrenzung und Bestimmung des Begriffes Kybernetik**	1
1.1.1	Anfänge kybernetischer Denkweise	1
1.1.2	Versuche einer Definition des Begriffes Kybernetik	2
1.2	**Grundlagen der Informationstheorie**	5
1.2.1	Nachrichten	5
1.2.2	Zeichen und Signal	6
1.2.3	Codierung	7
1.2.4	Kommunikation	14
1.2.5	Informationsgehalt eines Zeichenvorrates	17
1.2.6	Entscheidungsgehalt eines Zeichenvorrates	21
1.2.7	Informationsgehalt und Wahrscheinlichkeit	24
1.2.8	Der mittlere Informationsgehalt eines Zeichens	25
1.2.9	Entropie einer Nachrichtenquelle	28
1.2.10	Transinformation	31
1.2.11	Technik der Nachrichtenspeicherung	32
1.2.12	Technik der Nachrichtenübertragung	36
1.3	**Nachrichtenverarbeitung**	42
1.3.1	Verknüpfung von Nachrichten	42
1.3.2	Boolesche Funktionen	46
1.3.3	Realisierung von Rechenoperationen durch logische Verknüpfungen	48
1.3.4	Rechenanlagen	50
1.4	**Grundlagen der Regelungstheorie**	56
1.4.1	Steuerung und Regelung	56
1.4.2	Grundbegriffe der Regelungstheorie	59
1.4.3	Festwertregelung und Nachlaufregelung	63
1.4.4	Stetige und unstetige Regler	63
1.4.5	Instabilität	64
1.5	**Grundlagen der Systemtheorie**	66
1.5.1	Systeme	66
1.5.2	Die »Black-Box«-Methode	72
1.5.3	Systeme in ihrer Umwelt: Stabilität, Ultrastabilität, Multistabilität, Adaptivität	76
1.5.4	Lernen	79
1.5.5	Lernende und lehrende Automaten	82
1.5.6	Grundbegriffe der Spieltheorie	83

2 Kybernetik in Gesellschaft und Politik
Von Dr. phil. Wolfgang Haseloff

2.1 Die naturwissenschaftlich-technische Revolution 90
2.1.1 Der Computer und die Informationsflut 90
2.1.2 Gefahren für die Entwicklung der Menschheit 94
2.1.3 Das Problem umfassender Planung 95
2.1.4 Sozialwissenschaften und Kybernetik 102

2.2 Zukunftsaussichten der Menschheit 109
2.2.1 Ergebnisse einer Systemanalyse 109
2.2.2 Das technische Potential der Datenverarbeitung 120
2.2.3 Veränderungen der Sozialstrukturen 124
2.2.4 Veränderungen der Entscheidungstechniken 126

2.3 Die gesellschaftliche Bedeutung der Datenverarbeitung 135
2.3.1 Politische Aspekte der Datenverarbeitung 135
2.3.2 Moralische Aspekte der Datenverabeitung 140
2.3.3 Schutz vor der Datenverarbeitung 141

2.4 Politische Kybernetik 148
2.4.1 Kybernetische Probleme der Politik 148
2.4.2 Kybernetik und Politik im Ostblock 157
2.4.3 Gefahr der Technokratie 161
2.4.4 Möglichkeiten zur Erweiterung der Demokratie 165

3 Anhang

3.1 Literatur 171

3.2 Namen- und Sachregister

1 KYBERNETISCHE GRUNDLAGEN

Von Dr. phil. nat. Herbert Schramm

1.1 Abgrenzung und Bestimmung des Begriffes Kybernetik

1.1.1 Anfänge kybernetischer Denkweise

Zu einer ersten Abgrenzung des Begriffes Kybernetik gelangt man durch eine Aufzählung der Teildisziplinen, aus denen diese neuartige Wissenschaft entstanden ist:

1. Informationstheorie
2. Theorie der Regelmechanismen
3. Systemtheorie
4. Spieltheorie
5. Theorie der programmgesteuerten Rechenanlagen
   (einschließlich formaler Logik und Algorithmentheorie).

Eine vorläufige Definition, die diese Teilbereiche weitgehend überdeckt, könnte etwa lauten: *Kybernetik ist die Wissenschaft von den informationsverarbeitenden Systemen.* Ihre zentralen Begriffe sind »*Information*« und »*Regelung*«. Man versteht darunter — durchaus in der umgangssprachlichen Bedeutung — »*nützliche Nachricht*« und »*Steuerung auf Grund von Messungen*«.

Ihr Anwendungsbereich umfaßt praktisch alle Gegenstände der Natur- und Sozialwissenschaften, soweit die in den angegebenen Teildisziplinen implizierten Begriffe und Methoden mit im Spiel sind.

Ansätze kybernetischer Denkweise lassen sich in der Geschichte der Wissenschaft weit zurückverfolgen. *Die Entstehung der aristotelischen Logik im Altertum und deren Verfeinerung in der mittelalterlichen Scholastik* sowie die *Einführung des Dualsystems* durch Gottfried Wilhelm Leibniz kann man als *theoretische Vorstufen* der Kybernetik betrachten. Die *Rechenmaschinen* von Wilhelm Schickard und Charles Babbage sowie der *Zentrifugalregulator* von James Watt sind *frühe Beispiele angewandter Kybernetik*.

Die entscheidenden Schritte, die die Kybernetik als Wissenschaft konstituiert haben, bestanden jedoch in der konsequenten *Mathematisierung von Informationsgehalten*, der systematischen *Untersuchung von Regelungsvorgängen* — auch in nichttechnischen Bereichen — sowie der *Konstruktion von funktionsfähigen programmgesteuerten Rechenanlagen*. Diese Schritte sind verknüpft mit den Namen Claude Elwood Shannon,

Hermann Schmidt, Norbert Wiener und Konrad Zuse; sie fallen im wesentlichen in den Zeitraum von 1935 bis 1950.

In den folgenden Jahren haben kybernetische Grundbegriffe und Methoden auch in Bereiche Eingang gefunden, bei denen eine Mathematisierung zuvor nicht möglich schien, z. B. in die Politologie, Soziologie, Informationspsychologie, Pädagogik, Ästhetik, u. a.

Die von Norbert Wiener vorgeschlagene Bezeichnung Kybernetik (griechisch: κυβερνήτης = Steuermann) beschreibt das Wesen dieser neuen Wissenschaft sehr zutreffend: Die Aufgabe, Grundsatzentscheidungen des Kapitäns (Angabe des Zieles) in Detailentscheidungen (Festlegung von Kurs und Geschwindigkeit) umzusetzen, obliegt dem Steuermann. In der Kybernetik gilt es mithin, *Methoden zur Erreichung eines vorgegebenen Zieles* zu entwickeln. Das Setzen von Normen und das Fällen von Grundsatzentscheidungen gehören hingegen nicht zum Gegenstand der Kybernetik.

Mit diesen Ausführungen hat der Begriff Kybernetik eine *vorläufige Abgrenzung* und Verdeutlichung erfahren. Eine verbindliche und *allgemein anerkannte Definition* gibt es *heute noch nicht;* wir machen uns das klar, indem wir einige Versuche der Definition, die von führenden Kybernetikern stammen, miteinander vergleichen.

1.1.2 Versuche einer Definition des Begriffes Kybernetik

Norbert Wiener, auf den die Bezeichnung Kybernetik zurückgeht, schreibt 1948 (52; S. 32):

»So hatte die Gruppe der Wissenschaftler um Dr. Rosenblueth und mich ... die tatsächliche Einheit der Probleme der Nachrichtenübertragung, Regelung und der statistischen Mechanik erkannt, sowohl bei der Maschine wie im lebenden Gewebe. Auf der anderen Seite waren wir ernstlich durch den Mangel an Eindeutigkeit der Literatur über diese Probleme und durch das Fehlen jeder allgemeinen Terminologie oder auch nur eines einzigen Namens für das Gebiet behindert ... und wie es Wissenschaftlern so oft ergeht, waren wir gezwungen, schließlich einen künstlichen neogriechischen Ausdruck zu prägen, um die Lücke zu füllen. Wir haben beschlossen, das ganze Gebiet der Regelung und Nachrichtentheorie, ob in der Maschine oder im Tier mit dem Namen »Kybernetik« zu benennen, den wir aus dem griechischen »κυβερνήτης = Steuermann« bildeten.«

In dieser Definition stehen *Nachrichtenübertragung und Regelung im Mittelpunkt.* Norbert Wiener erwähnt in der Einleitung seines Buches die Arbeiten von Claude Elwood Shannon über nachrichtentheoretische Probleme. Hinweise von Hermann Schmidt auf die Gleichartigkeit technischer, biologischer und politischer Regelmechanismen waren ihm offensichtlich unbekannt.

In der Folgezeit kann man eine interessante *Akzentverschiebung* in den Bemühungen um eine möglichst alles überdeckende Definition beobachten.

So schreibt K. Steinbuch 1965 (40; S. 325): »Unter Kybernetik wird die Wissenschaft von den informationellen Strukturen im technischen und außertechnischen Bereich verstanden.«

Hier liegt der Schwerpunkt bei dem Begriff »*Strukturen*«. Unter Strukturen versteht man die Gesamtheit der Beziehungen zwischen den Elementen eines Systems.

Das »System« als zentraler Begriff der Kybernetik wird noch stärker betont bei der Definition von H. J. Flechtner 1969 (12; S. 10): »*Kybernetik ist die allgemeine, formale Wissenschaft von der Struktur, den Relationen und dem Verhalten dynamischer Systeme.*«

Eine Verdeutlichung des Modellcharakters kybernetischer Überlegungen findet man bei R. Lohberg und Th. Lutz 1969 (29; S. 84): »*Kybernetik untersucht strukturelle Zusammenhänge an Organismen und organisierten Systemen und versucht, die als wesentlich erkannten Zusammenhänge in Modellen zu simulieren.*«

Bei G. Klaus 1961 (23) steht der Systemcharakter im Vordergrund: »*Kybernetik ist die Theorie des Zusammenhanges möglicher dynamischer Systeme mit ihren Teilsystemen.*« In einer populärwissenschaftlichen Darstellung konkretisieren G. Klaus und H. Liebscher 1969 den Begriff Kybernetik durch eine Aufzählung der Aspekte (25; S. 22): »*Sie untersucht die Prozesse in dynamischen Systemen unter den Aspekten des Systems, der Regelung, der Information, des Spiels und des Algorithmus*[1].«

Eine in der sprachlichen Fassung und der begrifflichen Schärfe sehr anspruchsvolle Definition gibt H. Frank 1964 *(13; S. 14)*: »*Kybernetik ist die Theorie der Funktionsmöglichkeiten informationeller Systeme unter Abstraktion von deren physikalischen, physiologischen oder psychologischen Besonderheiten, ferner die Konkretisierung dieser abstrakten Theorie auf vorgegebene, physikalisch, physiologisch oder psychologisch zu kennzeichnende Systeme und schließlich die planmäßige Verwirklichung solcher Systeme zur Erfüllung vorgegebener Zwecke.*«

1970 findet man bei demselben Autor eine komprimiertere Fassung (13; S. 19): »*Die Kybernetik ist die kalkülhafte Theorie und Technik der Objektivation geistiger Arbeit.*«

Dieser Auswahl von Definitionen kann man entnehmen, daß es eine von allen Seiten akzeptierte Begriffsbestimmung nicht gibt. Es läßt sich jedoch — unter Beachtung der verschieden starken Betonung der einzel-

---

[1] Ein Algorithmus ist eine Gesamtheit von Regeln, deren Befolgung zu einem gewünschten Ziel führt.

1.1 Abgrenzung und bestimmung des Begriffes Kybernetik

nen Aspekte — schon ein deutliches Profil des Gegenstandes der Kybernetik und damit auch ihrer Methodik erkennen.

Versucht man, das den zitierten Definitionen Gemeinsame herauszufinden und möglichst einprägsam wiederzugeben, dann empfiehlt sich die eingangs vorgeschlagene summarische Begriffsbestimmung: »Kybernetik ist die Wissenschaft von den informationsverarbeitenden Systemen.« Wir schließen uns damit der von H. Anschütz 1967 gegebenen Definitionen an (1; S.12): »*Die Kybernetik ist die Theorie aller denkmöglichen informationsverarbeitenden Systeme.*«

Die offensichtliche Unvollkommenheit aller Definitionsversuche sollte nicht davon abhalten, sich mit der Kybernetik zu beschäftigen. Bei einer Wissenschaft, die gerade im Entstehen ist, fällt es schwer, Thematik und Methodik präzise zu beschreiben, zumal sich der Umfang der von der neu an (1; S.12): »*Die Kybernetik ist die Theorie aller denkmöglichen* weitert hat.

Man vergleiche auch mit der Situation in der Philosophie: das Fehlen einer allgemein verbindlichen Antwort auf die Frage: »Was ist Philosophie?« hemmt durchaus nicht den Fortgang der philosophischen Forschung, d.h. des Prozesses der Daseinserhellung.

Diese allgemeinen Betrachtungen ergeben den Rahmen für die folgende Darstellung kybernetischer Grundbegriffe und Methoden.

Verständnisfragen zu Kapitel 1.1

1.1.1 Geben Sie eine kurze und einprägsame Definition des Begriffes Kybernetik!
1.1.2 Beschreiben Sie die historischen Wurzeln der Kybernetik!
1.1.3 Welche Gründe haben dazu geführt, kybernetische Begriffe und Methoden zur Bewältigung wissenschaftlicher Probleme anzuwenden?
1.1.4 Erläutern Sie jeweils an einem einfachen Beispiel die kybernetischen Begriffe Information, Regelung, System, Spiel und Algorithmus!
1.1.5 Erläutern Sie an Hand des griechischen Wortes κυβερνήτης = Steuermann die Aufgabe der kybernetischen Instanz in einem System!

1.2 Grundlagen der Informationstheorie

1.2.1 Nachrichten

Eine Analyse der *Vorgänge des täglichen Lebens* zeigt, daß stets in irgendeiner Weise die Übermittlung von Nachrichten eine Rolle spielt. Diese Feststellung trifft in noch stärkerem Maße zu, wenn man *wirtschaftliche und politische Prozesse* in die Untersuchung einbezieht.
Man verdeutlicht sich die Wichtigkeit einer funktionierenden Nachrichtenübermittlung durch die Vorstellung, alle uns geläufigen Kommunikationsmittel — Zeitungen, Bücher, Rundfunk, Fernsehen, Telephon, Briefpost, Giroverkehr u.a. — fielen aus. Die Folgen für ein Gebilde von so großer Komplexität, wie es unsere hochgradig arbeitsteilige Industriegesellschaft darstellt, kann man sich unschwer ausmalen: alle Prozesse, bei denen es auf einen genau festgelegten zeitlichen Ablauf ankommt, ließen sich nur eine kurze Zeit aufrecht erhalten und kämen dann zum Stillstand. Der Grund läßt sich leicht einsehen: *der für die Synchronisation der Vorgänge notwendige Nachrichtenfluß fehlt.*

Der Errichtung und Unterhaltung funktionsfähiger Nachrichtenverbindungen kommt daher die gleiche Bedeutung zu wie der ausreichenden Versorgung mit Energie. Der konstruktive und finanzielle Aufwand für Einrichtungen der Nachrichtenübertragung steigt ständig an. Die Frage, wie man möglichst viel Nachrichten möglichst schnell und mit einem Minimum an Aufwand transportiert, speichert und verarbeitet, rückt immer mehr in das Zentrum des Interesses.

Zur begrifflichen Klärung stellen wir den Vorgang der Nachrichtenübermittlung in einem Blockdiagramm dar (Abb. 1.2/1).

Von einer Nachrichtenquelle (z.B. einem Reporter) geht eine Nachricht über einen Nachrichtenkanal (z.B. ein Telephonkabel) zu einem Adressaten (z.B. einem Redakteur). Man schreibt der betreffenden Nachricht nun drei Funktionen zu:

(a) *die semantische Funktion* (das, was der Reporter meint; das, was der Inhalt der Nachricht bedeutet)
(b) *die pragmatische Funktion* (das, was beim Redakteur eine Änderung des Bewußtseins hervorruft; das, was die Nachricht beim Adressaten bewirkt)

Abb. 1.2/1. Blockdiagramm der Nachrichtenübermittlung und der Nachrichtenfunktionen

(c) *die syntaktische Funktion* (das, was die formale gegenseitige Beziehung der Elemente der Nachricht zueinander ausmacht, etwa die Stellung der Worte im Satz, dessen grammatischer Aufbau, die Anzahl der Worte, die Dauer des Ferngesprächs, die Wahl der Sprache.

Die Informationstheorie befaßt sich fast ausschließlich mit Fragen, die sich auf die syntaktische Funktion der Nachricht beziehen, denn allein dieser Bereich hat sich bis jetzt für eine weitgehende Mathematisierung als geeignet erwiesen.

1.2.2 Zeichen und Signal

Jede Nachricht setzt sich aus *Zeichen* zusammen. Ein Zeichen ist ein Element aus einer endlichen Menge von vereinbarten Elementen. Diese Menge nennt man *Zeichenvorrat*. Beispiele sind die Buchstaben des Alphabets, die Ziffern des Dezimalsystems, die Symbole der chemischen Elemente, die Zeichen der Genealogie, die Hieroglyphen, die Zeichen der Morsetelegraphie, die Rangabzeichen innerhalb einer Hierarchie, u.a.

Der einfachste Zeichenvorrat besteht aus zwei Elementen, z.B. »O« und »L«, oder »0« und »1«, oder □ und ■. Man nennt diese Zeichen *Binärzeichen*. Da sich physikalische Erscheinungen, die nur zweier Zustände fähig sind, technisch leicht realisieren lassen (Schalter ein oder aus, Diode als Gleichrichter in Durchlaßschaltung oder in Sperrschaltung, ein Ring aus magnetisierbarem Material mit magnetischem Durchfluß in der einen oder in der anderen Richtung) nehmen Binärsysteme in der Nachrichtenübertragung und -verarbeitung eine zentrale Stellung ein.

Jedes Zeichen bedarf zu seiner Übermittlung eines energetischen oder materiellen Trägers. Die Zeichen des Morsealphabets lassen sich durch länger oder kürzer dauernde Stromstöße realisieren, die Buchstaben in einem Schreibmaschinentext durch eine Anhäufung von Farbstoff auf Papier. Diese physikalische Darstellung eines Zeichens oder einer Nachricht nennt man *Signal*.

Setzt man mehrere Zeichen zu einem neuen Zeichen zusammen — gegebenenfalls mit einer neuen Bedeutung —, so entsteht ein *Superzeichen*. Den Vorgang der Superzeichenbildung nennt man *Superierung* (Abb. 1.2/2).

```
OOOOOOOOOOOOOOOO
OOOOOOOLLOOOOOOO
OOOOOOOLLOOOOOOO
OOOOOOOLLOOOOOOO
OOOLLLLLLLLLLOOO
OOOLLLLLLLLLLOOO
OOOOOOOLLOOOOOOO
OOOOOOOLLOOOOOOO
OOOOOOOLLOOOOOOO
OOOOOOOLLOOOOOOO
OOOOOOOOOOOOOOOO
```

Abb. 1.2/2. Darstellung des Superzeichens »+« durch die Zeichen »O« und »L«

1.2.3 Codierung

Der Wunsch, bei der Nachrichtenübertragung und -verarbeitung mit einem Zeichenvorrat zu arbeiten, der möglichst wenig Zeichen enthält, führt zwangsläufig zum *Binärsystem*. Man hat also die Aufgabe, die uns geläufigen Zeichensysteme (z. B. die Buchstaben des Alphabets und die Ziffern des Dezimalsystems) durch Binärzeichen auszudrücken.

Eine Zuordnung von Zeichen eines Zeichenvorrats zu den Zeichen eines anderen Zeichenvorrats nennt man *Codierung* oder *Code*. Besteht der Zeichenvorrat, zu dem die Zuordnung erfolgt, aus zwei Zeichen, so spricht man von einer *binären Codierung* oder einem *Binärcode*. Tabelle 1.2/1 gibt ein Beispiel für eine nichtbinäre Codierung (Zeichen für römische Zahlen), Tabelle 1.2/2 ein Beispiel für eine binäre Codierung der Ziffern des Dezimalsystems.

Tabelle 1.2/1: Code: Zuordnung von Zeichen

Römisch		Arabisch
I	↔	1
V	↔	5
X	↔	10
L	↔	50
C	↔	100
D	↔	500
M	↔	1000

Tabelle 1.2/2: Eine Möglichkeit, Dezimalziffern binär zu codieren

Dezimal	Binär	Dezimal	Binär
0	O	10	LOLO
1	L	11	LOLL
2	LO	12	LLOO
3	LL	13	LLOL
4	LOO	14	LLLO
5	LOL	15	LLLL
6	LLO	16	LOOOO
7	LLL	17	LOOOL
8	LOOO	⋮	⋮
9	LOOL	32	LOOOOO

Reiner Dualcode für die Ziffern 0 bis 9; zugleich Codierung für die Zahlen 0, 1, 2, ... 15, 16, 17 ... 32 im Zweiersystem.

Für den reinen Dualcode findet man auch oft eine andere Schreibweise: bei den Dezimalziffern 0 bis 7 werden in der binären Darstellung jeweils noch soviel »0«-Zeichen vorangestellt, daß vier Binärzeichen *(»Tetraden«)* dastehen,

also	OOOO	anstelle von	O	(= 0)
also	OOOL	anstelle von	L	(= 1)
also	OOLO	anstelle von	LO	(= 2)
also	OOLL	anstelle von	LL	(= 3)
also	OLOO	anstelle von	LOO	(= 4)
also	OLOL	anstelle von	LOL	(= 5)
also	OLLO	anstelle von	LLO	(= 6)
also	OLLL	anstelle von	LLL	(= 7)

Damit ist — auch im Schriftbild — eine gewisse Einheitlichkeit gewahrt, die den Vergleich mit anderen Codierungsmöglichkeiten (vgl. Tabelle 1.2/3) erleichtert.

Tabelle 1.2/2 zeigt: mit drei Binärzeichen kann man höchstens 8 Dezimalziffern darstellen; mit vier Binärzeichen könnte man sogar 16 Ziffern darstellen. Da man aber nur 10 Ziffern auszudrücken braucht, sind bei 16 Möglichkeiten 6 davon überflüssig. Dieser nicht vermeidbare *»Überfluß«* an Darstellungsmöglichkeiten erweitert natürlich die Anzahl der prinzipiell möglichen Zuordnungen beträchtlich. Tabelle 1.2/3 gibt zwei andere Binärcodes an, die in der Praxis der elektronischen Rechenanlagen Bedeutung erlangt haben.

Soll man z.B. die Zahl 1976 binär codieren, so wird:

		1	9	7	6
im reinen Dualcode:	1976 =	OOOL	LOOL	OLLL	OLLO
im 3-Exzeß-Code:	1976 =	OLOO	LLOO	LOLO	LOOL
im Aiken-Code:	1976 =	OOOL	LLLL	LLOL	LLOO

Tabelle 1.2/3: 3-Exzeß-Code und Aiken-Code

3-Exzeß-Code		Aiken-Code	
0	OOLL	0	OOOO
1	OLOO	1	OOOL
2	OLOL	2	OOLO
3	OLLO	3	OOLL
4	OLLL	4	OLOO
5	LOOO	5	LOLL
6	LOOL	6	LLOO
7	LOLO	7	LLOL
8	LOLL	8	LLLO
9	LLOO	9	LLLL

Die Auswahl der tatsächlich verwendeten Codes aus der sehr großen Anzahl ($16!/6! = 7 \cdot 8 \cdot 9 \cdot 10 \cdot 11 \cdot 12 \cdot 13 \cdot 14 \cdot 15 \cdot 16 \approx 29$ Milliarden) der möglichen Zuordnungen von Tetraden aus Binärzeichen zu Dezimalziffern erfolgt nach Gesichtspunkten, die sich aus dem Verwendungszweck ergeben.

Diese eben besprochenen Codes nennt man **BCD-Codes** (aus der Abkürzung von **B**inary-**C**oded **D**ecimal **Codes**). Jede einzelne Dezimalziffer wird für sich binär codiert und dann gemäß ihrem Stellenwert im Dezimalsystem geschrieben (vgl. das Beispiel der binären Codierung von 1976).

Das vom elementaren Mathematikunterricht her bekannte **Zweiersystem** unterscheidet sich von der BCD-Codierung durch den Stellenwert der Binärzahlen in der dargestellten Zahl. Im Zweiersystem wird jede Zahl als Summe der Potenzen von 2 dargestellt. Es gilt z. B.:

$$
\begin{aligned}
1976 &= 1 \cdot 1024 + 1 \cdot 512 + 1 \cdot 256 + 1 \cdot 128 + 0 \cdot 64 \\
&\quad + 1 \cdot 32 + 1 \cdot 16 + 1 \cdot 8 + 0 \cdot 4 \\
&\quad + 0 \cdot 2 + 0 \cdot 1 \\
&= 1 \cdot 2^{10} + 1 \cdot 2^9 + 1 \cdot 2^8 + 1 \cdot 2^7 + 0 \cdot 2^6 \\
&\quad + 1 \cdot 2^5 + 1 \cdot 2^4 + 1 \cdot 2^3 + 0 \cdot 2^2 \\
&\quad + 0 \cdot 2^1 + 0 \cdot 2^0
\end{aligned}
$$

Ordnet man der »1« vor einer Zweierpotenz ein »L« zu und der »0« vor einer Zweierpotenz ein »O«, dann erhält man, bei der höchsten Zweierpotenz (hier 2^{10}) anfangend und von links nach rechts schreibend:

$$1976 = \text{LLLLOLLLOOO}$$

Im Zweiersystem reduziert sich im Vergleich zur BCD-Codierung die Anzahl der benötigten Binärzeichen; die Rückübersetzung in das Dezimalsystem erfordert jedoch einen höheren Rechenaufwand. In elektronischen Rechenanlagen finden daher vorwiegend BCD-Codes Verwendung.

Zur binären Darstellung der 26 Buchstaben des Alphabets bzw. der aus ihnen zusammengesetzten Nachrichten — der sogenannten *Alphatexte* — genügen 5 Binärzeichen, weil $26 < 32 = 2^5$ gilt. Wenn man jedoch die 10 Ziffern des Dezimalsystems hinzunimmt — man spricht dann von einem *alphanumerischen Zeichenvorrat* —, so erhöht sich die Anzahl der zu codierenden Zeichen auf 36; dazu kämen noch die Interpunktionen und einige Sonderzeichen.

Um dennoch mit 5 Binärzeichen auszukommen, hilft man sich mit einem Kunstgriff: man teilt den gesamten Zeichenvorrat in zwei Abteilungen zu je 26 Zeichen

(a) Buchstaben
(b) Ziffern und Sonderzeichen.

Zwei weitere Zeichen »Bu« und »Zi« geben an, ob die ihnen jeweils folgenden Zeichen aus der Abteilung (a) oder aus (b) zu nehmen sind. Jeder Fünferkombination von Binärzeichen entspricht mithin ein Symbol aus (a) und aus (b). Welches der beiden gemeint ist, entscheidet das vorausgehende Zeichen »Bu« oder »Zi« (Abb. 1.2/3).

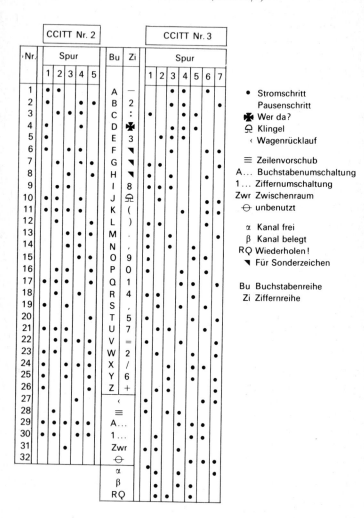

Abb. 1.2/3. Telegraphenalphabete CCITT Nr. 2 und CCITT Nr. 3 des Comité Consultatif International Téléphonique et Télégraphique

Diese Codierung der alphanumerischen Zeichen findet Verwendung bei der Steuerung von Werkzeugmaschinen und kleinen Rechenanlagen durch *Lochstreifen*, vor allem jedoch bei der Nachrichtenübertragung durch Fernschreiber. Man nennt diesen Code deshalb Telegraphenalphabet oder Fünferalphabet. Abb. 1.2/3 gibt eine Darstellung des international verwendeten Telegraphenalphabets CCITT Nr. 2 (5 Binärzeichen) und zum Vergleich das neuerdings vorgeschlagene CCITT Nr. 3 (7 Binärzeichen). Jeder Punkt bzw. jede Lochung im Lochstreifen entspricht einem L; ist keine Lochung vorhanden, bedeutet dies O. Jedes der 5 Binärzeichen eines codierten Zeichens liegt auf einer »*Spur*«. Zwischen der 2. und 3. Spur befindet sich eine Lochung, die zum Transport des Streifens dient. Bei CCITT Nr. 3 enthält jede Kombination nur drei L (oder Stromimpulse); dadurch ist eine eventuelle Störung (z. B. Vertauschung von L und O) leicht zu erkennen. Abb. 1.2/4 zeigt im Telegraphenalphabet CCITT Nr. 2 die Textprobe: Kybernetik 1976.

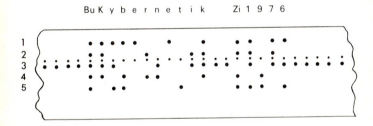

Abb. 1.2/4. Lochstreifen nach Telegraphenalphabet CCITT Nr. 2; eingestanzt ist die Textprobe »Kybernetik 1976«

In größeren Rechenanlagen speichert man alphanumerische Zeichen durch Lochkarten. Den binären Zeichen L und O entsprechen hier Lochung — ein Rechteck wird eingestanzt — und keine Lochung.
Abb. 1.2/5 zeigt die Darstellung alphanumerischer Zeichen auf einer Lochkarte. Sie enthält 12 Zeilen und je nach Herstellerfirma 21 bis 160 Spalten. Am gebräuchlichsten sind Lochkarten mit 80 Spalten (z. B. von IBM).
Der Buchstabe »S« wird z. B. durch je eine Lochung in der 0. und in der 1. Zeile dargestellt, der Buchstabe »H« durch je eine Lochung in der 12. Zeile (ganz oben!) und in der 8. Zeile.
Die Lochkarte in Abb. 1.2/6 trägt folgenden Text eingestanzt: Haseloff/Schramm, Kybernetik und Politik, 1976. Man überprüfe dies durch Vergleich mit den in der oberen Lochkarte codierten Zeichen.

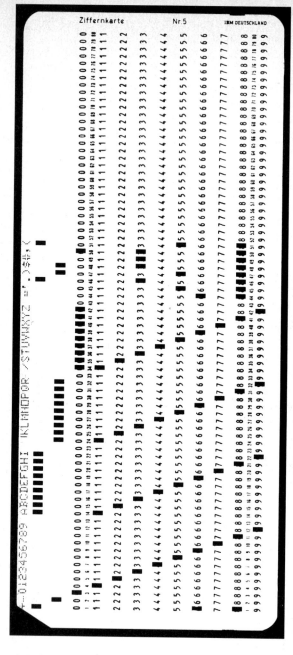

Abb. 1.2/5. Lochkarte mit 12 Zeilen und 80 Spalten (IBM); eingestanzt sind die alphanumerischen Zeichen

12 1 *Kybernetische Grundlagen*

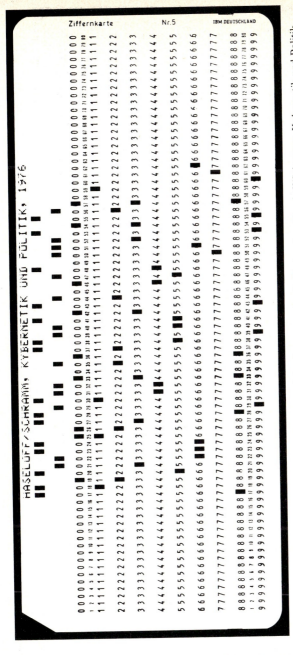

Abb. 1.2/6. Lochkarte mit 12 Zeilen und 80 Spalten (IBM); eingestanzt ist die Textprobe »Haseloff/Schramm, Kybernetik und Politik, 1976«

1.2 Grundlagen der Informationstheorie

1.2.4 Kommunikation

Die Wahrnehmung eines Gegenstandes oder eines Vorganges geschieht in der folgenden Weise: vom Gegenstand oder von den einzelnen Elementen, die an dem Vorgang beteiligt sind, gehen Signale aus — meist elektromagnetische Wellen (Licht) oder Schallwellen —, die von einem Sinnesorgan empfangen werden. Die Verarbeitung der Wahrnehmungen im Zentralnervensystem bewirkt anschauliche Vorstellungen, gedankliche Verknüpfungen und schließlich eine Änderung des Bewußtseinszustandes. Man sagt dann, der Beobachter habe eine *Information* erhalten. Wir verwenden mithin im Folgenden den Begriff Information in der umgangssprachlichen Bedeutung dieses Wortes.

Werden Signale und die durch sie übertragenen Informationen von einem lebenden Organismus aufgenommen und verarbeitet, dann spricht man von Kommunikation.

Die geordnete Gesamtheit der an der Kommunikation beteiligten Organismen, Gegenstände und Medien nennt man *Kommunikationskette*. Es gibt *zwei wichtige Erscheinungsformen von Kommunikationsketten:*

(a) Erfolgt der Informationsfluß nur vom Gegenstand zum Beobachter, so spricht man von unidirektionaler Kommunikation oder von einer *Beobachtungskette*. Die genaue Analyse des Wesens dieses Vorganges bildet den Gegenstand einer wichtigen Teildisziplin der Biologie, der *Sinnesphysiologie*, im philosophischen Bereich ist sie Gegenstand der *Erkenntnistheorie*.

Abb. 1.2/7 zeigt das Blockdiagramm der unidirektionalen Kommunikation (Beobachtungskette).

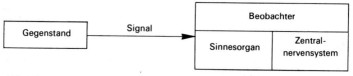

Abb. 1.2/7. Blockdiagramm der unidirektionalen Kommunikation (Beobachtungskette)

(b) Eine weit wichtigere Situation tritt ein, wenn Beobachter und Nachrichtenquelle ihre Rollen vertauschen können. Der Informationsfluß erfolgt nun in beiden Richtungen. Diesen wechselseitigen Austausch von Informationen nennt man *bidirektionale Kommunikation*.

Um die Vielfalt der Situationen zu verdeutlichen, die unter diesen Begriff fallen, bringen wir einige Beispiele:

Gespräch, Briefwechsel, Zugfolge der beiden Gegner im Schachspiel. Abb. 1.2/8 zeigt das Blockdiagramm der bidirektionalen Kommunikation.

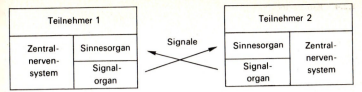

Abb. 1.2/8. Blockdiagramm der bidirektionalen Kommunikation

Für alle höherentwickelten Systeme stellt die bidirektionale Kommunikation der Elemente des Systems untereinander und des Systems mit der Außenwelt eine wesentliche Bedingung der Existenz dar.

Wir verdeutlichen uns den Vorgang der bidirektionalen Kommunikation am Beispiel der *sprachlichen Kommunikationskette*. Abb. 1.2/9 zeigt das dazugehörige Blockdiagramm.

Das Zentralnervensystem des Expedienten steuert die Sprechwerkzeuge; die entstehenden Signale (Schallwellen) werden durch das Gehör kontrolliert. Sie gelangen zu dem aufnehmenden Sinnesorgan des Rezipienten und von dort zu dessen Zentralnervensystem. *Das einwandfreie Funktionieren der Informationsübertragung setzt voraus, daß beide Teilnehmer einen gemeinsamen Zeichenvorrat besitzen;* d. h. im vorliegenden Fall dieselbe Sprache sprechen und denselben Begriffen annähernd dieselben Inhalte zuordnen. In der Abb. 1.2/9 wird der Zeichenvorrat von Teilnehmer 1 durch den Kreis Z_1, der des Teilnehmers 2 durch den Kreis Z_2 dargestellt. Der gemeinsame Zeichenvorrat entspricht dem Flächenstück, das sowohl von Z_1 als auch von Z_2 überdeckt — und damit in gleicher Weise verstanden — wird.

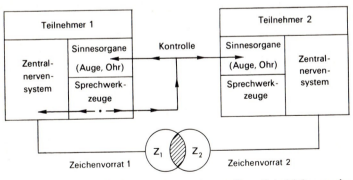

Abb. 1.2/9. Bidirektionale Kommunikation, dargestellt am Beispiel der sprachlichen Kommunikationskette. Teilnehmer 1 ist gerade beim Sprechen (Expedient), Teilnehmer 2 gerade beim Zuhören (Rezipient)

Die den beiden Gesprächsteilnehmern zur Verfügung stehenden Zeichenvorräte sollen sowohl in ihrer syntaktischen als auch in ihrer semantischen Funktion übereinstimmen. Für eine emotionalmotorische Übereinstimmung (»ein Herz und eine Seele«, »mit Herz und Hand«) erweist sich eine wenigstens teilweise Überdeckung auch der pragmatischen Funktion als wünschenswert.

Genau genommen müssen sich nur aktiver Zeichenvorrat des Expedienten und passiver Zeichenvorrat des Rezipienten überlappen. Erst beim Tausch der Rollen wird auch der passive Zeichenvorrat von Teilnehmer 1 und der aktive Zeichenvorrat von Teilnehmer 2 beansprucht.

Zu einem vertieften Verständnis vom Blockdiagramm der sprachlichen Kommunikation (vgl. S. 15) gelangt man, wenn man die möglichen Störungen des Informationsflusses betrachtet. Eine — nicht nach Vollständigkeit strebende — Tabelle gibt eine erste Übersicht:

Tabelle 1.2/4: Kommunikationsstörungen

Störung	Lokalisierung
Psychische Sprachstörungen (Stottern)	Sprachzentrum im Großhirn
Physische Sprachstörungen	Sprechwerkzeuge (Stimmbänder, Zunge)
Taubstummheit	Gehör
Taubheit, Schwerhörigkeit	Gehör; Großhirn
Denkstörungen Gedankenabreißen Umständlichkeit Ideenflucht Zerfahrenheit Vergeßlichkeit	Großhirn
Mangelnde Sprachgewandtheit (»Sprachbarriere«)	Zeichenvorrat (syntaktisch)
Unzureichendes Begriffsreservoir	Zeichenvorrat (semantisch)

Ein weiteres Beispiel für eine Kommunikationskette bietet der Vorgang der Betrachtung eines Kunstwerks: der Künstler ist Expedient, der Kunstbetrachter Rezipient. Das Kunstwerk ist das Medium, durch das übertragen wird, der Nachrichtenkanal.

Künstler (aktiver Zeichenvorrat 1) und Kunstbetrachter (passiver Zeichenvorrat 2) müssen ein gemeinsames ästhetisches und begrifflich-inhaltliches Repertoir besitzen, damit das Kunstwerk wirkt. (Abb. 1.2/10).

Gegenbeispiele:
»Ich verstehe die moderne Malerei nicht.«
»Mir sagt der Impressionismus nichts.«

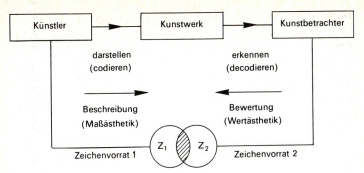

Abb. 1.2/10. Blockdiagramm der ästhetischen Kommunikation

Abschließend noch eine Bemerkung zum Begriff »*Sprache*«. Die Informationsübertragung zwischen Expedient und Rezipient erfolgt in der *Objektsprache*. Ein außenstehender Beobachter drückt das Ergebnis seiner Feststellungen über diesen Vorgang in der *Metasprache* aus (Abb. 1.2/11).

Abb. 1.2/11. Objektsprache und Metasprache

1.2.5 Informationsgehalt eines Zeichenvorrates

In der Mathematik und den Naturwissenschaften (Physik, Chemie, Geologie, Biologie, Medizin und Technik) versucht man, den Gegenstand der Untersuchung so genau wie möglich zu beschreiben. Unter »genau« versteht man hier immer eine quantitative Angabe. Den Eigenschaften des Gegenstandes ordnet man Zahlen zu; beim Ölwechsel für einen bestimmten Automotor wird das Volumen und die Viskosität des Öls von Interesse sein, die entsprechende Angabe lautet dann z.B. »4,5 Liter, SAE 10W—30«.

In der gleichen Weise stellt sich die Frage, ob man den Informationsgehalt einer Nachricht messen kann, besonders, ob es möglich ist, eine *Maßeinheit des Informationsgehaltes* anzugeben, so, wie man etwa die Masse in Kilogramm angibt, die Länge in Meter und den Preis in DM. Bei einer quantitativen Beschreibung des Informationsgehaltes einer Nachricht würde man entsprechend ihrer semantischen, syntaktischen und pragmatischen Funktion grundsätzlich drei Zahlenangaben benötigen, um ihn zu kennzeichnen.

Der semantische Informationsgehalt ist ein Maß für den gedanklichen Inhalt der Nachricht. Jedem sind nichtssagende Ausführungen bekannt, die trotz gutklingender Formulierungen und gepflegten Stils den Informationsstand nicht erhöhen. Als Communiqués zu fehlgeschlagenen Konferenzen erfüllen sie eine nützliche Aufgabe: Sie verschleiern den Mißerfolg und verhindern damit oft eine Ausweitung der anstehenden Konflikte.

Der pragmatische Informationsgehalt ist ein Maß für die Wirkung der Nachricht auf den Adressaten. Da der pragmatische Informationsgehalt in starkem Maße von spezifischen Eigenschaften des Empfängers abhängt, läßt er sich nicht allein durch spezifische Eigenschaften der Nachricht, wie etwa Anordnung der Zeichen und gedanklicher Inhalt, beschreiben.

Die *Praxis der Wahlpropaganda* kennt die *Bedeutung des pragmatischen Informationsgehaltes* und macht davon Gebrauch: Die Formulierung einer bestimmten politischen Zielvorstellung einer Partei wird der anzusprechenden Wählerschicht angepaßt. Die Wahlparolen der »fünfziger« Jahre (»Keine Experimente«, »Wohlstand für Alle«) stellen schon klassisch gewordene Beispiele dar.

Der syntaktische Informationsgehalt ist ein Maß dafür, wie effektiv man einen vorhandenen Zeichenvorrat zur Übertragung einer Nachricht ausnützt. So kann man etwa die Dezimalzahl 13 durch die Zeichenkombination LLOL übertragen (Darstellung einer Zahl im Zweiersystem) aber auch durch OLOO OLLO (BCD-Codierung im 3-Exzeß-Code). Der syntaktische Informationsgehalt der ersten Nachricht ist offensichtlich größer als der der zweiten, weil die Übertragung derselben dargestellten Zahl (13) im ersten Fall eine geringere Anzahl von Zeichen erfordert als im zweiten. Daß man trotzdem die weniger sparsame Codierung benutzt, hat praktische Gründe, die sich aus der Konstruktion der modernen Rechenanlagen ergeben.

Während die Bedeutung und das Wesen des semantischen und des pragmatischen Informationsgehaltes unmittelbar einsichtig sind, kann man sich unter dem syntaktischen Informationsgehalt nicht ohne weiteres etwas vorstellen. Es hat sich jedoch gezeigt, daß sich gerade für den syntaktischen Informationsgehalt verhältnismäßig einfach ein Maß und eine Maßeinheit angeben läßt, während beim semantischen Informationsgehalt erst duch K. Weltner 1969 (47) und 1970 (48 in 13; S. 229–242) ein Ansatz zur quantitativen Beschreibung entwickelt worden ist.

Beim pragmatischen Informationsgehalt erweist sich die Einführung eines Maßes zur Zeit noch problematisch; die begriffliche Abgrenzung zum semantisch verstandenen Informationsgehalt läßt sich im konkreten Einzelfall oft nicht durchführen.

Wir beschränken uns im folgenden auf den *syntaktischen Informationsgehalt*. Dazu machen wir uns zunächst klar, worin das Wesen einer Nachricht besteht, wenn man von ihrem Inhalt absieht.

Eine Nachricht setzt sich aus Zeichen zusammen. Sie entsteht, wenn man aus einer Menge von vereinbarten Elementen — z. B. den Buchstaben des Alphabets — nacheinander Elemente auswählt. Genaue Untersuchungen, deren Grundzüge auf D. Hartley und C. E. Shannon zurückgehen, haben gezeigt, daß gerade in diesem *Prozeß des willkürlichen Auswählens von Zeichen* aus dem vorgegebenen Zeichenvorrat das Wesen der Nachricht besteht.

Daß die Auswahl der Zeichen sinnvollerweise im freien Ermessen dessen liegen muß, der die Auswahl trifft, macht man sich an einem Beispiel klar: Wenn wir einen Brief schreiben, müssen wir in der Wahl der Buchstaben unbehindert sein, um den gewünschten Text hinschreiben zu können. (Von bestimmten einengenden Regeln, die in der Struktur der Sprache begründet sind, wollen wir hier absehen; z. B. nach »q« kommt fast immer ein »u«; mehr als vier aufeinanderfolgende Vokale kommen normalerweise nicht vor, usw.) Wenn etwa die stereotype Wiederholung einer bestimmten Buchstabenfolge von vornehrein vorgeschrieben wäre — z. B. humba, humba, humba —, oder wenn etwa bestimmte Zeichen — z. B. die Konsonanten — nicht benutzt werden dürfen, kann eine Informationsübertragung überhaupt nicht oder nur unter großen Schwierigkeiten stattfinden — je nach der Stringenz der aufgezwungenen Bedingungen.

Um einen Eindruck vom Umfang des Begriffes »Nachrichtenquelle« zu geben, seien einige Beispiele aufgezählt:

Sprache, Gestik und Mimik
Schrift, Bücher, Zeitungen und Inschriften
Rundfunk- und Fernsehsendungen
Photographie und Film
Tonband und Schallplatte
Malerei und Musik
Anzeigen von Meßgeräten
Warnsignale von Fahrzeugen und an Verkehrswegen
Tanzende Bienen
Singende Vögel
Lock-, Warn- und Drohverhalten von Tieren
Duftende Blumen
Jahresringe von Bäumen
Isotopenzusammensetzung von chemischen Substanzen
Spektren von Atomen und Molekülen
Helligkeitsschwankungen von Sternen
Ergebnisse von wissenschaftlichen Experimenten
Ergebnisse von Glücksspielen

1.2 Grundlagen der Informationstheorie

Wir fassen zusammen:
Nachrichten entstehen, wenn in der Nachrichtenquelle eine Auswahl von Zeichen aus einem vorgegebenen Zeichenvorrat erfolgt. Unter einer Nachrichtenquelle verstehen wir einen Mechanismus oder Organismus, der über einen Zeichenvorrat verfügt und aus diesem Vorrat in einer Weise, die für den Empfänger (Adressaten) nicht vorhersehbar ist, Zeichen auswählt.

Eine Information beseitigt beim Empfänger der Nachricht eine Ungewißheit. Die Angabe der Abfahrtszeit eines Zuges, z. B. 8.30 Uhr, stellt für den Reisenden eine Information dar, denn sie beseitigt seine Ungewißheit, ob und wann er mit der Abfahrt zu rechnen habe. Gerade in dieser Auffassung vom Wesen der Information liegt der Zugang zu einer quantitativen Beschreibung.

Die einfachste, nicht mehr reduzierbare Situation der Ungewißheit ist dann gegeben, wenn zwei a priori gleichwahrscheinliche Ereignisse eintreten können und man nicht weiß, welches nun eintreten wird.

Hierzu ein Beispiel: Bevor man eine Münze geworfen hat, weiß man nicht, ob Wappen oder Zahl oben liegen wird. Hat man den Wurf ausgeführt, ist die Ungewißheit beseitigt. Das Ergebnis des Wurfes hat eine bestimmte Menge an Information gebracht. *Diese Auswahl zwischen zwei gleichwahrscheinlichen Möglichkeiten stellt nach Definition die Einheit des Informationsgehaltes dar. Man nennt sie 1 Binary Digit (Abkürzung: Bit; als Dimension von Maßangaben: bit).*

Wir setzen dabei ausdrücklich voraus, daß die beiden Ereignisse, Wappen oder Zahl, mit gleicher Wahrscheinlichkeit auftreten. Was versteht man dabei unter Wahrscheinlichkeit?

Angenommen, man habe das Ergebnis sehr vieler Würfe registriert, d. h. festgestellt, wie häufig Zahl und wie häufig Wappen auftraten, dann zeigt sich in der Regel (Erfahrungstatsache!), daß die Häufigkeit zwar nicht exakt gleich sein werden, daß sie sich aber prozentual um so weniger unterscheiden, je mehr Würfe durchgeführt worden sind. Denkt man sich die Versuchsreihe unbegrenzt weiter fortgesetzt, dann wird die Abweichung von der Gleichverteilung von Wappen und Zahl beliebig klein. *Man sagt dann: Wappen und Zahl treten mit gleicher Wahrscheinlichkeit auf. Allgemein versteht man unter Wahrscheinlichkeit den Grenzwert, dem die Häufigkeit zustrebt, wenn die Anzahl der Ereignisse über alle Grenzen wächst.*

Daß also Wappen und Zahl mit gleicher Wahrscheinlichkeit auftreten, kann man erst nach sehr vielen — streng genommen erst nach unendlich vielen — Versuchen feststellen.

Die vorangehenden Ausführungen beziehen sich auf den von R. v. Mises entwickelten Wahrscheinlichkeitsbegriff. Eine andere (axiomatische) Einführung in den Wahrscheinlichkeitsbegriff gibt A. N. Kolmogorow (vgl.

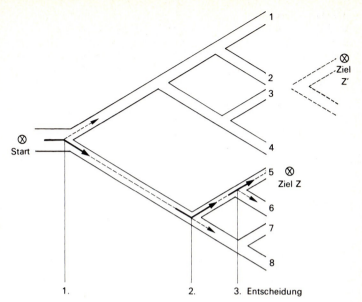

Abb. 1.2/12. Die Anzahl der Bit als Maß für den Informationsgehalt einer Nachricht

11; S.98). Für die praktische Anwendung sind beide Auffassungen nahezu gleichwertig.

Die Verwendung der Einheit Bit als Maß für den Informationsgehalt einer Nachricht veranschaulicht man üblicherweise durch die Anzahl der Rechts-Links-Entscheidungen an Weggabelungen, wenn man sich zu einem bestimmten Ziel durchfragt (vgl. Abb. 1.2/12). Die Auskunft eines Ortskundigen lautet etwa: »erst rechts, dann links, dann wieder links«. Bei der in Abb. 1.2/12 dargestellten Situation benötigt man drei Entscheidungen zwischen zwei gleichwahrscheinlichen Möglichkeiten, um vom Start zum Ziel bei 5 zu gelangen, die Nachricht, die den Weg vom Start zum Ziel festlegt, hat mithin den Informationsgehalt 3 bit.

1.2.6 Entscheidungsgehalt eines Zeichenvorrates

Das eben angeführte Beispiel zeigte, daß man mit drei Angaben auskommt, um eine von acht gleichwahrscheinlichen Möglichkeiten auszuwählen. Läge etwa das Ziel bei 4, dann lauteten die Angaben: »links — rechts — rechts« (also auch 3 bit).
Nehmen wir an, es gäbe bei jedem der acht Ausgänge nochmals je eine Gabelung, dann verdoppelte sich die Anzahl der Möglichkeiten. Die

Anzahl der Rechts-Links-Entscheidungen, die nötig sind, um zu einem bestimmten Ziel zu gelangen, nimmt jedoch nur um eine zu. Das Ziel Z′ erreicht man durch die Sequenz »links — links — rechts — links«; dies ergibt 4 bit.

Um eine allgemeine Aussage über den Zusammenhang zwischen der Anzahl N der Möglichkeiten und der Anzahl n der notwendigen Entscheidungen zu gewinnen, stellen wir die sich entsprechenden Paare »N–n« in Tabelle 1.2/5 zusammen.

Tabelle 1.2/5. Zum Entscheidungsgehalt eines Zeichenvorrats.

N	n
1	0
2	1
4	2
8	3
16	4
32	5
⋮	⋮
256	8
512	9
⋮	⋮
2^n	n

Der Vergleich der linken Spalte (N) mit der rechten Spalte (n) führt auf die Beziehung:

$$N = 2^n$$

Bei der Anwendung dieser Formel ist meistens die Größe N vorgegeben — durch die Anzahl der Zeichen des Zeichenvorrats — und die Größe n gesucht. Man muß daher die Gleichung $N = 2^n$ nach n auflösen. Es gilt dann — wenn man die Definition des Logarithmus beachtet:

$$n = {_2}\lg N \qquad \text{(lies: Logarithmus von N zur Basis 2)}$$

Für ${_2}\lg N$ schreibt man auch abkürzend:

$$n = \operatorname{ld} N \qquad \text{(lies: Logarithmus dualis von N oder Zweierlogarithmus von N)}$$

Beispiel: Bei N = 256 Möglichkeiten benötigt man

$$n = {_2}\lg 256 = \operatorname{ld} 256 = 8 \text{ bit}$$

um eine der 256 Möglichkeiten auszusondern.

Die Umrechnung zwischen dem dekadischen Logarithmus (lg x), den man jeder Logarithmentafel entnehmen kann, und dem Logarithmus zur Basis 2 (ld x) erfolgt nach:

$$\operatorname{ld} x = \frac{1}{\lg 2} \cdot \lg x = 3{,}322 \lg x$$

Betrachten wir nun wieder den Auswahlprozeß, der bei der Entstehung einer Nachricht stattfindet. Aus der Menge N der Zeichen wird ein bestimmtes Zeichen ausgewählt; hat man z.B. 16 Zeichen zur Verfügung, dann benötigt man — unter der Voraussetzung, daß alle Zeichen gleich häufig auftreten — beim Auswählen für jedes Zeichen 4 bit. Mithin wird, wenn dieses Zeichen im Text der Nachricht auftritt, beim Adressaten der Nachricht eine Unsicherheit beseitigt, die einem Informationsgehalt von 4 bit entspricht. Man sagt deshalb, daß einem Zeichen dieses Zeichenvorrats ein Entscheidungsgehalt von 4 bit entspricht. Tabelle 1.2/5 (vgl. S.22) beschreibt daher den *Zusammenhang zwischen der Anzahl N der gleichwahrscheinlichen Zeichen eines Zeichenvorrats und dem Entscheidungsgehalt n eines Zeichens dieses Vorrats.*

Offensichtlich ist n nur dann eine ganze Zahl, wenn N eine ganzzahlige Potenz von 2 ist, also N = 2, 4, 8, 16, 32, 64, ... Dies trifft aber gerade für die in der Praxis wichtigsten Zeichenvorräte, das Alphabet (N = 26) und die Ziffern des Dezimalsystems (N = 10), nicht zu. *Beim Alphabet sind 4 bit zu wenig (dies reichte nur für 16 Zeichen) und 5 bit zu viel (dies reichte schon für 32 Zeichen).* Der Entscheidungsgehalt eines Buchstabens des Alphabets liegt demnach zwischen 4 und 5 bit.

Zur genaueren Festlegung kann man jetzt die Beziehung n = ld N benutzen, indem man sie in ihrer Gültigkeit auch für *nichtganzzahlige* Werte von N betrachtet; bekanntlich kann ja der Logarithmus von jeder positiven Zahl gebildet werden. Mithin ergibt sich bei einem Buchstaben des Alphabets für den Entscheidungsgehalt:

$$n_{\text{Alphabet}} = {_2}\lg 26 \ ^1 = 3{,}32 \cdot \lg 26 = 3{,}32 \cdot 1{,}415 = 4{,}70 \text{ bit}$$

Zur Übung berechne man den Entscheidungsgehalt einer Ziffer des Dezimalsystems (Lösung: $n_{\text{Dezimalsystem}} = 3{,}32$ bit).

Tabelle 1.2/6 gibt den Zusammenhang zwischen der Anzahl N der Zeichen eines Zeichenvorrats und dem Entscheidungsgehalt eines Zeichens wieder.

---

[1] Zählt man — wie es mitunter geschieht — die Wortzwischenräume und die Interpunktionen als 27. Zeichen, dann ergibt sich $n_{\text{Alphabet}} = \operatorname{ld} 27 = 4{,}755$ bit.

Tabelle 1.2/6. Auszüge aus der Logarithmentafel für den Logarithmus zur Basis 2

N	n = ld N	N	n = ld N	N	n = ld N
1	0,000	16	4,000	10^4	13,288
2	1,000	20	4,322	10^5	16,607
3	1,585	26	4,700	10^6	19,932
4	2,000	30	4,907		
5	2,322	32	5,000	10^7	23,253
6	2,585	40	5,322		
7	2,807	50	5,644	10^8	26,575
8	3,000	60	5,907		
9	3,170	64	6,322	10^9	29,897
10	3,322	100	6,644		
11	3,459	256	8,000	10^{10}	33,219
12	3,585	1000	9,966		
13	3,700	1024	10,000	10^{11}	36,541
14	3,807	2048	11,000		
15	3,907	4096	12,000	10^{12}	39,863

1.2.7 Informationsgehalt und Wahrscheinlichkeit

Nachrichten, die man voraussagen kann, haben keinen Informationsgehalt, keinen Neuigkeitswert. Man verdeutlicht sich das an der semantischen Funktion solcher Nachrichten: »Der nächste Winter kommt bestimmt«, »Das Wetter ändert sich oder bleibt, wie es ist«.

Das gleiche gilt für die syntaktische Funktion einer Nachricht: eine Buchstabenfolge »aaaaaaa...« liefert keine Information, weil das nächste, übernächste und jedes folgende Zeichen ebenfalls »a« lautet.

Soll man bei der Nachricht »aaaabaaaaaabaaa...« raten, wie das nächste Zeichen lautet, dann vermutet man für »a« eine große Wahrscheinlichkeit des Auftretens, für »b« eine geringe. Kommt dann als nächster Buchstabe tatsächlich »a«, so wird dies keine Überraschung, keine Neuigkeit darstellen, weil man es ja als ziemlich sicher angenommen hat. Sollte dagegen »b« kommen, dann ist dies überraschend, weil man es nicht erwartet hat. Das Auftreten von »b« hat mithin einen größeren Neuigkeitswert als das Auftreten von »a«. Dem Zeichen »b« schreibt man daher einen größeren Informationsgehalt zu als dem Zeichen »a«.

Man kann dies verallgemeinern: je häufiger ein Zeichen im Verhältnis zu den anderen Zeichen eines Zeichenvorrats vorkommt, desto geringer ist sein Informationsgehalt.

Wir erläutern den Zusammenhang zwischen der Wahrscheinlichkeit, mit der ein Zeichen in einer Nachricht auftritt, und seinem Informationsgehalt an einem auf C.E. Shannon zurückgehenden Beispiel (38; S.63): Angenommen, man habe einen Zeichenvorrat, ein »Pseudoalphabet«, das aus den vier Zeichen »a«, »b«, »c« und »d« besteht, die mit den empirisch durch Auszählen festgestellten Häufigkeiten 1/2, 1/4, 1/8, 1/8 vorkommen. Ein Beispiel für eine Nachricht, die man mittels dieses »Pseudoalphabets« formulieren kann, wäre »bbaaacaaaaaaaaacacdabdccabbbadbdabdababaa...«
»a« kommt häufig vor; sein Neuigkeitswert, sein Informationsgehalt, ist nicht so groß wie der von »b«, »c« und »d«. Da »a« viermal wahrscheinlicher als »c« und »d« auftritt, liegt es nahe, den Zeichen »c« und »d« den vierfachen Informationsgehalt von »a« zuzuschreiben.

Nach F.A. Fischer (11; S. 138–141) zeigen genauere Überlegungen, daß der Informationsgehalt I eines Zeichens, das innerhalb seines Zeichenvorrats mit der Wahrscheinlichkeit p auftritt,

$$I(p) = -\operatorname{ld} \frac{1}{p} = \operatorname{ld} p$$

beträgt.

In dem gewählten Beispiel gilt dann

für a: $I_a = -\operatorname{ld} \dfrac{1}{2} = +\operatorname{ld} 2 = 1$ bit

für b: $I_b = -\operatorname{ld} \dfrac{1}{4} = +\operatorname{ld} 4 = 2$ bit

für c: $I_c = -\operatorname{ld} \dfrac{1}{8} = +\operatorname{ld} 8 = 3$ bit

für d: $I_d = -\operatorname{ld} \dfrac{1}{8} = +\operatorname{ld} 8 = 3$ bit

1.2.8 Der mittlere Informationsgehalt eines Zeichens

Betrachtet man statt des einzelnen Zeichens den gesamten Zeichenvorrat, dann läßt sich aus der Häufigkeit des Auftretens der einzelnen Zeichen eine Aussage über die in dem Zeichenvorrat liegenden Möglichkeiten der Erzeugung von Nachrichten gewinnen. Man kann sich dies an Hand der zwei im vorigen Abschnitt gebrachten Beispiele verdeutlichen:

Besteht der Zeichenvorrat *nur aus dem einen Zeichen* »a«, dann läßt sich offensichtlich keine Nachricht erzeugen. Die monotone Folge »aaaaa...« besagt nichts. Auch die Möglichkeit, durch die Zusammenstellung bestimmter a-Kombinationen, etwa »aa aaa aa a aaaa«, zu codieren, entfällt, denn der Zwischenraum wäre schon ein zweites Zeichen.

Dagegen zeigt das zweite Beispiel — schon von der Varietät des typographischen Bildes her — weitergehende Möglichkeiten, eine Nachricht zu formulieren.

Wie sich — z. B. nach F. A. Fischer (11; S. 155–152) — allgemein beweisen läßt, kann man *einen Vorrat von vorgegebenen Zeichen dann am besten zur Erzeugung von Nachrichten ausnützen, wenn alle Zeichen mit gleicher Wahrscheinlichkeit auftreten.*

Mit welcher Wahrscheinlichkeit die Zeichen eines Zeichenvorrats wirklich auftreten, läßt sich erst durch längere Beobachtung der Nachrichtenquelle ermitteln. Man betrachte z. B. einen Abschnitt eines deutschsprachigen Textes — der die Nachrichtenquelle sei — und zähle die Buchstaben aus. Damit stellt man die Häufigkeit der Zeichen fest. Man findet, daß der Buchstabe »e« eine Häufigkeit von etwa 14%, der Buchstabe »w« dagegen nur von etwa 1% besitzt. Das Ergebnis sehr vieler solcher statistischer Untersuchungen hat W. Meyer-Eppler (31; S. 80) wie in Tabelle 1.2/7 zusammengefaßt.

Wie kann man nun die Ergiebigkeit einer Nachrichtenquelle durch die Häufigkeit des Auftretens der einzelnen Zeichen beschreiben?

Im Abschnitt 1.2.7 wurde festgestellt, daß ein Zeichen, das mit der Wahrscheinlichkeit p auftritt, einen Informationsgehalt vom Betrag $-\text{ld}\,1/p$ [bit] besitzt. Da in der Nachrichtenquelle mehrere Zeichen zur Verfügung stehen (z. B. a, b, c, d), die mit bestimmter Wahrscheinlichkeit (z. B. $p_a = 1/2$, $p_b = 1/4$, $p_c = 1/8$, $p_d = 1/8$) auftreten, muß man den *mittleren* Informationsgehalt eines Zeichens der Quelle berechnen, um zu einer Aussage über die Nachrichtenquelle als Ganzes zu gelangen.

Angenommen, man habe eine Folge von 1000 Zeichen registriert, dann wird — bis auf geringe prozentuale Abweichungen — das »a« 500mal, das »b« 250mal, das »c« und das »d« 125mal vorkommen. Wie in Abschnitt 1.2.7 ausgeführt wurde, übermittelt dann das Zeichen »a« den Informationsgehalt 1 bit, das Zeichen »b« 2 bit, die Zeichen »c« und »d« je 3 bit. Die gesamte Zeichenfolge überträgt dann mithin

$$500 \cdot 1 + 250 \cdot 2 + 125 \cdot 3 + 125 \cdot 3 =$$

$$500 \quad + 500 \quad + 375 \quad + 375 \quad = 1750\,\text{bit}$$

Wenn 1000 Zeichen den Informationsgehalt 1750 bit übertragen, dann entfallen auf ein Zeichen im Mittel 1,75 bit. Die Nachrichtenquelle mit dem Zeichenvorrat (a, b, c) und den dazugehörigen Wahrscheinlich-

Tabelle 1.2/7. Relative Häufigkeit der Buchstaben im deutschen Text.

	p	%
a	0,0594	5,94
b	0,0138	1,38
c	0,0255	2,55
d	0,0546	5,46
e	0,1440	14,40
f	0,0078	0,78
g	0,0236	2,36
h	0,0361	3,61
i	0,0628	6,28
j	0,0028	0,28
k	0,0071	0,71
l	0,0345	3,45
m	0,0172	1,72
n	0,0865	8,65
o	0,0211	2,11
p	0,0067	0,67
q	0,0005	0,05
r	0,0622	6,22
s	0,0646	6,46
t	0,0536	5,36
u	0,0422	4,22
v	0,0079	0,79
w	0,0113	1,13
x	0,0008	0,08
y	$0,0000_5$	$0,00_5$
z	0,0092	0,92
Zw	0,1442	14,42

Erläuterungen:
Zw = Wortzwischenraum und Interpunktion
ä = ae
ö = oe
ü = ue

keiten (1/2, 1/4, 1/8, 1/8) besitzt mithin im Mittel einen Informationsgehalt von 1,75 bit pro Zeichen. *Dieser mittlere Informationsgehalt eines Zeichens charakterisiert die Nachrichtenquelle im Sinne der Informationstheorie vollständig.*
Betrachtet man eine Quelle, die nur das eine Zeichen »a« aussendet — die anderen Zeichen, z.B. »b«, »c«, »d« kommen nicht vor, haben also

die Wahrscheinlichkeit Null —, dann ergibt sich der mittlere Informationsgehalt:

$$1 \cdot \text{ld}\, 1 + 0 \cdot \text{ld}\, 0 + 0 \cdot \text{ld}\, 0 + 0 \cdot \text{ld}\, 0 = 0 \text{ bit/Zeichen}$$

Zur Übung berechne man den mittleren Informationsgehalt einer Quelle mit den Zeichen »a«, »b«, deren Wahrscheinlichkeiten 6/7 und 1/7 betragen. (Lösung: 0,66 bit/Zeichen)

1.2.9 Entropie einer Nachrichtenquelle

Abstrahiert man von allen Begleitumständen, unter denen eine Nachrichtenquelle arbeitet, und von allen Besonderheiten, die in ihrer natürlichen oder technischen Realisierung liegen, dann bleibt als charakteristisches Merkmal nur die Beschaffenheit des Zeichenvorrats übrig. Genau genommen genügt es, die Wahrscheinlichkeiten anzugeben, mit denen die Zeichen auftreten.

Aus diesen Wahrscheinlichkeiten läßt sich der mittlere Informationsgehalt der Zeichen berechnen. Der mittlere Informationsgehalt charakterisiert mithin auch die Nachrichtenquelle in bezug auf ihre Ergiebigkeit. Man nennt diesen mittleren Informationsgehalt eines Zeichens auch die Entropie der Nachrichtenquelle.

Der Begriff Entropie entstammt einem Teilbereich der Physik, der Thermodynamik. Die Analogie zwischen dem mathematischen Ausdruck für die thermodynamische Entropie und dem mathematischen Ausdruck für den mittleren Informationsgehalt hat C. E. Shannon veranlaßt, den Begriff Entropie auch in die Informationstheorie einzuführen.

In der Thermodynamik bezeichnet die Entropie die Wahrscheinlichkeit eines Zustandes in einem System; die Entropie ist also — anschaulich gesprochen — ein Maß für die Unordnung in einem System. Betrachten wir ein Modellbeispiel: In einem System aus 50 roten und 50 blauen Kugeln hätte der Zustand völliger Durchmischung eine große Wahrscheinlichkeit: das System hätte in diesem Zustand eine große Entropie. Eine Trennung der Kugeln nach ihrer Farbe bewirkt eine Abnahme der Entropie. Eine solche Entmischung der Kugeln ist unwahrscheinlich; sie entspräche einer geringen Entropie.

Ob die Analogie zwischen thermodynamischer und informationstheoretischer Entropie nur in der formalen Übereinstimmung der mathematischen Ausdrücke begründet ist oder ob etwas im Wesen Gleichartiges zu Grunde liegt, bildet zur Zeit noch den Gegenstand fachwissenschaftlicher Meinungsverschiedenheiten. Die derzeitigen Meinungsverschiedenheiten um den Begriff Entropie in der Informationstheorie sollten nicht davon abhalten, sich in der praktischen Handhabung und Berechnung zu üben.

Will man die Entropie einer Nachrichtenquelle bestimmen, dann beobachtet man eine längere Zeichenfolge und registriert, wie häufig die einzelnen Zeichen ($a_1, a_2 \ldots a_N$) auftreten. Es seien:

n die Gesamtzahl der registrierten Zeichen
n_1 die Anzahl der registrierten Zeichen a_1
n_2 die Anzahl der registrierten Zeichen a_2
$\vdots$
n_N die Anzahl der registrierten Zeichen a_N

$p_1 = \dfrac{n_1}{n}$ die relative Häufigkeit des Zeichens a_1

$p_2 = \dfrac{n_2}{n}$ die relative Häufigkeit des Zeichens a_2

$\vdots$

$p_N = \dfrac{n_N}{n}$ die relative Häufigkeit des Zeichens a_N

ld p_1 der Logarithmus zur Basis 2 von p_1
ld p_2 der Logarithmus zur Basis 2 von p_2
$\vdots$
ld p_N der Logarithmus zur Basis 2 von p_N

Dann bildet man die Summe $-\left(p_1 \operatorname{ld} \dfrac{1}{p_1} + p_2 \operatorname{ld} \dfrac{1}{p_2} + \ldots + p_N \operatorname{ld} \dfrac{1}{p_N}\right)$
und erhält damit die Entropie der Zeichenquelle. Dieser Rechengang entspricht der am Anfang des Abschnitts erwähnten Mittelung über den Informationsgehalt der einzelnen Zeichen.

Man bezeichnet in der Informationstheorie die Entropie mit dem Buchstaben H. Benutzt man noch die in der Mathematik übliche Schreibweise für eine Summe, so ergibt sich:

$$H = - \sum_{k=1}^{k=N} p_k \operatorname{ld} \dfrac{1}{p_k} \qquad \text{[bit/Zeichen]}$$

Diese Formel für die Entropie bildet die Grundlage für viele Beziehungen in der Informationstheorie und in der Systemtheorie.

Zur Übung berechne man die Entropie eines gedruckten deutschen Textes. Es genügt dazu, bei etwa 15–20 Zeilen die Buchstaben auszuzählen (Ergebnis: $H = 4{,}037$ bit/Zeichen; vgl. Tabelle 1.2/6).

Bei der Bestimmung der Entropie einer Nachrichtenquelle ergab sich, daß eine zahlenmäßige Bevorzugung einzelner Zeichen auf Kosten anderer Zeichen zu einem kleineren Entropiewert führt. Im Extremfall, wenn nur ein Zeichen allein vorkommt — seine Wahrscheinlichkeit ist genau 1, die Wahrscheinlichkeit aller anderen möglichen aber nicht vorkommenden Zeichen ist genau 0 —, nimmt die Entropie dieser Zeichenquelle den Wert Null an. Bei den Wahrscheinlichkeiten (6/7, 1/7, 0, 0) ergab sich 0,66 bit/Zeichen und bei den Wahrscheinlichkeiten (1/2, 1/4, 1/8, 1/8) ergab sich 1,75 bit/Zeichen. *Man erkennt ohne weiteres, daß die Entropie zunimmt, wenn sich die Wahrscheinlichkeiten einer Gleichverteilung nähern.* Man bestätigt diese Feststellung, indem man die Entropie einer Quelle mit der Wahrscheinlichkeitsverteilung (1/4, 1/4, 1/4, 1/4) berechnet. Man erhält:

$$H = \frac{1}{4} \cdot \text{ld}\, 4 + \frac{1}{4} \cdot \text{ld}\, 4 + \frac{1}{4} \cdot \text{ld}\, 4 + \frac{1}{4} \cdot \text{ld}\, 4 = \text{ld}\, 4 = 2 \text{ bit/Zeichen}$$

Das ist der Maximalwert für *H*, den man bei einem Zeichenvorrat von vier Zeichen erreichen kann; er ist gleich dem Entscheidungsgehalt des Zeichenvorrats, nämlich ld 4 = 2 bit/Zeichen.
Jede Abweichung von der Gleichverteilung bringt eine Verminderung der Entropie mit sich. Steht einer Nachrichtenquelle ein bestimmter Zeichenvorrat zur Verfügung, dann ist ihre Entropie am größten, wenn alle Zeichen mit gleicher Wahrscheinlichkeit, d. h. gleich häufig, vorkommen. Dann ist auch der mittlere Informationsgehalt pro ausgesandtes Zeichen am größten. Jede Abweichung von der Gleichverteilung bedeutet mithin einen Verzicht auf einen Teil der Möglichkeiten zur Nachrichtenübermittlung, die in dem Zeichenvorrat liegen.
Um denselben Informationsgehalt zu übertragen, benötigt eine Quelle geringerer Entropie eine längere Folge von Zeichen; sie hat — um in der Sprache des Alltags zu reden — eine größere Weitschweifigkeit. Man kann nun ein Maß für diese Weitschweifigkeit gewinnen, in dem man die vorhandene Entropie mit der maximal erreichbaren Entropie vergleicht. Die Differenz bezeichnet man als *Redundanz*.
Z.B. beträgt die Redundanz einer Nachrichtenquelle mit der Wahrscheinlichkeitsverteilung (1/2, 1/4, 1/8, 1/8):

$$R = H_{\text{max}} - H$$

$$R = H\left(\frac{1}{4}, \frac{1}{4}, \frac{1}{4}, \frac{1}{4}\right) - H\left(\frac{1}{2}, \frac{1}{4}, \frac{1}{8}, \frac{1}{8}\right) = 2,00 - 1,75$$

$$R = 0,25 \text{ bit/Zeichen}.$$

Oft wird die *relative Redundanz* angegeben; darunter versteht man den Quotienten

$$r = \frac{R}{H_{\text{max}}}$$

Für das deutsche Alphabet — einschließlich des Wortzwischenraumes als 27. Zeichen — ergibt sich z.B. die relative Redundanz

$$r_{Alphabet} = \frac{4{,}755 - 4{,}037}{4{,}755} \text{ bit/Zeichen}$$

$$r_{Alphabet} = 0{,}15 \triangleq 15\%$$

Mithin bewirkt allein die ungleichmäßige Häufigkeit der Buchstaben im Alphabet, daß 15% der Möglichkeiten, mit 27 Zeichen Nachrichten zu übertragen, nicht genutzt werden. Dazu kommt noch die Redundanz, die in der Zwangsläufigkeit bestimmter Buchstabenkombinationen, in ungeschickter grammatischer Konstruktion, in unpräziser Wortwahl u.a. begründet ist. Schätzungen, die dies berücksichtigen, ergeben nach K. Steinbuch (40; S.43) für die deutsche Umgangssprache einen mittleren Informationsgehalt von ca. 1,0 bit/Zeichen, d.h. eine relative Redundanz von

$$r = \frac{4{,}75 - 1{,}0}{4{,}75} \text{ bit/Zeichen}$$

$$r = 0{,}8 \triangleq 80\%$$

Zur Übung berechne man Redundanz und relative Redundanz der Nachrichtenquellen, deren Zeichenvorräte durch die Wahrscheinlichkeitsverteilungen (1, 0, 0, 0), (6/7, 1/7, 0, 0) und (1/4, 1/4, 1/4, 1/4) gekennzeichnet sind.

1.2.10 Transinformation

Die bisherigen Betrachtungen bezogen sich allein auf das Verhalten der Nachrichtenquelle. Man hat aber zu beachten, daß der Empfänger die von der Quelle ausgesandten Nachrichten nicht unmittelbar wahrnimmt; vielmehr befindet sich zwischen ihm und der Quelle noch ein Medium, beim Telephonieren etwa das Fernsprechkabel und andere elektrische Übetragungselemente oder beim Sehen der mit anderen Lichtquellen durchsetzte Zwischenraum. Störquellen, die auf das Zwischenstück, den Kanal, wirken, verfälschen die Nachricht auf zweierlei Art:
(a) der Empfänger nimmt Zeichen wahr, die von der Quelle in Wirklichkeit nicht abgesandt wurden. Diese Informationsverfälschung nennt man *Irrelevanz* oder *Dissipation*.
(b) einige von der Quelle emittierte Zeichen kommen beim Empfänger nicht an. Diese Informationsverfälschung nennt man *Äquivokation*.

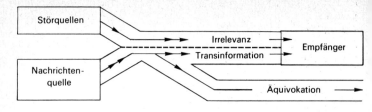

Abb. 1.2/13. Zum Begriff der Transinformation

Den Anteil an Information, der tatsächlich von der Quelle ausgeht und auch den Empfänger erreicht, nennt man Transinformation. Die Transinformation stellt mithin den eigentlich interessierenden Anteil bei Nachrichtenübertragungen dar. Man verdeutlicht sich die Zusammenhänge am Blockdiagramm der Abb. 1.2/13.

1.2.11 Technik der Nachrichtenspeicherung

Speicherung von Nachrichten bedeutet Nachrichtenübertragung über einen zeitlichen Kanal (z. B. Archivurkunden), analog wie die Übertragung von Nachrichten über räumliche Distanzen hinweg einen räumlich-linearen Kanal (z. B. Telephonkabel) benutzt.

Schon bei der Archivierung herkömmlicher Art treten folgende Probleme auf:
(a) Wie kann man die gespeicherte Information vor Entstellung schützen, d.h. wie muß der materielle Träger der Nachricht beschaffen sein, damit er den zerstörenden Einflüssen der Umwelt und der Alterung widersteht?
(b) Wie speichert man möglichst viel auf möglichst kleinem Raum?
(c) Wie kann man eine Information im Speicher möglichst schnell wieder auffinden?

Diese Probleme werden gerade bei der in allen technischen und wirtschaftlichen Bereichen auftretenden Überfülle an Informationen besonders drängend. Je nach der Art der speziell vorliegenden Aufgabe kann eines der unter (a) bis (c) angeführten Probleme im Vordergrund stehen. Das Problem der dauerhaften Speicherung (von den Sumerern und Assyrern durch die Verwendung von Tonziegeltafeln bereits optimal gelöst) hat heute, wo es auf den raschen Umschlag der Informationen ankommt, nur selten Bedeutung.

Wichtiger sind die beiden letzten Fragestellungen, besonders dann, wenn beide Forderungen, konzentrierte Speicherung und rascher Zugriff, gleichzeitig erfüllt sein sollen.

(a) Prinzip   (b) Praktische Ausführung als Ringkern

Abb. 1.2/14. Ferritkerne. Ringe aus magnetisierbarem Material können im Magnetfeld eines stromdurchflossenen Leiters wechselweise in beiden Umlaufrichtungen magnetisiert werden

In der Kybernetik und den von ihrer Betrachtungsweise berührten Teildisziplinen handelt es sich fast ausschließlich um die Speicherung binärer Zeichen bzw. um die Speicherung der sie realisierenden binären Signale. Dazu eignet sich im Prinzip jede physikalische Erscheinung, die in einfacher Weise zwei leicht zu unterscheidende Zustände annehmen kann.

Insbesondere hat sich der Magnetismus als brauchbar erwiesen. Zum Beispiel kann man Ringe aus magnetisierbarem Material *(Ferrit)* im Magnetfeld eines durch sie hindurchführenden stromdurchflossenen Leiters beliebig in beiden Umlaufrichtungen magnetisieren, je nachdem in welcher Richtung man den Strom durch sie hindurchfließen läßt. Diese beiden Möglichkeiten entsprechen den Binärzeichen O und L (Abb. 1.2/14).

Ordnet man diese magnetisierbaren Ringe, die sogenannten Ferritkerne, in Form einer rechteckigen Matrix an, dann erhält man eine Speicherebene (Abb. 1.2/15); schichtet man mehrere Speicherebenen übereinander, dann erhält man einen Speicherraum.

Ferritkernspeicher zeichnen sich durch geringes Eigenvolumen, große Speicherkapazität und kleine Zugriffszeiten aus; sind aber verhältnismäßig teuer.

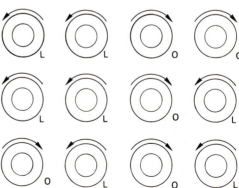

Abb. 1.2/15. Zweidimensional-flächenhafte Anordnung von Ferritkernen in Form einer rechteckigen Matrix

1.2 Grundlagen der Informationstheorie

Eine andere für die Praxis sehr wichtige Möglichkeit besteht darin, ein Kunststoffband, auf dem sich eine magnetisierbare Schicht befindet, als Träger der Information zu benutzen. Verwendet man mehrere Spuren in der Laufrichtung des Bandes (üblicherweise 7 bis 10 Spuren), dann lassen sich durch eine Folge von kleinen, strichförmig magnetisierten Bereichen, die dem Zeichen L entsprechen — nicht magnetisierte Stellen entsprechen dem Zeichen O — Buchstaben und Zahlen binär codieren.

Bandspeicher zeichnen sich durch große Speicherkapazität, geringes Volumen und große Wirtschaftlichkeit aus, die Zugriffszeiten sind jedoch verhältnismäßig lang. Selbst bei großen Bandgeschwindigkeiten (ca. 3 m/s) dauert es einige Zeit, bis man die gewünschte Stelle auf dem Band (Länge ca. 600 m) zur Verfügung hat.

Tabelle 1.2/8. Magnetbandspeicherung

	A	B	...	0	1	...
Spur 1	I	I			I	
2	I	I				
3	I	I				
4				I		
5						
6	I	I			I	
7	I				I	

entspricht

	A	B	...	0	1	...
Spur 1	L	L	...	O	L	...
2	L	L		O	O	
3	L	L		O	O	
4	O	O		L	O	
5	O	O		O	O	
6	O	L		L	O	
7	L	O		O	L	

Magnetband mit 7 Spuren. Jeder Strich bedeutet einen magnetisierten Bereich; zeichnmäßig stellt er das Binärzeichen L dar. Jede Stelle, an der ein Strich möglich wäre, die aber leer gelassen wurde, entspricht dem Binärzeichen O. (Nach A. Speiser, Digitale Rechenanlagen, Heidelberg 1967)

Beide Techniken, Ferritkernspeicherung und Bandspeicherung, finden heute nebeneinander in elektronischen Rechenanlagen für die Speicherung großer Datenmengen Verwendung. Welche Technik an welcher Stelle der Rechenanlage eingesetzt wird, hängt von der Bewertung der Faktoren Zugriffszeit, Kapazität und Wirtschaftlichkeit ab. Dazu die folgende Übersicht nach H. Billing (in 41; S. 476):

	Zugriffszeit (in Sekunden)	Kapazität (in Bit)	Kosten (in DM pro Bit)
Ferritkernspeicher	ca. 0,000001	bis 100 000 000	ca. 0,2 bis 4
Magnetbandspeicher	ca. 100	bis 50 000 000	ca. 0,01

Bei den Speichertechniken, die in Rechenanlagen verwendet werden, ist es unmittelbar klar, was man unter Speicherkapazität zu verstehen hat. Die Angabe 4 bit bedeutet, daß 4 Ja-Nein-Entscheidungen gespeichert werden, z. B. durch die Reihenfolge LOLL der Binärzeichen L und O. Bei anderen Speicherarten, z. B. bei Büchern — oder gar beim menschlichen Gedächtnis — hat man außer der nichtbinären Codierung noch die Art der Darstellung des Inhalts zu berücksichtigen. Angaben, die den Informationsgehalt eines gedruckten Textes beschreiben, beruhen daher auf mitunter recht groben Schätzungen. Dennoch seien hier einige Zahlenangaben nach W. Meyer-Eppler (31; S. 68) und K. Steinbuch (42; S. 194) aufgeführt:

Speicher	Speicherkapazität (in Bit)
1 Schreibmaschinenseite	1 000
Buch (1500 Seiten)	40 000 000 000
Großer Brockhaus	400 000 000 000
Encyclopedia Britannica	2 000 000 000 000

In Bezug auf die Kapazität des menschlichen Gehirns schwanken die Schätzungen beträchtlich. Nach H. J. Flechtner (12; S. 199) beträgt sie z. B.:

$$2,8 \cdot 10^{20} \text{ bit} = 2\,800\,000\,000\,000\,000\,000\,000 \text{ bit}$$
$$\text{oder} \quad 5 \cdot 10^{10} \text{ bit} = 5\,000\,000\,000 \text{ bit}$$
$$\text{oder} \quad 5 \cdot 10^{6} \text{ bit} = 5\,000\,000 \text{ bit}$$

Dabei muß man jedoch berücksichtigen, daß die Auffassungen von dem, was man unter der Speicherfähigkeit des menschlichen Gedächtnisses zu verstehen hat, unterschiedlich sind.

Eine interessante Realisierung der Informationsspeicherung hat man in der *Molekularbiologie* entdeckt. Die Informationen, die festlegen, wie sich ein Lebewesen entwickelt – ob zur Alge oder zur Eiche, zum Floh oder zum Löwen –, sind durch *nur vier verschiedene Zeichen* darstellbar.

Voraussetzung der für ein Lebewesen spezifischen *Eiweißsynthese* ist die Existenz spezifischer *Desoxyribonukleinsäuren* (DNS) und *Ribonukleinsäuren* (RNS) in den Zellen. Bei beiden Gruppen von Nukleinsäuren handelt es sich um hochmolekulare Kettenstrukturen aus jeweils nur vier verschiedenen Arten molekularer Bausteine, sogenannter *Nukleotide.* Kennzeichnende Bestandteile der Nukleotide sind organische Basen, nämlich Adenin (A), Cytosin (C), Guanin (G) und Thymin (T) bei den DNS, Adenin (A), Cytosin (C), Guanin (G) und Uracil (U) bei den RNS. Die spezifischen Eigenschaften der Nukleinsäuren beruhen auf verschiedenen Anordnungen der Nukleotide.

Da den DNS und den RNS nur drei organische Basen — A, C und G — gemein sind, insgesamt aber fünf organische Basen — auch T und U — eine Rolle spielen, sei darauf hingewiesen, daß bei der Eiweißsynthese die DNS und die RNS in einem Wirkungszusammenhang stehen, in dem T und U einander entsprechen. Insofern handelt es sich um nur vier verschiedene Zeichen.

Bei der Eiweißsynthese spielen nun die sogenannten *Triplett-Anordnungen* (Dreierfolgen) der Nukleotide in den Nukleinsäuren eine wichtige Rolle. Jedes Nukleotid-Triplett enthält die Information zum Aufbau einer bestimmten *Aminosäure,* z. B. das Triplett AAA für die Aminosäure Lysin, das Triplett GUC für die Aminosäure Valin und das Triplett UAC für die Aminosäure Tyrosin. Der Aufbau der *Eiweißmoleküle* — das sind hochmolekulare Kettenstrukturen aus verschiedenen Aminosäuren — wird also in einer für jedes Lebewesen spezifischen Weise durch die Triplett-Anordnungen der Nukleotide in den Nukleinsäuren bestimmt. So enthält z. B. die Triplett-Sequenz $\cdots$AAA+GUC+UAC$\cdots$ die Information zum Aufbau von einem Eiweißbruchstück aus den Aminosäuren $\cdots$Lysin+Valin+Tyrosin$\cdots$.

Nach der Wahrscheinlichkeitsrechnung sind durch vier verschiedene Zeichen 64 Triplett-Anordnungen darstellbar. Da indessen bei der Eiweißsynthese nach derzeitiger Kenntnis nur 24 verschiedene Aminosäuren auftreten, hat diese Codierung offenbar eine hohe Redundanz. So ist z. B. erwiesen, daß der Aufbau der Aminosäure Tyrosin auch durch das Triplett UAU bewirkt wird.

Da Moleküle sehr klein sind — Nukleotide haben eine Linearausdehnung der Größenordnung 10^{-9} m —, leuchtet ein, daß sich durch diese Codierung auf relativ kleinem Raum eine große Menge von Informationen speichern läßt. *Die Vielfalt der Lebensformen beruht letzthin auf diesem Molekularcode.*

1.2.12 Technik der Nachrichtenübertragung

Man kann die Möglichkeiten der modernen Nachrichtenübermittlung im wesentlichen unter folgenden Gesichtspunkten klassifizieren:

(a) Briefpost
(b) Fernsprechverbindungen
(c) Fernschreibverbindungen
(d) Rundfunk (Hörfunk)
(e) Fernsehen

Im Rahmen dieser Darstellung gilt es nicht, Einzelheiten der Konstruktion zu besprechen; es kommt hier vielmehr darauf an, die prinzipiellen

Schwierigkeiten aufzuzeigen, die sich aus der Diskrepanz zwischen anfallendem »Transportgut« und beschränkter »Förderkapazität« ergeben.

Zu (a):

Beförderung und Verteilung von Briefen, Drucksachen, Paketen u.a. erfordern heute einen *hohen Dienstleistungsaufwand* allein durch Sortieren nach Bestimmungsort und Anschrift. *Automatisches Sortieren, d.h. Klarschriftlesen durch Maschinen, bietet sich als Rationalisierungsmöglichkeit an.*

Der Inhalt sehr vieler Brieftexte läßt sich durch immer wieder vorkommende Redewendungen beschreiben. Eine große Anzahl von Standardsätzen kann — durch Zahlen- oder Buchstabenkombinationen verschlüsselt — leichter übertragen werden als ein individueller Brieftext. Einzelne Bereiche des Geschäftslebens machen seit langem davon Gebrauch, z.B. Hotelcodes, Handelscodes, dies vor allem bei telegraphischen Orders.

Zu (b):

Die Installation von Telephonkabeln — vor allem in Großstädten — erfordert einen *hohen finanziellen und technischen Aufwand. Man versucht daher, auf einem Kabel möglichst viel Gespräche zu übertragen.* Meistens verwendet man zur Übertragung elektrische Wechselströme bestimmter Frequenzen *(Trägerfrequenzen)* und überlagert ihnen die den Schallschwingungen der Sprache korrespondierenden Schwingungen anderer Ströme. Da die menschliche Sprache einen Frequenzbereich von ca. 16 bis ca. 10000 Hz beansprucht (die Verständlichkeit erfordert zumindest eine Bandbreite von ca. 1000–2000 Hz)[1], kann man *nur eine geringe Anzahl solcher Bandbreiten auf der Skala der telephonischen Trägerfrequenzen* unterbringen. Hat man auf solche Weise die Skala der telephonischen Trägerfrequenzen überdeckt, so ist die Aufnahmefähigkeit des Kabels erschöpft. Abb. 1.2/16 zeigt die graphischen Darstellungen dieser Zusammenhänge.

Eine völlig neue Möglichkeit, auf demselben Kabel mehrere Telephongespräche zu übertragen, bietet sich heute durch das PCM-Verfahren (Pulse Code Modulation). Man tastet den Verlauf des Sprechstroms durch sehr schmale, d.h. zeitlich kurze, Stromstöße, sogenannte Impulse, ab. Die Intensität jedes Stromimpulses kann durch eine Zahl beschrieben werden; diese Zahl wird binär codiert und in dieser codierten Form übertragen. Aus den übertragenen Impulsen läßt sich der Verlauf des Mikrophonstromes mit hinreichender Genauigkeit rekonstruieren (vgl. Abb. 1.2/17).

Die Möglichkeit der Rekonstruktion einer kontinuierlichen Funktion aus einzelnen sehr schmalen Ausschnitten ist der Inhalt des von Kotelnikow (1933) gefundenen Abtasttheorems (»sampling theorem«), auch Probensatz genannt.

[1] Die Bandbreite bei der telephonischen Nachrichtenübertragung bemißt man bei etwa 3000 Hz; dies ergibt eine gute Verständlichkeit.

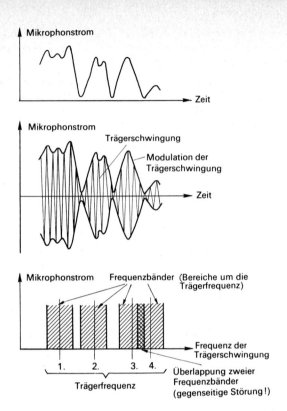

Abb. 1.2/16. Telephonische Nachrichtenübertragung. (a) Stromschwankungen, die den von der Sprache hervorgerufenen Schwingungen der Mikrophonmembran entsprechen, (b) Trägerschwingung mit aufgeprägter (»aufmodulierter«) Sprechstromschwingung, (c) Lage der Trägerfrequenzen und ihrer Frequenzbänder auf der telephonischen Frequenzskala

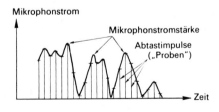

Abb. 1.2/17. Zum PCM-Verfahren. Eine kontinuierliche Funktion wird durch einzelne »Proben« (»samples«) charakterisiert

38   1 *Kybernetische Grundlagen*

Der Wert des PCM-Verfahrens liegt in der Tatsache, daß die Nachricht binär codiert ist, d.h. sich in eine Folge von »L«- und »O«-Zeichen gliedern läßt. Dies bietet zwei Vorteile:

1. *Binärsignale lassen sich leicht speichern.* Die senderseitig anfallenden Nachrichten werden in binärer Codierung gespeichert und dann übertragen, wenn das Kabel gerade frei ist. Dadurch lassen sich auch Zeitabschnitte ausnutzen, in denen das Kabel sonst nicht benutzt würde. Ferngespräche fallen ja zeitlich statistisch unregelmäßig an.

2. *Binärsignale sind unanfällig gegen Störungen.* Wird ein Mikrophonstrom verzerrt oder von Störsignalen überlagert, dann kann die zu übertragende Sprache so verstümmelt sein, daß sie nicht mehr zu verstehen ist. Anders bei Binärsignalen: Auch ein verzerrtes Signal »L« (Strom fließt) wird als »L« (Strom fließt) identifiziert; wenn kein Strom fließt — »O« —, wird auch stets »O« empfangen.

Sollte das »L« bei der Übertragung zu schwach werden, kann man es durch eine einfache Relaisschaltung regenerieren; zur exakten Verstärkung eines kontinuierlichen Stromes bedarf es hingegen einer aufwendigeren Verstärkerschaltung.

Zu (c):
Für Fernschreibverbindungen gelten ähnliche Überlegungen wie für das Fernsprechwesen: Die binäre Codierung durch das Telegraphenalphabet (vgl. S. 10) macht die Übertragung besonders störunanfällig. Billige Papierlochstreifen gestatten es, die übertragenen Nachrichten zu speichern.

Zu (d):
Für Rundfunkübertragungen lassen sich in Bezug auf Bandbreiten ähnliche Überlegungen anstellen wie bei Fernsprech- und Fernschreibverbindungen. Die Frequenzskalen, die den einzelnen Wellenlängenbereichen (Lang-, Mittel-, Kurzwellen- und UKW-Bereich) entsprechen, werden durch die Frequenzbänder der einzelnen Sender überdeckt. Da man zur Übertragung von Sprache eine Bandbreite von mindestens 1000 bis 2000 Hz, zu einer klangtreuen Übertragung von Musik ca. 10000 bis 15000 Hz benötigt, läßt sich auf den zur Verfügung stehenden Frequenzbereichen nur eine beschränkte Anzahl von Sendern plazieren.

Es gibt einige Notbehelfe, um diese Anzahl etwas zu vergrößern: Weit voneinander entfernte Sender können dasselbe Frequenzband benutzen, ohne sich allzu sehr zu stören, weil mit wachsender Entfernung die Intensität der abgestrahlten Sendeleistung stark abnimmt. Bei Sendern, deren Entfernung nicht sehr groß ist, muß man die Abstrahlung jeweils in Richtung des anderen Senders herabsetzen (Richtstrahler). Damit wird die Störwirkung reduziert.

Mitunter ist die Störwirkung jedoch erwünscht. Manche politischen Systeme unterbinden den von ausländischen Rundfunksendern kommenden Informationsfluß, indem sie längs der Grenzen Störsender installieren, die auf derselben Frequenz wie der mißliebige Auslandssender arbeiten.

Da die Anzahl der »Bänder« auf der Frequenzskala beschränkt ist, muß man durch internationale Abmachungen diese Bänder (mitunter sagt man auch Kanäle) verteilen. Der Modus und das Ergebnis der Verteilungsabsprachen spiegeln internationale Machtkonstellationen wider.

Das Kopenhagener Abkommen von 1948 beließ Deutschland im wichtigen Mittelwellenbereich nur sehr wenige Bänder, die zudem mit den Sendern anderer Länder geteilt werden mußten. *Dieser Mangel an Kanälen bewirkte erhöhte Anstrengungen, neue Frequenzbereiche zu erschließen:* Der UKW-Bereich wurde für Rundfunkübertragungen nutzbar gemacht; die Bundesrepublik Deutschland erzielte einen entscheidenden Vorsprung beim Aufbau eines Netzes von UKW-Sendern.

Dieses Beispiel zeigt, daß eine an sich negative Kriegsfolge später zu einem technologischen Vorsprung führte. Es verdeutlicht überdies, daß nicht nur materielle Güter (Goldreserven, Industrieanlagen, Schiffe u.a.), Arbeits-

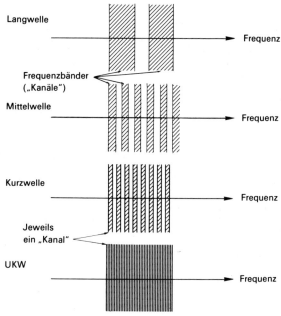

Abb. 1.2/18. Zur Unterbringungsmöglichkeit von Sendefrequenzen (»Bändern« und »Kanälen«) in den verschiedenen Wellenlängenbereichen

kräfte (Kriegsgefangene, Zwangsverpflichtete) und Informationsbesitz (Patente, Urheberrechte), sondern auch *Informationskanäle als Reparationsleistungen oder Kriegsbeute* in Frage kommen. Der Vergleich der Belegungsdichten durch Sender im Lang-, Mittel-, Kurz- und UK-Wellenbereich zeigt, daß sich in Bereichen wachsender Trägerfrequenzen immer mehr Sender unterbringen lassen (Abb. 1.2/18).

Man prüfe diese Feststellung, indem man am Rundfunkgerät im LW-Bereich den Senderwahlknopf dreht, dann im MW-Bereich und schließlich im KW-Bereich. Im LW-Bereich nimmt ein Sender eine ziemlich lange Strecke auf der Skala ein, der Abstand zum nächsten Sender ist beträchtlich; dagegen folgen im KW-Bereich die Sender sehr dicht aufeinander.

Daß die Tonqualität im UKW-Bereich besonders gut ist, liegt daran, daß man die einem Sender zugeteilte Bandbreite reichlich bemessen kann, so daß selbst hohe Tonfrequenzen von etwa 10000—15000 Hz mitübertragen werden können. Im MW- und im LW-Bereich, wo man mit der Bemessung der Bandbreiten sparsamer umgehen muß, fallen die hohen Frequenzen der Bandbreitenbeschränkung zum Opfer.

Verständnisfragen zu Kapitel 1.2

1.2.1 Erläutern Sie die semantische, die syntaktische und die pragmatische Funktion einer Nachricht an einem selbstgewählten Beispiel!
1.2.2 Codieren Sie die Zahl 1975
 (a) im Binärcode,
 (b) im 3-Exzeß-Code,
 (c) im Aiken-Code!
1.2.3 Stellen Sie Ihren Namen und Ihr Geburtsdatum
 (a) im Telegraphenalphabet CCITT Nr. 2,
 (b) im Telegraphenalphabet CCITT Nr. 3
 dar!
1.2.4 Besorgen Sie sich eine Lochkarte und stellen Sie darauf Ihren Namen und Ihr Geburtsdatum durch Ankreuzen dar!
1.2.5 Erläutern Sie den Unterschied zwischen Beobachtungskette und bidirektionaler Kommunikation!
1.2.6 Geben Sie Beispiele für Nachrichtenquellen an!
1.2.7 Erläutern Sie die Einheit 1 Bit des Informationsgehaltes einer Nachricht!
1.2.8 Eine Nachrichtenquelle sendet die Zeichen A und B mit den Wahrscheinlichkeiten $p_A = 5/6$ und $p_B = 1/6$ aus. Berechnen Sie
 (a) den Informationsgehalt des Zeichens A und des Zeichens B,
 (b) den Inormationsgehalt von 1000 nacheinander emittierten Zeichen,
 (c) die Redundanz der Nachrichtenquelle!
1.2.9 Nennen Sie verschiedene Möglichkeiten der Nachrichtenspeicherung und beschreiben Sie deren Vor- und Nachteile!
1.2.10 Was versteht man unter dem PCM-Verfahren?

1.3 Nachrichtenverarbeitung

1.3.1 Verknüpfung von Nachrichten

Während bei der Nachrichtenübertragung das Hauptinteresse darauf gerichtet ist, die zu übertragende Nachricht möglichst nicht zu verändern, gibt es *in der Praxis der Nachrichtenverarbeitung sehr oft Situationen, bei denen es darauf ankommt, eine Nachricht zu verändern oder aus mehreren Nachrichten eine neue Nachricht zu konstruieren.*

Man verdeutlicht sich dies an zwei Beispielen:
(a) der Übergang von »+1« (Guthaben) zu »−1« (Schulden),
(b) die Zusammenfassung von 5 und 4 mittels Addition zu 9.

Im ersten Falle wird aus einer Nachricht ihre Negation hergestellt; im zweiten Fall aus zwei Nachrichten eine neue, dritte Nachricht hergestellt. Hier liegen zwei sehr einfache Fälle von Nachrichtenverarbeitung vor.

Besonders wichtig sind die Verknüpfungen von Nachrichten, die sich durch binäre Signale realisieren lassen, z. B. durch Schließen oder Öffnen eines Kontaktes in einem Stromkreis. Nachfolgend bezeichnen wir einen Zustand, in dem ein Kontakt geschlossen ist oder in dem eine Lampe brennt, mit »L«, den Zustand, in dem ein Kontakt geöffnet ist oder in dem eine Lampe nicht brennt, mit »O«.

Man kann dann zwei einfache, für die praktische Anwendung sehr wichtige Schaltungen konstruieren:

1. Zwei Kontakte, X_1 und X_2, liegen in Reihe geschaltet in einem Stromkreis, ebenso eine Lampe Y, deren Leuchten anzeigt, ob im Kreis ein Strom fließt oder nicht.

2. Zwei Kontakte, X_1 und X_2, liegen parallel geschaltet in einem Stromkreis, in dem sich ebenfalls eine Lampe Y befindet.

Wir untersuchen zunächst das Verhalten des Stromkreises von Beispiel 1 *(Reihenschaltung)*, in dem wir alle Möglichkeiten in der Betätigung

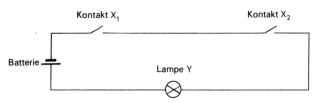

Abb. 1.3/1. Schaltungstechnische Realisierung des »und« (Konjunktion)

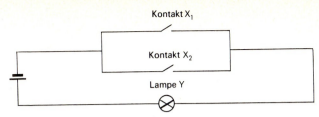

Abb. 1.3/2. Schaltungstechnische Realisierung des inklusiven „oder" (Disjunktion)

der Kontakte X_1 und X_2 durchprobieren und beobachten, wie die Lampe reagiert. Wir stellen das Ergebnis dieses Probierens übersichtlich zusammen:

Kontakt X_1	Symbol	Kontakt X_2	Symbol	Lampe Y	Symbol
geschlossen	L	geschlossen	L	brennt	L
geschlossen	L	offen	O	brennt nicht	O
offen	O	geschlossen	L	brennt nicht	O
offen	O	offen	O	brennt nicht	O

Da es nur vier Variationen der Schalterstellungen von X_1 und X_2 gibt, ist mit dieser Tabelle das Verhalten der Schalterkombinationen erschöpfend beschrieben.

Versucht man den vorliegenden Sachverhalt im Sinne einer logischen Verknüpfung zu interpretieren, dann kommt man zu der Aussage: Y *hat dann und nur dann den Wert L, wenn sowohl* X_1 *als auch* X_2 *den Wert L haben.*

Identifiziert man X_1 mit einer Aussage p und X_2 mit einer anderen Aussage q, dann bedeutet die Annahme des Wertes L durch Y, daß *sowohl p als auch q* zutreffen.

Ein Beispiel: Man hat die Führerscheinprüfung bestanden, wenn sowohl der theoretische Teil (Fragebogentest) als auch der praktische Teil (Prüfungsfahrt) bestanden wurden. Identifiziert man X_1 bzw. p mit der Aussage »theoretischer Teil bestanden«, X_2 bzw. q mit der Aussage »praktischer Teil bestanden«, dann bewerkstelligt die Reihenschaltung der Kontakte X_1 und X_2, — ohne daß es weiterer Denkarbeit bedarf — die Entscheidung, ob die gesamte Prüfung als bestanden anzusehen ist.

Dies stellt ein für die Kybernetik und insbesondere für die formale Logik wichtiges Ergebnis dar: man hat einen elementaren Akt des Denkens durch eine maschinelle Tätigkeit ersetzt.

Anmerkung: Diese Art der Verknüpfung der Größen X_1 und X_2 zur Größe Y nennt man *Konjunktion* und schreibt

$$Y = X_1 \cdot X_2 \quad \text{oder} \quad Y = X_1 \wedge X_2 \quad \text{oder} \quad Y = X_1 \& X_2$$

Sodann untersuchen wir das Verhalten des Stromkreises von Beispiel 2 *(Parallelschaltung)*. Auch hier spielt man die vier Möglichkeiten für X_1 und X_2 durch und registriert das Verhalten von Y. Nachfolgend sind die Ergebnisse übersichtlich aufgeführt:

X_1	X_2	Y
O	O	O
O	L	L
L	O	L
L	L	L

Man erkennt: $Y = L$ (d.h. die Lampe brennt), wenn entweder $X_1 = L$ oder $X_2 = L$ ist oder beide gleich L sind. Man hat damit das »entweder ... oder« realisiert.

Man beachte jedoch, daß es sich hier um das inklusive »oder« handelt (im Lateinischen »vel«) im Gegensatz zum exklusiven »oder« (im Lateinischen »aut«), bei dem das gleichzeitige Erfülltsein von X_1 und X_2 ausgeschlossen ist.

Man verdeutlicht sich die Funktion der beiden »oder« an zwei Beispielen:

1. Ein Abgeordneter gelangt ins Parlament, wenn er entweder ein Direktmandat erringt oder über die Landesliste zum Zuge kommt oder in beiden Fällen Erfolg hat (das letztere trifft manchmal zu, wenn man einen besonders qualifizierten Politiker auf jeden Fall absichern will): inklusives »oder«.
2. Ein Politiker kann entweder Minister werden oder seinen ursprünglichen Beruf ausüben, aber nicht beides zugleich: exklusives »oder«.

Anmerkung: Die dem inklusiven »oder« entsprechende Verknüpfung der Größen X_1 und X_2 zur Größe Y nennt man *Disjunktion* und schreibt:

$$Y = X_1 + X_2 \quad \text{oder} \quad Y = X_1 \vee X_2 \quad \text{oder} \quad Y = X_1 \,!\, X_2$$

Eine dritte, sehr wichtige logische Operation ist die Verneinung, die Negation. Ein Kontakt, der den Stromkreis unterbricht, wenn er betätigt wird, realisiert die Negation. Die Abbildungen 1.3/3 und 1.3/4 zeigen zwei einfache Konstruktionen dazu.

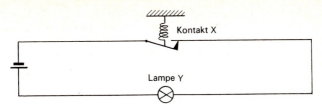

Abb. 1.3/3. Zur Negation. Ein Kontakt, der bei Betätigung den Stromkreis unterbricht (»Öffner«)

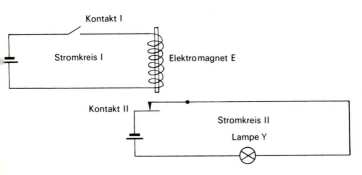

Abb. 1.3/4. Zur Negation. Wird der Stromkreis I durch den Kontakt I geschlossen, so spricht der Elektromagnet E an und unterbricht den Stromkreis II, indem er den Kontakt II öffnet (»Relais«)

Bezeichnet man die möglichen Zustände von X und Y wieder mit O und L und zwar

Kontakt X betätigt:	L
Kontakt X nicht betätigt:	O
Lampe Y leuchtet:	L
Lampe Y leuchtet nicht:	O

dann gelangt man zu der Zuordnung

X	Y
L	O
O	L

1.3 Nachrichtenverarbeitung 45

Im Gegensatz zu den beiden vorangehenden Fällen liegt *nur eine Eingangsgröße* (X) vor, die zu einer Ausgangsgröße (Y) verarbeitet wird. Vor einer Verknüpfung im engeren Sinne kann man zwar nicht sprechen doch zeigen die Überlegungen des nächsten Abschnitts, daß man zum Zwecke der Systematik auch die Negation der Nachrichtenverknüpfung zurechnen kann; die an sich überflüssige zweite Eingangsgröße kann man gleich der ersten machen, so daß die vollständige Tabelle der Eingangsgrößen X_1, X_2 und der Ausgangsgröße Y lautet:

Tabelle 1.3/1. Zuordnungstafel für die Negation.

X_1	X_2	Y
O	O	L
O	O	L
L	L	L
L	L	L

1.3.2 Boolesche Funktionen

Abstrahiert man von den technischen Realisierungen, dann kommt das Wesentliche der Nachrichtenverarbeitung in den drei eben gebrachten Beispielen durch die Zuordnung der Zustände O und L der Eingangsgrößen X_1 und X_2 zu den Zuständen O und L der Ausgangsgröße Y zum Ausdruck. Da es 4 Variationsmöglichkeiten von O und L für X_1 und X_2

X_1	O	O	L	L
X_2	O	L	O	L

gibt, wird das zugehörige Y ebenfalls durch eine Zeile von 4 Binärzeichen beschrieben.

Da man aus vier Binärzeichen genau 16 Variationen bilden kann — von denen die gebrachten Beispiele des »sowohl ... als auch«, des inklusiven »oder« und des »nicht« drei Möglichkeiten darstellen —, gibt es zu zwei Eingangsgrößen X_1 und X_2, die jeweils zweier Zustände fähig sind, genau 16 Möglichkeiten für die Ausgangsgröße (Tabelle 1.3/2).

Man bezeichnet nach dem englischen Mathematiker George Boole (1815–1864) X_1 und X_2 als Boolesche Variable und Y als Boolesche Funktion. Das Adjektiv »Boolesche...« besagt, daß die Variablen und eine aus ihrer Verknüpfung hervorgehende Funktion nur zweier Werte fähig sind, nämlich O und L.

Die Gesamtheit der Axiome, Rechenregeln und Lehrsätze, die für Boolesche Variable und Funktionen zutreffen, nennt man *Boolesche Algebra*.

Die Boolesche Algebra hat in den letzten Jahrzehnten wegen ihres großen Anwendungsbereiches (Aussagenlogik, Schaltalgebra, Computertechnologie) erheblich an Bedeutung gewonnen.

Zum Vergleich: die aus der elementaren Schulmathematik bekannten Funktionen (z.B. $y = x^2$) unterliegen nicht dieser Beschränkung; x kann hier jeden beliebigen Zahlenwert annehmen; die zugehörigen y-Werte erhält man durch Ausführung einer Rechenvorschrift (z.B. in dem man x quadriert).

Eine Zusammenfassung aller 16 Möglichkeiten für Y — man bezeichnet sie üblicherweise mit $Y_0, Y_1, Y_2 \ldots Y_{14}, Y_{15}$ — gibt Tabelle 1.3/2.

Tabelle 1.3/2. Logische Funktionen zweier binärer Variabler

Variable						
	X_1	O O L L				
	X_2	O L O L				

			Symbol	Bezeichnung	Sprachlicher Ausdruck
Funktion	Y_0	O O O O	O	Konstante (Nullfunktion)	niemals
	Y_1	O O O L	$X_1 \wedge X_2$ $X_1 \cdot X_2$ $X_1 \& X_2$	Konjunktion	und (sowohl ... als auch)
	Y_2	O O L O	$\bar{X}_1 \wedge X_2$		
	Y_3	O O L L	X_1	Variable X_1	
	Y_4	O L O O	$\bar{X}_1 \wedge \bar{X}_2$		
	Y_5	O L O L	X_2		
	Y_6	O L L O	$X_1 \not\equiv X_2$	Antivalenz Exklusives »oder«	oder (aut)
	Y_7	O L L L	$X_1 \vee X_2$ $X_1 + X_2$ $X_1 \mathbin{!} X_2$	Disjunktion Inklusives »oder«	oder (vel)
	Y_8	L O O O	$\bar{X}_1 \cdot \bar{X}_2$ $X_1 \downarrow X_2$	Peirce-Funktion	weder ... noch
	Y_9	L O O L	$X_1 \equiv X_2$	Äquivalenz	
	Y_{10}	L O L O	$\bar{X}_2$	Negation von X_2	
	Y_{11}	L O L L	$\bar{X}_2 \vee X_1$	Implikation	wenn X_2, dann X_1
	Y_{12}	L L O O	$\bar{X}_1$	Negation von X_1	
	Y_{13}	L L O L	$\bar{X}_1 \vee X_2$	Implikation	wenn X_1, dann X_2
	Y_{14}	L L L O	$\bar{X}_1 \vee \bar{X}_2$ $X_1 \mid X_2$	Sheffer-Funktion	
	Y_{15}	L L L L	L	Konstante (Einsfunktion)	immer

1.3.3 Realisierung von Rechenoperationen durch logische Verknüpfungen

Mit Hilfe der Gesetze der logischen Verknüpfungen läßt sich die für das Zahlenrechnen grundlegende Operation des Addierens verwirklichen. Diese Feststellung erhält ihre große Bedeutung dadurch, daß sich alle anderen Rechenarten auf die Addition zurückführen lassen.

Betrachten wir also zunächst die Addition im Dualsystem, denn dieses ist das den Rechenanlagen angemessene Zahlensystem. Als Ziffern kommen nur O und L vor. Deren Addition ergibt als Summe wiederum eine der beiden Möglichkeiten O und L und gegebenenfalls einen Übertrag. Es gibt vier Möglichkeiten der Zusammenstellung von O und L; wir können deshalb das Ergebnis der Addition im Dualsystem in der folgenden Übersicht zusammenfassen:

1. Summand	O	O	L	L
2. Summand	O	L	O	L
Summe	O	L	L	O
Übertrag	O	O	O	L

Wir können nun das Ergebnis der Addition des ersten zum zweiten Summanden als das Ergebnis einer logischen Verknüpfung interpretieren, die durch folgende Vorschrift gekennzeichnet ist:

Die Verknüpfung des Binärzeichens O mit dem Binärzeichen O ergibt O
Die Verknüpfung des Binärzeichens O mit dem Binärzeichen L ergibt L
Die Verknüpfung des Binärzeichens L mit dem Binärzeichen O ergibt L
Die Verknüpfung des Binärzeichens L mit dem Binärzeichen L ergibt L

Bezeichnen wir das erste Binärzeichen als Nachricht X_1, das zweite als Nachricht X_2 und das Ergebnis als Nachricht Y, dann zeigt der Vergleich mit den logischen Funktionen in Tabelle 1.3/2, daß die Summenbildung der Funktion Y_6, der Antivalenz (exklusives »oder«) entspricht.

Der Vergleich mit den logischen Funktionen in Tabelle 1.3/2 zeigt weiterhin, daß die Bildung des Übertrags der Funktion Y_1 entspricht, also der Konjunktion.

Das Problem, diese logischen Verknüpfungen durch elektrische Schaltungen zu realisieren, bereitet keine Schwierigkeiten. Für die »und«-Verknüpfung (Y_1) wird sie z.B., wie wir schon in Abschnitt 1.3.1 gesehen haben, durch die Reihenschaltung zweier Kontakte bewirkt. Anstelle der mechanisch betätigten Kontakte tritt in der industriellen Praxis natürlich eine elektronische Schaltung, meist eine Kombination von Transistoren und Widerständen. Auch die Funktion Y_6, die Antivalenz, läßt sich durch eine passende Zusammenstellung von »und«- und »nicht«-Schaltungen aufbauen.

Die Addition ist die Grundlage für die Durchführung aller anderen Rechenoperationen.

Die Subtraktion läßt sich auf die Addition zurückführen, in dem man statt eine Zahl abzuziehen, ihre Ergänzung auf 10 addiert. Den Übertrag unterdrückt man dabei.

Beispiel: Von der Zahl 9 (Minuend) soll die Zahl 7 (Subtrahend) abgezogen werden. Die Ergänzung von 7 auf 10 beträgt 3. Die Addition von 3 zu 9 ergibt **12**
(Von dem Übertrag 1 sieht man ab; er kann durch eine geeignete Schaltung im Addierwerk leicht unterdrückt werden).
Das Ergebnis der Rechnung beträgt also 2.

Die Multiplikation ist nichts anderes als die mehrfache Addition einer vorgegebenen Zahl (des Multiplikanden). Wie oft addiert wird, gibt der Multiplikator an.

Beispiel: $4 \times 5 = 4 + 4 + 4 + 4 + 4$

Da eine Einzeladdition wegen der Verwendung elektronischer Bauteile in außerordentlich kurzer Zeit ausgeführt wird, spielt es für die Gesamtzeit der Rechnung im allgemeinen keine Rolle, ob 5 oder 5 Millionen Summanden zusammengezählt werden.

Die Division beruht auf einer Hintereinanderausführung von Subtraktionen.

Beispiel: 23 : 7 = 3 Rest 2, denn

$$\begin{array}{r} 23 \\ -\ 7 \\ \hline 16 \\ -\ 7 \\ \hline 9 \\ -\ 7 \\ \hline 2 \end{array}$$ (1 mal)

(2 mal)

(3 mal)

Schluß! Rest 2

Für höhere Rechenarten, wie etwa Quadratwurzelziehen, hat man Näherungsverfahren gefunden, die lediglich die vier Grundrechenarten benutzen, sich also im Grunde auch auf die Addition zurückführen lassen.

Ebenso lassen sich die Werte der aus der Schulmathematik bekannten Winkelfunktionen und Logarithmen (aber auch die Werte komplizierterer Funktionen) mit Hilfe der vier Grundrechenarten bestimmen (mit Hilfe unendlicher Reihen); auch hier reicht letztlich die Durchführbarkeit der Addition aus.

1.3 Nachrichtenverarbeitung

Abschließend sei noch auf zwei wichtige *Voraussetzungen für die außerordentliche Schnelligkeit in der Ausführung der Rechenoperationen in elektronischen Rechenanlagen* hingewiesen: Die Ausbreitung elektrischer Signale erfolgt mit der sehr hohen Geschwindigkeit von annähernd 300 000 km/s. Die verwendeten Bauelemente sind sehr klein (Größenordnung: einige Millimeter). Daher sind die Laufzeiten der Signale in den Bauelementen sehr klein (Größenordnung: ca. 10^{-11} s).

1.3.4 Rechenanlagen

Zum wichtigsten Hilfsmittel bei der Bewältigung der Informationsflut, mit der wir in der heutigen gesellschaftlichen und technischen Wirklichkeit konfrontiert werden, haben sich die elektronischen Rechenanlagen entwickelt. Sie kennzeichnen unsere Zivilisation weit stärker als die an sich großartigen Leistungen auf dem Gebiet der Kerntechnik und der Weltraumfahrt. Bei einer Darstellung der Kybernetik nehmen sie deshalb einen wichtigen Platz ein. Sie sind *technische Konkretisierungen allgemeiner kybernetischer Konzeptionen*. Im Rahmen dieses Buches sollen daher die *Prinzipien* erläutert werden, die dem Aufbau und der Wirkungsweise von Rechenanlagen zu Grunde liegen.

Man unterscheidet — je nach der Art, wie die zu verarbeitenden Größen dargestellt werden — *Analogrechner und Digitalrechner.*

Analogrechner. Die in den Rechner eingespeisten Werte werden durch eine kontinuierliche physikalische Größe dargestellt. Die Verarbeitung erfolgt aufgrund eines physikalischen Vorganges.

Das bekannteste Beispiel eines Analogrechners ist der *Rechenschieber*: Jede Zahl wird durch die Länge einer Strecke gekennzeichnet. Das Aneinanderlegen von zwei Strecken — durch Verschieben der Rechenschieberzunge bewirkt — realisiert eine Addition. Da es sich um logarithmisch geteilte Maßstäbe handelt, entspricht der Addition die nächst höhere Rechenart, nämlich die Produktbildung.

Ähnliches gilt von der Stromverzweigung in einem elektrischen Stromkreis. Hier ist stets $I_1 + I_2 = I$, d.h. die Summe der Teilstromstärken ist gleich der Gesamtstromstärke (Abb. 1.3/5). Das entspricht einer Addition: Am Amperemeter A, das den Gesamtstrom mißt, kann man in jedem Zeitpunkt die Summe der an den Amperemetern A_1 und A_2 angezeigten Zahlen ablesen. Die Teilstromstärken I_1 und I_2 entsprechen den Summanden.

Die meisten Analogrechner arbeiten mit elektrischen Größen, z.B. Spannungen, Widerständen, Strömen, und verwenden elektrische Bauelemente wie Potentiometer (veränderbare Widerstände, an denen man Spannungen abgreifen kann), Kondensatoren und Verstärker.

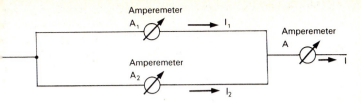

Abb. 1.3/5. Stromverzweigung als physikalische Realisierung der Addition

Analogrechner zeichnen sich durch leichte Bedienung und Programmierbarkeit aus. Oft kann man das gewünschte Ergebnis gleich an einem Meßinstrument ablesen. Die Genauigkeit der Ergebnisse ist jedoch beschränkt; sie beträgt in der Regel nicht mehr als 0,1%.

Das Hauptanwendungsgebiet der Analogrechner ist die Lösung von Differentialgleichungen. Das sind Gleichungen, die das Verhalten von dynamischen Systemen beschreiben, z.B. von Regelkreisen der Verfahrenstechnik.

Digitalrechner. Die Werte der Eingangsgrößen müssen in einem bestimmten Zahlensystem dargestellt sein (lat. digitus = Finger; die 10 Finger gaben Veranlassung zur Einführung des Zehnersystems). Die Verknüpfung der Eingangsgrößen erfolgt nach den Gesetzen der Booleschen Algebra. Das Ergebnis wird als *Zahlenwert* ausgegeben.

Digitalrechner zeichnen sich durch große Genauigkeit aus; die marktüblichen Rechenanlagen arbeiten mit etwa 8 gültigen Stellen; dies entspricht einer Genauigkeit von etwa 0,000001%. In der sogenannten doppeltgenauen Darstellung erhöht sich die Genauigkeit sogar auf 16 gültige Stellen. Andererseits erfordert die Aufbereitung eines Problems (*»Programmieren«*) für die Lösung in digitalen Rechenanlagen einen beträchtlichen Aufwand an Zeit und Denkarbeit.

Hybridrechner. Manchmal kommen in Rechenanlagen sowohl digitale als auch analoge Bauelemente vor; man spricht dann von Hybridrechnern. Sie vereinigen die Vorzüge beider Prinzipien und ermöglichen es, deren Nachteile auf ein für das anstehende Problem nebensächliches Gebiet zu verlagern.

Typische Anwendungsbereiche der Hybridrechner sind automatisierte Produktionsanlagen und Luftverteidigungssysteme.

Digitalrechner besitzen die weitaus größte Bedeutung. Wir wollen daher im folgenden einige Begriffe und Vorgänge klären, die für Digitalrechner wichtig sind.

Zunächst die Unterscheidung von »*hardware*« und »*software*«. Unter »hardware« versteht man alles, was mit der Technologie des Rechners zusammenhängt, kurz gesagt, die »*Verdrahtung*« der elektronischen Bauelemente. Unter »software« versteht man alles, was mit der Aufbereitung der anstehenden Probleme für den Rechner und dem zweckmäßigen Rechengang zusammenhängt. Sie bildet den *Tätigkeitsbereich des »Systemanalytikers«*, der das Problem in Bezug auf die Lösbarkeit durch die Rechenanlage untersucht und in Detailprobleme gliedert, und des »*Programmierers*«, der diese Detailprobleme in eine für die Rechenanlage verständliche Sprache übersetzt. Die Aufgabe des »*Operators*« schließlich besteht darin, die Rechenanlage zu bedienen und zu überwachen.

Die Grundlagen der »hardware« einer Rechenanlage wurden in Abschnitt 1.3.3 behandelt. Wir erinnern uns:

Man kann die Grundrechenart der Addition durch bestimmte elektrische Schaltungen, die den logischen Verknüpfungen der Antivalenz und der Konjunktion entsprechen, realisieren. Alle anderen Rechnungsarten lassen sich im Prinzip auf die Addition zurückführen.

Jede Rechenanlage besteht aus den folgenden Funktionseinheiten:

1. Eingabe:
   Hier erfolgt die Eingabe der Daten (insbesondere von Zahlen) und der Anweisungen, wie diese Daten zu verarbeiten sind.
   Beispiel: Man berechne für die Werte $r = 0,1$; $0,2$; ... $1,0$ (das sind die Daten) den Ausdruck $A = 3,14159 \, r^2$ (das ist die Anweisung).
   Daten und Anweisungen werden meist auf Lochkarten, Lochstreifen und Magnetbändern gespeichert und in dieser Form der Eingabe zugeführt.

2. Rechenwerk:
   Hier erfolgt die Ausführung der elementaren Rechenoperationen. Wesentlich ist, daß Zwischenergebnisse kurzzeitig gespeichert werden können (»Register«). Eine der wichtigsten Operationen des Rechenwerks besteht darin, eine Zahl zum Inhalt einer Speicherzelle zu addieren; die Speicherzelle hat dann einen neuen Inhalt: *die Summe von ursprünglichem Inhalt und hinzukommender Zahl.*

3. Speicher:
   Hier werden *Zahlen* und *Befehle* gespeichert und auf Abruf wieder ausgegeben. Die am meisten verwendeten Speicherverfahren sind Magnetkern-, Magnettrommel- und Magnetbandspeicherung. Für die Belegung der Speicherplätze ist der Unterschied zwischen Zahlenwerten und Befehlen bedeutungslos; deshalb faßt man sie unter dem Oberbegriff »Worte« zusammen. Jedes Wort hat eine Adresse, die

angibt, wo sich das Wort im Speicher befindet, so daß es jederzeit abgerufen werden kann.

Auch das Rechenwerk und das noch zu besprechende Leitwerk enthalten Speicherelemente *(»Register«)*. Man zählt sie jedoch nicht zu dem als *»Speicher«* bezeichneten Anlageteil.

4. Leitwerk:

Das Leitwerk steuert den Informationsfluß zwischen den einzelnen Teilen der Anlage. Es sorgt dafür, daß die Befehle, deren Gesamtheit den Ablauf des Programms festlegt, in der richtigen Reihenfolge aus dem Speicher abgerufen werden und daß im Rechenwerk die Befehle ausgeführt werden.

Jeder Befehl besteht aus einem Teil, der angibt, was gemacht werden soll *(Operationsteil)* und einem Teil, der angibt, auf welches Objekt, d.h. auf welchen Speicherinhalt, der Befehl angewandt werden soll *(Adressteil)*.

Wesentlich für die außerordentliche Leistungsfähigkeit der modernen Rechenanlagen war der Gedanke von J.v. Neumanns, eine Folge von Befehlen, d.h. ein *Programm* zu speichern. Es genügt dann, das Programm aufzurufen, um die gewünschte Rechnung durchzuführen. Der Speicher liefert dann nicht nur die Zahlenwerte, sondern auch die Befehle, die angeben, was mit den Zahlenwerten zu geschehen hat. Deshalb bezeichnet man die heutigen Rechenanlagen, die nach diesem Prinzip arbeiten, als *programmgesteuerte Rechenanlagen*.

5. Ausgabe:

Das Ergebnis einer Rechnung muß dem Benutzer einer Rechenanlage mitgeteilt werden. Dies kann — wie bei der Eingabe — auf einem Magnetband oder einem Lochstreifen geschehen; es kann auch direkt auf ein breites Papierband ausgedruckt werden. Auch die Ausgabe auf einem Bildschirm ist möglich.

Wir wenden uns nun dem »software«-Komplex der Rechenanlage zu. Die Rechenanlage führt bestimmte Befehle aus, deren Reihenfolge durch das Programm festgelegt ist. Diese Befehle sind in der Form, wie sie unmittelbare Operationen der Rechenanlage bewirken, sehr kompliziert und

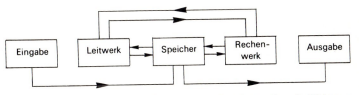

Abb. 1.3/6. Blockdiagramm einer Rechenanlage. Die Pfeile geben die Richtung des Informationsflusses an

für den normalen Benutzer zu unübersichtlich. *Man nennt diese Folge von Detailanweisungen ein Maschinenprogramm oder Objektprogramm.* Das Objektprogramm hängt von der speziellen Konstruktion der Rechenanlage ab; es ist also von Anlage zu Anlage verschieden.

Man hat daher eine symbolische Schreibweise für die einzelnen auszuführenden Rechengänge ausgearbeitet, die leichter zu erlernen ist und eine dem jeweils vorliegenden Problem angemessene Formulierung erlaubt. Man nennt ein Programm, das in dieser symbolischen, dem Problem angemessenen Sprache formuliert ist, ein *Quellenprogramm*. Die bekanntesten dieser problemorientierten Programmiersprachen sind

Fortran (**Fo**rmula **tran**slating System)
Algol (**Algo**rithmic **l**anguage)
Cobol (**Co**mmon **b**usiness **o**riented **l**anguage)

Der Benutzer »redet« in der Sprache des Quellenprogramms, die Rechenanlage »versteht« nur Anweisungen in der Sprache des Maschinenprogramms. *Es muß also jemanden geben, der von der einen Sprache in die andere übersetzt; diese Funktion kann ein in die Rechenanlage eingebautes Programm übernehmen.*

Man nennt ein Programm, das diese Übersetzerfunktion wahrnimmt, einen »*Compiler*«. Entsteht die Maschinensprache durch eine direkte Umbenennung der Bezeichnungen der Quellenprogrammsprache, dann sagt man statt Compiler auch »*Assembler*«.

Der wesentliche Vorzug der problemorientierten Programmiersprachen besteht darin, daß der Benutzer die Arbeitsweise der Rechenanlage im Detail nicht zu kennen braucht. Er muß lediglich symbolische Anweisungen erteilen.

Die Umsetzung in die einzelnen Instruktionen für die Maschine besorgt der Compiler. Die Erstellung der Maschinensprache ist Angelegenheit des Konstrukteurs der Maschine, nicht des Benutzers.

Eine analoge Situation tritt bei der Benutzung eines Kraftfahrzeuges auf: Man kuppelt aus und legt den Gang ein, ohne im einzelnen zu wissen, wie Kupplung und Getriebe im Detail funktionieren; dies ist eben Sache des Automobilkonstrukteurs und nicht Sache des Autofahrers.

Im folgenden seien noch einige häufig vorkommende Begriffe in bezug auf die Betriebsart von Rechenanlagen erklärt: In modernen Rechenanlagen arbeiten die Rechenwerke schneller als Eingabe- und Ausgabewerke. Deshalb läßt man, um kostbare Rechenzeit zu sparen, ein Rechenwerk für mehrere Ausgabewerke arbeiten, so daß verschiedene Programme zur gleichen Zeit über die gesamte Rechenanlage laufen können. Dadurch ist das im Vergleich zu den peripheren Organen »Eingabe« und »Ausgabe« sehr teuere Rechenwerk immer ausgelastet. *Dieses Verfahren nennt man »multiprogramming« oder Multiprogrammierung.*

Benutzen mehrere Rechenwerke einen gemeinsamen Speicher, dann kann die Anlage als Ganzes sich ebenfalls mit mehreren Programmen zur gleichen Zeit beschäftigen. Dieses Verfahren nennt man »*multiprocessing*« oder *Multiprozessierung*.

Wird ein zu untersuchender Vorgang rechnerisch sofort verarbeitet und dem Benutzer zur Verfügung gestellt, so spricht man von »*on-line-Verarbeitung*«. Eingabe, Verarbeitung und Ausgabe erfolgen am selben Platz. Wird der zu untersuchende Vorgang erst aufbereitet (z.B. auf Lochkarten gestanzt), dann zur Rechenanlage transportiert, dort verarbeitet, ausgegeben und wieder zum Benutzer zurücktransportiert, spricht man von »*off-line-Verarbeitung*«. Diese Art der Verarbeitung ist sehr wirtschaftlich. Sehr viele Benutzer können eine Rechenanlage, die an einem zentral gelegenen Ort errichtet wurde, in Anspruch nehmen *(Rechenzentrum)*.

Besitzt ein Benutzer ein eigenes Eingabe- und Ausgabegerät an seinem Arbeitsplatz, das mit einer zentralen Rechenanlage durch Kabel verbunden ist, so daß die Anlage von vielen Benutzern zur gleichen Zeit in Anspruch genommen werden kann, so spricht man von »*time sharing*«. Die Anlage verarbeitet die einlaufenden Programme in der Reihenfolge ihrer Ankunft; da sie sehr schnell arbeitet, merkt der Benutzer praktisch nicht, daß er etwas warten mußte. Die an seinem Arbeitsplatz stehende *Kombination »Eingabegerät-Ausgabegerät«* nennt man »*Terminal*«.

Die Anwendungsbereiche der programmgesteuerten Rechenanlagen *(Computer)* sind zahlreich. Wir geben einige wichtige Beispiele:

Erstellung von Steuer- und Rentenbescheiden; Auswertung der Stimmen bei Wahlen; Auswertung der von vielen Wetterstationen einlaufenden Daten zu einer längerfristigen Wettervorhersage; Berechnung von Gehalts- und Lohnauszahlungen, Steuerabzügen und Sozialabgaben; Berechnung von Versicherungsprämien; Buchungen auf Bankkonten; Optimierung von Produktionsprozessen; Auswertung von Meßergebnissen in den Naturwissenschaften; numerische Rechnungen bei der Auswertung mathematischer Formeln; Simulation technischer und volkswirtschaftlicher Vorgänge.

Verständnisfragen zu Kapitel 1.3

1.3.1 Geben Sie elektrische Schaltungen an, mit denen sich die logischen Funktionen »und«, »oder« und »nicht« realisieren lassen!

1.3.2 Weisen Sie mit Hilfe der Tafeln der logischen Funktionen zweier binärer Variabler nach, daß die Beziehungen

$$(\overline{x_1 \cdot x_2}) = \bar{x}_1 \vee \bar{x}_2 \quad \text{und} \quad (\overline{x_1 \vee x_2}) = \bar{x}_1 \cdot \bar{x}_2$$

gelten (De Morgansche Beziehungen)!

1.3.3 Worin unterscheiden sich Digital- und Analogrechner?

1.3.4 Geben Sie die wichtigsten Funktionseinheiten einer programmgesteuerten Rechenanlage an!

1.3.5 Erläutern Sie den Unterschied zwischen »hardware« und »software«!

1.4 Grundlagen der Regelungstheorie

1.4.1 Steuerung und Regelung

Die Technik sichert die materielle Grundlage unserer individuellen und gesellschaftlichen Existenz. Nach der Art der produzierten Güter kann man eine — verhältnismäßig grobe — Einteilung treffen:
(a) Verfahrenstechnik,
(b) Fertigungstechnik,
(c) Energietechnik,
(d) Verkehrstechnik (Fördertechnik),
(e) Nachrichtentechnik.

Anstelle abstrakter Definitionen kennzeichnen wir diese Teilgebiete durch einige charakteristische Beispiele und allgemeine Merkmale.

Zu (a):
Verfahrenstechnik: Verhüttung von Erzen, Destillation von Erdöl, chemische Prozesse (z.B. die Herstellung von Ammoniak aus Wasserstoff und Stickstoff nach dem Haber-Bosch-Verfahren), Herstellung von Nahrungs- und Genußmitteln (Brot backen, Bier brauen, Kaffee rösten). In der Verfahrenstechnik kommt es vor allem auf die stofflichen Eigenschaften des Ausgangsmaterials und des Endprodukts an. Die Prozesse erfordern in der Regel einen größeren Zeitaufwand.

Zu (b):
Fertigungstechnik: Erzeugung von Gegenständen des täglichen Gebrauchs oder von Industrieausrüstungen (Herstellung von Hausrat, Bekleidung; Montage von elektronischen Geräten, Kraftfahrzeugen; Herstellung von Werkzeugmaschinen; Erstellung von Bauten).
In der Fertigungstechnik kommt es vor allem auf die Form und die Abmessungen des Erzeugnisses an. Die Prozesse (oder bei komplizierten Gebilden die Teilprozesse) erfordern eine verhältnismäßig kurze Zeit.

Zu (c):
Energietechnik: Umwandlung von Energie in eine besser verwertbare Form; Erzeugung elektrischer Energie in Wärmekraftwerken; Transport von Energie, etwa in Ferngasleitungen, Hochspannungsleitungen, Pipelines.

Zu (d):
Verkehrstechnik: Straßenverkehr, Eisenbahnwesen, Luftverkehr, Schiffahrt; Fragen des zweckmäßigsten Transports von Gütern oder Menschen.

Zu (e):
Nachrichtentechnik: Sie befaßt sich mit der Erzeugung, der Übermittlung und dem Empfang von Signalen. Dies ist zwar auch eine Form der

Energieerzeugung und des Energietransports; jedoch steht hier die übermittelte Nachricht im Vordergrund, die Energie dient lediglich als Träger der Nachricht.

In allen diesen aufgezählten Teilgebieten der Technik, deren Bedeutung schon durch die erwähnten konkreten Beispiele offensichtlich wird, spielen *Steuerung und Regelung* eine überragende Rolle:
sei es, daß man beim Haber-Bosch-Verfahren oder bei der Erdöldestillation die Temperatur und den Druck auf einem festen Wert halten will,
sei es, daß die Drehzahl der Walzen bei der Herstellung von Blechen in der Walzenstraße konstant bleiben soll (sonst reißt das Blechband),
sei es, daß die Zuführung einer verhältnismäßig großen Leistung zum Verbraucher eingeleitet werden soll (etwa beim Einschalten des Motors einer Elektrolok),
sei es, daß man bei sich kreuzenden Verkehrsströmen Kollisionen verhindern will (Ampelanlagen),
sei es, daß man die an sich geringe Schalleistung der menschlichen Stimme verstärken möchte (Megaphon).

Abstrahiert man von Besonderheiten der technischen Konstruktion in diesen Beispielen, dann erkennt man *das Charakteristische des Begriffes Steuerung: mittels eines geringen Energieaufwandes wird ein großer Energiebetrag beeinflußt*. Die Beeinflussung kann z.B. eine Unterbrechung, eine Freisetzung, eine Drosselung oder eine Verstärkung sein.

Einen Sonderfall der Steuerung stellt die Auslösung dar; ein einmaliger Eingriff setzt den im folgenden nicht mehr kontrollierbaren Prozeß in Gang. Man denke etwa an die Zündung einer Wasserstoffbombe.

Das Wesentliche bei der Steuerung besteht darin, daß der Eingriff in den zu steuernden Prozeß keine Rückwirkung zur Folge hat. Das Ergebnis des Steuerungsvorgangs beeinflußt den Steuerungsvorgang selbst nicht. Bei der Steuerung liegt mithin ein Wirkungsablauf vor, der in einer Richtung erfolgt.

Für das tägliche Leben und die industrielle Praxis haben jedoch gerade die Fälle von Steuerung eine besondere Bedeutung, bei denen das Ergebnis des Steuerungsvorganges gemessen wird und der erhaltene Meßwert zur Grundlage der weiteren Steuerung gemacht wird. In diesem Fall spricht man von Regelung.

Das Wesentliche bei der Regelung besteht darin, daß die Wirkung des Eingriffs gemessen und bei der weiteren Gestaltung des Eingriffs zu Grunde gelegt wird. Bei der Regelung liegt mithin ein geschlossener Wirkungskreis vor.

Wir machen uns den Unterschied zwischen Steuerung und Regelung an zwei Beispielen klar:

1.4 Grundlagen der Regelungstheorie

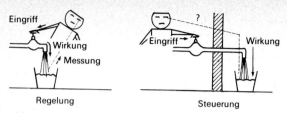

Abb. 1.4/1. Zum Unterschied von Steuerung und Regelung

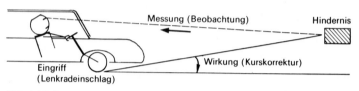

Abb. 1.4/2. Regelungsvorgang bei der Lenkung eines Kraftfahrzeuges

Beim Wasserhahn kann man durch Drehen am Griff die ausfließende Wassermenge dosieren, z. B. um ein Gefäß zu füllen. Registriert man fortlaufend, ob der Wasserfluß dem Zweck entsprechend stark genug — aber nicht zu stark — ist, dann liegt eine *Regelung* vor, weil ja eine Rückmeldung über die Wirkung des Eingriffes (Drehung am Griff des Wasserhahns) erfolgt. Besteht jedoch keine Möglichkeit, die Wirkung des Eingriffs zu kontrollieren, dann liegt eine *Steuerung* vor.

Die Lenkung eines Kraftfahrzeuges im Straßenverkehr ist eine Regelung. Der Kraftfahrer bestimmt über den Lenkungsmechanismus die Fahrtrichtung. Er kontrolliert sie durch visuelle Beobachtung, und wenn er etwa zu nahe an den Fahrbahnrand kommt, korrigiert er, in dem er die Lenkung entsprechend betätigt.

Bei vereister Windschutzscheibe liegt allerdings der Fall der reinen Steuerung vor: Der Fahrer kann zwar die Fahrtrichtung durch Drehen am Lenkrad beeinflussen, das Ergebnis der Lenkung ist jedoch nicht immer mit den Gegebenheiten der Umwelt vereinbar (Leitungsmast, Baum, ein anderes Fahrzeug).

Da die begriffliche Unterscheidung zwischen Steuerung und Regelung wichtig ist, geben wir noch die für Industrie und Wirtschaft verbindlichen Begriffsbestimmungen nach den DIN-Normen[1]:

Das Steuern — die Steuerung — ist der Vorgang in einem abgegrenzten System, bei dem eine oder mehrere Größen als Eingangsgrößen andere Größen als Ausgangsgrößen auf Grund der dem abgegrenzten System eigentümlichen

---

[1] Normblatt DIN 19226: Regelungs- und Steuertechnik (Fassung vom Mai 1968); Beuth-Vertrieb GmbH, 5000 Köln, Kamekestraße 2—8.

Gesetzmäßigkeit beeinflussen. — Kennzeichen für den Vorgang des Steuerns in seiner elementaren Form ist der offene Wirkungsablauf im einzelnen Übertragungsglied oder in der Steuerkette.

Das Regeln — die Regelung — ist der Vorgang, bei dem eine physikalische Größe — die zu regelnde Größe (Regelgröße) — fortlaufend erfaßt und durch Vergleich mit einer anderen Größe im Sinne der Angleichung an diese beeinflußt wird. Bei der Regelung sind also zwei miteinander verknüpfte Vorgänge zu verwirklichen: Vergleichen und Stellen. Der hierzu notwendige Wirkungsablauf vollzieht sich in einem geschlossenen Kreis, dem »Regelkreis«.

1.4.2 Grundbegriffe der Regelungstheorie

Bei der Beschreibung von Steuerungs- und Regelungsprozessen treten einige grundlegende Begriffe auf, deren Inhalt man sich auch ohne größeren mathematischen Aufwand verdeutlichen kann.

Man kann sie *an dem klassischen Beispiel des Zentrifugalregulators* von James Watt erläutern.

In der Frühzeit der Industrialisierung in England standen die Bergwerksingenieure vor der Aufgabe, das in die Schächte, Stollen und Streben eindringende und sich in der Grubensohle sammelnde Wasser abzupumpen. Den Antrieb der Pumpen besorgten die ersten von Newcomen und Watt konstruierten Dampfmaschinen. Um den Gleichlauf der Dampfmaschinen und damit der Pumpen zu gewährleisten, mußte man die Dampfzufuhr durch Hand steuern; lief die Maschine zu schnell, wurde die Dampfzufuhr gedrosselt, lief sie zu langsam, öffnete man das Ventil etwas mehr. Watt hatte den genialen Einfall, die Dampfzufuhr durch die Maschine selbst steuern zu lassen: Ein rotierendes Doppelpendel wird durch die Fliehkraft (Zentrifugalkraft) zum Ausschlagen veranlaßt; dadurch wird über eine Gestänge- und Hebelübertragung eine Drosselklappe in der Dampfzuleitung betätigt.

In Abbildung 1.4/3 wird die Wirkungsweise des Zentrifugalregulators bei einer Dampfturbine erläutert. Das Ziel der Konstruktion besteht darin, die Dampfturbine auf einer konstanten Drehzahl zu halten. Von selbst bleibt die Drehzahl nicht konstant. Nehmen wir z.B. an, daß sich — bei gleichbleibender Dampfzufuhr — die Belastung der Turbine ändert (z.B. durch Zuschaltung eines weiteren Dynamos oder durch stärkere Stromentnahme an einem schon angeschlossenen Dynamo), dann sinkt die Drehzahl ab. Andererseits kann auch ein Nachlassen der Heizung des Dampfkessels bewirken, daß die Dampfzufuhr zurückgeht und damit — bei gleichbleibender Belastung — die Drehzahl absinkt.

Bei anderen Anlagen liegen andere Zielsetzungen vor, die durch andere Mechanismen verwirklicht werden; der prinzipielle Aufbau gleicht jedoch stets dem des eben erläuterten Beispiels; dazu einige immer wiederkehrende Begriffe:

1.4 Grundlagen der Regelungstheorie

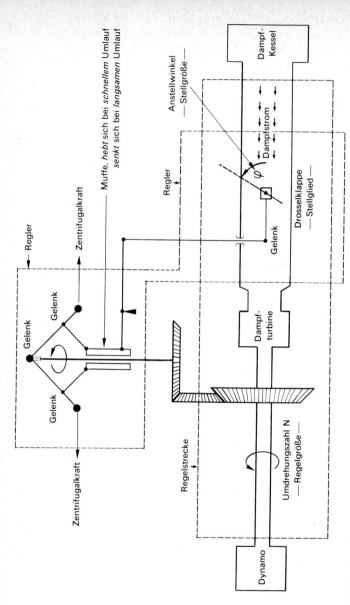

Abb. 1.4/3. Der Zentrifugalregulator nach James Watt

Den Teil der Anlage, in dem man einen gewünschten Zustand herzustellen wünscht, bezeichnet man als *Regelstrecke* (z. B. die Turbine).

Den Teil der Anlage, der bewirkt, daß dieser gewünschte Zustand erhalten bleibt, nennt man *Regler* oder Regeleinrichtung (z. B. der Zentrifugalregulator samt Drosselklappe und der Zahnradübersetzung, mit deren Hilfe der Regulator von der Welle der Turbine angetrieben wird).

Regelstrecke und Regler bilden zusammen den *Regelkreis*.

Im Aufbau des Regelkreises kann man den Wirkungsablauf leicht verfolgen: die Regelstrecke beeinflußt den Regler (über die Zahnradübertragung), der Regler beeinflußt die Regelstrecke (über die Drosselklappe). Ursache und Wirkung bedingen sich gegenseitig. Man hat für diesen in sich geschlossenen Ablauf nach H. Schmidt (1941) die Bezeichnung »Kreisrelation« eingeführt.

Den Teil des Reglers, durch dessen Betätigung man die Regelstrecke unmittelbar beeinflußt, nennt man *Stellglied* (beim Zentrifugalregulator z. B. die Drosselklappe).

Den Teil des Reglers, mit dessen Hilfe man den Zustand der Regelstrecke ermittelt, nennt man *Meßfühler* oder *Meßwertumformer*.

Neben diesen apparativen Bezeichnungen hat man für die Größen, die den Ablauf des Vorganges charakterisieren, folgende Definitionen vereinbart:

Die Größe, die man zu regeln wünscht, nennt man *Regelgröße* (Abkürzung: X), z. B. die Drehzahl der Turbine.

Man bezeichnet den Wert der Regelgröße X, den man einhalten will, als *Sollwert* X_0.

Durch den Einfluß unvorhersehbarer Störungen wird der Istwert X im allgemeinen vom Sollwert X_0 abweichen. Das Ziel jeder Regelung besteht darin, diese Abweichung $X - X_0$ so klein wie möglich zu machen, d. h. durch Eingriffe in die Regelstrecke den Istwert an den Sollwert heranzuführen.

Die Größe, die den Eingriff des Stellgliedes in die Regelstrecke beschreibt, nennt man *Stellgröße* (Abkürzung: Y), z. B. Neigung der Drosselklappe gegen die Horizontale).

Eine Größe, deren Einfluß auf die Regelgröße eine Abweichung vom Sollwert bewirkt, nennt man *Störgröße* (Abkürzung: Z), z. B. die zeitlich wechselnde Belastung der Turbine durch den Dynamo, der zeitlich etwas schwankende Dampfdruck im Heizkessel.

Die Bezeichnung Störgröße — im Sinne der Umgangssprache aufgefaßt — täuscht etwas. Die Belastung der Turbine durch einen Dynamo stellt ja gerade den Zweck der Anlage dar. Dennoch bezeichnet man in der Regelungstechnik den Einfluß der angetriebenen Maschine als Störgröße.

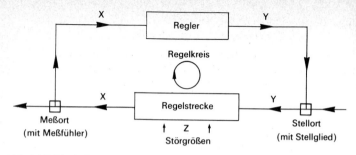

Abb. 1.4/4. Blockdiagramm und Signalflußplan eines Regelkreises

Eine grundsätzliche Anmerkung: Wenn die Störgröße konstant bliebe oder in ihrem zukünftigen zeitlichen Verlauf bekannt wäre, könnte man *durch eine passende Vorgabe der Stellgröße die Regelgröße wie gewünscht einstellen;* damit wäre eine laufende Überwachung, d. h. Regelung, *überflüssig.* Erst *die nicht vorhersehbaren Schwankungen der Störgröße* machen eine laufende Kontrolle, d. h. eine Regelung im Sinne der Definition *notwendig.*

Sieht man von den Besonderheiten der technischen Konstruktion einer Anlage oder den Besonderheiten des Baus eines Organismus ab, dann kann man in einer zeichnerischen Darstellung die Regelstrecke als Block, als Rechteck, kennzeichnen.

Diese Darstellungsweise erweist sich in zwei Fällen als besonders vorteilhaft:
1. Es liegen in der betrachteten Anlage viele Regelkreise vor, die zum Teil noch miteinander in Wechselwirkung stehen können. Eine Zeichnung, die alle konstruktiven Einzelheiten wiedergäbe, wäre unübersichtlich.
2. Manchmal kennt man zwar die *Wirkungsweise* der einzelnen Elemente, nicht aber ihren *inneren Aufbau.* Dies ist vor allem in der Biologie, besonders in der Gehirnphysiologie, der Fall.

Man nennt eine Darstellung, bei der man auf konstruktive Einzelheiten verzichtet, ein *Blockdiagramm.*
Verbindet man die Blöcke durch Linien, deren Richtungen den Wirkungsablauf beschreiben, dann erhält man den *Signalflußplan.*
Abb. 1.4/4 zeigt Blockdiagramm und Signalflußplan eines Regelkreises.

1.4.3 Festwertregelung und Nachlaufregelung

Wünscht man den Istwert über längere Zeit hinweg konstant zu halten, so spricht man von einer *Festwertregelung.*

Beispiele: Die Drehzahl einer Turbine
Die Temperatur eines Kühlschranks.

Mitunter möchte man einen bestimmten vorgegebenen zeitlichen Verlauf des Sollwertes haben; die Regelgröße hat sich dann dem jeweiligen Sollwert anzupassen. Man spricht dann von einer *Nachlaufregelung*; den veränderlichen Sollwert nennt man *Führungsgröße*.

Beispiel: Die Temperatureinstellung beim gasbeheizten Brennofen für Keramikbauteile soll nach einem vorgegebenen Zeitplan erfolgen; etwa: erst Anheizen, dann volle Leistung, dann verminderte Leistung, dann Abschalten.

Ein Diagramm, in dem der Temperaturverlauf in Abhängigkeit von der Zeit dargestellt wird (Abb. 1.4/5) gibt ein Beispiel für eine solche Nachlaufregelung.

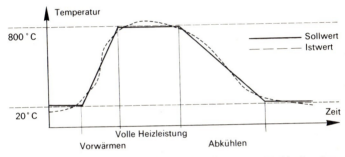

Abb. 1.4/5. Zeitlicher Verlauf der Regelgröße bei einer Nachlaufregelung, dargestellt am Beispiel des zeitlichen Verlaufs von Sollwert und Istwert bei einem gasbeheizten Brennofen

1.4.4 Stetige und unstetige Regler

Im Falle der Drehzahlregelung einer Turbine (Abb. 1.4/3) greift der Regler ohne zeitliche Unterbrechung in die Regelstrecke ein. Man spricht dann von einem *stetigen Regler*.
Bei einem Kühlschrank, in dem das Kühlaggregat intervallweise arbeitet, handelt es sich hingegen um einen *unstetigen Regler*. Regelgröße ist die Temperatur innerhalb des Kühlschranks. Steigt sie über einen bestimmten Wert an, schaltet sich ein Kühlaggregat ein, das solange aus dem Innenraum des Kühlschranks Wärme abpumpt [1], bis die Temperatur wieder hinreichend abgesunken ist. Dann schaltet es sich wieder aus.

[1] In der Thermodynamik bezeichnet man ein Kühlaggregat auch als Wärmepumpe.

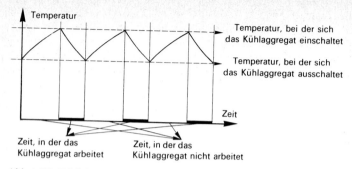

Abb. 1.4/6. Zeitlicher Verlauf der Regelgröße bei einem unstetigen Regler. Es handelt sich dabei um einen sogenannten Zweipunktregler, weil das Stellglied nur bei zwei Werten der Regelgröße betätigt wird

Das Temperatur-Zeit-Diagramm in Abb. 1.4/6 zeigt den auch für andere unstetige Regler typischen Verlauf der Regelgröße.

Die Regelgröße (hier die Temperatur) läßt sich nicht auf einem festen Wert halten; sie schwankt innerhalb eines Bereiches zwischen einer oberen Grenze und einer unteren Grenze. Diesem Nachteil des unstetigen Reglers steht ein beachtlicher Vorteil gegenüber: die Einfachheit und Wirtschaftlichkeit der Konstruktion. Ein Thermostat, der das Ein- und Ausschalten des Kühlaggregates bewirkt, besteht im wesentlichen aus einem Bimetallstreifen, der einen elektrischen Kontakt schließt und öffnet.

1.4.5 Instabilität

Unter ungünstigen Bedingungen erreicht man durch den Eingriff des Reglers das Gegenteil des Gewünschten: Eine Abweichung vom Sollwert wird noch vergrößert. Man spricht dann von einer *Instabilität* des Regelvorganges.

Ein einfacher Versuch, den man selbst ausführen kann, zeigt bereits das Wesentliche: man bemühe sich, längere Zeit auf einem Bein zu stehen; einem irgendwie zustande gekommenen Wanken nach der einen Seite begegnet man durch eine Verlagerung des Körperschwerpunkts nach der anderen Seite. Erfolgt diese Verlagerung zu heftig, ergibt sich eine Neigung nach dieser anderen Seite, die noch ausgeprägter sein kann als die ursprüngliche Neigung. Ein erneuter Kompensationsversuch verschlimmert die Abweichung von der erwünschten Gleichgewichtslage. Schließlich fällt man, es sei denn, man nimmt noch das andere Bein zu Hilfe.

Ein analoger Vorgang spielt sich manchmal in der Volkswirtschaft ab. Man bekämpft eine Rezession durch konjunkturbelebende Maßnahmen. Die Feststellung, wann es damit genug sei, läßt sich oft nicht rechtzeitig treffen, und die Konjunktur wird lebhafter als erwünscht. Setzt nun eine drastische Drosselung ein, dann kann sich eine noch stärker ausgeprägte wirtschaftliche Depression als ursprünglich ergeben.

In der Technik lassen sich Instabilitäten eines Regelkreises fast immer voraussehen und damit vermeiden. In der Volkswirtschaft beginnt man erst allmählich, Verfahren zur Vermeidung solcher Instabilitäten zu beherrschen.

Verständnisfragen zu Kapitel 1.4

1.4.1 Geben Sie einige Beispiele aus der Technik an, bei denen Steuerung und/oder Regelung eine Rolle spielen!
1.4.2 Erläutern Sie den Unterschied zwischen Steuerung und Regelung mit Hilfe der DIN-Vorschrift!
1.4.3 Erläutern Sie die Begriffe Regelstrecke, Regler, Stellglied, Meßfühler, Regelgröße, Stellgröße und Störgröße!
1.4.4 Entwerfen Sie Blockdiagramm und Signalflußplan zu einem Regelkreis!
1.4.5 Erläutern Sie den Unterschied zwischen Festwertregelung und Nachlaufregelung!
1.4.6 Was verstehen Sie unter dem Begriff Führungsgröße?
1.4.7 Erläutern Sie den Unterschied zwischen einem stetigen und einem unstetigen Regler!
1.4.8 Erläutern Sie die Begriffe Stabilität und Instabilität an Hand von selbstgewählten Beispielen!
1.4.9 Kommentieren Sie in regelungstheoretischer Betrachtungsweise die Maßnahmen der Währungspolitik zur Erhaltung der Geldwertstabilität!

1.4 Grundlagen der Regelungstheorie

1.5 Grundlagen der Systemtheorie

1.5.1 Systeme

Unter einem System versteht man eine Gesamtheit von Elementen, die untereinander in Beziehung stehen.

Dieser abstrakten Definition können sehr viele und sehr verschiedene Konkretisierungen entsprechen. Gerade das macht aber die Leistungsfähigkeit und Tragweite systemtheoretischer Sätze aus.

Wir verdeutlichen uns den Begriff des Systems an einigen Beispielen:
Die Atome, aus denen sich ein Kristall zusammensetzt, bilden ein System, eben diesen Kristall. Die Art der Wechselwirkung zwischen den Atomen bestimmt Form, Farbe, Härte, elektrische Leitfähigkeit, Schmelztemperatur, kurzum seine Eigenschaften und sein Verhalten gegenüber äußeren Einflüssen.

Die Zellen eines tierischen Organismus, etwa eines Insekts, bilden ein System, das allerdings einen wesentlich höheren Grad an Komplexität besitzt als das System des vorigen Beispiels. Das System »Insekt« hat die Möglichkeit, sich zweckmäßig zu verhalten, d.h., es kann sich den Umweltbedingungen, die ihm schaden, in beschränktem Umfang entziehen, es kann z.B. einem überlegenen Feind ausweichen.

Das Schema, mit dessen Hilfe die Biologen in der Vielfalt der Pflanzen- und Tierarten eine Ordnung herstellen, bildet ein System.
Das Fachwerk einer Eisenbahnbrücke stellt ebenfalls ein System von Zug- und Druckkräften dar, die in den Stäben des Fachwerks wirksam werden.
Ein Schiff stellt mit seinen Antriebs-, Steuer- und Kommandoeinrichtungen ebenfalls ein System dar.
Die Gesamtheit der Transportmittel, der Verkehrswege und der Verkehrsregeln eines Landes bilden ein Verkehrssystem.
Ein soziales Gebilde, etwa ein Staat, bildet durch die Gesamtheit seiner Normen, Herrschaftsverhältnisse und wirtschaftlichen Abhängigkeiten ein System.
Die Postulate und Lehrsätze einer Philosophie bilden ein System, z.B. ist die Erkenntnistheorie in der Philosophie Kants ein in sich geschlossenes System.

Diese regellose Aufzählung von Systemen vermittelt einen Eindruck von der Verschiedenartigkeit der Inhalte, die der Begriff System umfaßt: Das System »Insekt« und das abgeschlossene philosophische System unterscheiden sich jedoch sehr wesentlich. Der Unterschied liegt aber nicht so sehr in der Verschiedenartigkeit der Elemente, die das System bilden, sondern in der Art der Wechselwirkung zwischen den Elementen. Das

System philosophischer Begriffe ist ein *statisches System*, d.h., die in Frage stehenden Elemente, die das System bilden, ihre Eigenschaften und ihr Zusammenhang ändern sich im Laufe der Zeit nicht. Dagegen stellt das Insekt ein *dynamisches System* dar; die Beziehungen der Elemente des Systems untereinander und die Beziehungen des ganzen Systems zur Umwelt hängen von der Zeit ab.

In der *Kybernetik* betrachtet man — nach stillschweigender Übereinkunft — *nur dynamische Systeme*. Dabei gibt es auch hier noch eine Einschränkung: Beim Stoff- und Energiewechsel des Insekts handelt es sich z.B. ebenfalls um Prozesse innerhalb eines dynamischen Systems. Trotzdem zählt man sie nicht zu den Gegenständen einer spezifisch kybernetischen Betrachtungsweise. Man beschränkt sich vielmehr auf Prozesse, bei denen der *Aspekt der Nachrichtenverarbeitung im Vordergrund* steht. Die Prozesse, die sich abspielen, wenn sich das Insekt bei seiner Bewegung in der Umwelt orientiert, stellen Äußerungen des Systems dar, die den Kybernetiker interessieren.

Wie aus den eingangs gebrachten Definitionen hervorgeht, zählen manche Wissenschaftler ein System nur dann zu den Gegenständen kybernetischer Betrachtung, wenn Regelungsvorgänge mit im Spiel sind, wenn es sich um sogenannte »selbstregulierende dynamische Systeme« handelt (nach G. Klaus in R. Lohberg und Th. Lutz; 29). Diese Abgrenzung des Begriffes umfaßt zwar noch den Orientierungsmechanismus des Insekts, aber z. B. nicht mehr bestimmte Mechanismen der Informationsübertragung, etwa die Übermittlung von Nachrichten durch Schallsignale an Artgenossen.

Welche Abgrenzung sich durchsetzen wird, läßt sich in diesem Stadium der überaus schnellen Entwicklung noch nicht absehen. Es liegt mithin eine gewisse Willkür darin, wenn man in der vorliegenden Darstellung die Einschränkung »selbstregulierend« nicht vornimmt.

Die Art und Weise, wie ein System Nachrichten verarbeitet, liefert die Grundlage für eine Klassifikation der Systeme, die auf K. Steinbuch (41) zurückgeht.

Da der spezielle Aufbau des Systems in diesem Zusammenhang keine Rolle spielt, kennzeichnet man es schematisch durch einen Block, einen Kasten, wie es auch in den Kapiteln über Informationsübertragung und über Regelungstheorie geschah.

Es gibt dabei folgende Möglichkeiten:

1. Das System überträgt Nachrichten.
   Beispiele:
   (a) Telephonleitung.
   (b) Eine Kette von Menschen, durch die eine Information übermittelt wird (Stafette).

(c) Ein gedruckter Text; in diesem Fall erfolgt die Informationsübertragung in einem zeitlichen Kanal, wenn man diesen Text im Archiv aufbewahrt, in einem räumlichen Kanal, wenn man ihn durch die Post verschickt. Die Informationsspeicherung ist mithin ein Sonderfall der Informationsübertragung.

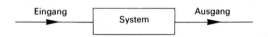

Abb. 1.5/1. Nachrichtenübertragungssystem

2. Das System verknüpft Nachrichten.

   Beispiele:
   (a) Die Produktbildung 3 × 4 aus den Faktoren 3 und 4, etwa mittels des Rechenschiebers.
   (b) Die logische »und«-Verknüpfung, etwa mittels eines elektronischen Bausteins.
   (c) Die Verknüpfung zweier Aussagen zu einer dritten Aussage beim logischen Schließen durch die Tätigkeit des Verstandes, etwa:

   1. Prämisse: Alle Menschen sind sterblich
   2. Prämisse: Sokrates ist ein Mensch
   Konklusion: Sokrates ist sterblich

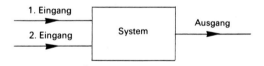

Abb. 1.5/2. Nachrichtenverarbeitungssystem

3. Das System enthält eine Rückkopplung, d.h. das Ausgangssignal wird ganz oder zum Teil wieder dem Eingang zugeführt.

   Beispiele:
   (a) Jeder Regelkreis (die Regelgröße gibt Veranlassung zur Änderung der Stellgröße, die ihrerseits die Regelgröße beeinflußt).
   (b) Ein Landwirtschaftsbetrieb, der einen Teil seiner Getreideerzeugung verkauft, einen anderen Teil aber wieder als Saatgut verwendet.

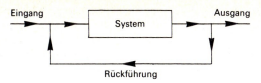

Abb. 1.5/3. System mit Rückkopplung

Eine weitere Klassifikationsmöglichkeit ergibt sich aus der Art der Wechselwirkung der Systeme mit ihrer Umwelt.

Man unterscheidet:

1. *Abgeschlossene Systeme:* Zwischen System und Umwelt besteht kein Austausch von Stoffen, Energie und Informationen.

   Beispiele:
   (a) Ein schwingendes Pendel, auf das — im idealisierten Grenzfall — keine äußeren Einflüsse wirken. Nach den Gesetzen der Mechanik schwingt dieses Pendel beliebig lange.

   (b) Eine sich von der Umgebung abschließende soziale Gruppe, z.B. eine Subkultur.

   (c) Ein Staat, der sich gegen jeden Informationszufluß bestimmter Art — politische Nachrichten — absperrt. Der Empfang ausländischer Rundfunk- und Fernsehnachrichten ist unerwünscht, zieht persönliche und berufliche Diffamierung nach sich oder wird gar bestraft (»Boykotthetze«, »Feindsender«).

Diese Beispiele zeigen jedoch schon, daß es streng genommen keine abgeschlossenen Systeme gibt. *Jedes System steht in Wechselwirkung mit seiner Umwelt.* Man kann jedoch mit einer gewissen Berechtigung von einem abgeschlossenen System sprechen, wenn es sich gegen den Einfluß *einer oder mehrerer* äußeren Größen abschirmen läßt. Für kurze Zeit gelingt auch manchmal die Abschirmung gegen fast alle äußeren Einflüsse.

Abgeschlossene Systeme besitzen einen großen Vorzug: sie lassen meistens eine einfache mathematische Beschreibung zu. Im Beispiel des Pendels läßt sich der zeitliche Verlauf der Schwingung durch eine einfache Sinusfunktion beschreiben (falls die Ausschläge nicht zu groß werden). Eine Einwirkung von außen, z.B. durch den Luftwiderstand oder das Mitschwingen der Aufhängevorrichtung, kompliziert die mathematische Beschreibung erheblich.

2. *Offene Systeme:* Alle Systeme, die in bezug auf die interessierenden Größen im Austausch mit der Umwelt stehen, nennt man offen.
   Beispiele:
   (a) Eine Tageszeitung stellt in bezug auf ihren organisatorischen Aufbau ein System dar. In bezug auf den Nachrichtenfluß ist sie ein offenes System.
   (b) Der menschliche Organismus empfängt Nachrichten aus der Außenwelt und sendet Nachrichten aus. In bezug auf diesen Nachrichtenfluß stellt er ein offenes System dar.

Man kann nach W. R. Ashby (2; S. 4) auf die Unterscheidung zwischen offenem und geschlossenem System eine Definition des Begriffes Kybernetik gründen:
»Cybernetics might, in fact, be defined as *the study of systems that are open to energy but closed to information and control* — systems that are »information-tight«.«

Eine weitere Klassifikation nach H. Frank (13; S. 21) *gründet sich auf die Komplexität der Wechselwirkung System—Umwelt;* sie liefert vier aufeinander aufbauende Stufen, denen jeweils bestimmte Einzeldisziplinen entsprechen:

1. *Das System erzeugt oder empfängt Informationen.*
   Die zugehörigen Disziplinen sind Zeichentheorie, Codierungstheorie und Informationstheorie.

Abb. 1.5/4. System 1. Stufe: Erzeugung oder Empfang von Informationen

2. *Das System verarbeitet Informationen.*
   Die zugehörigen Disziplinen sind z.B. Boolesche Algebra, Algorithmentheorie, Automatentheorie.

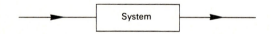

Abb. 1.5/5. System 2. Stufe: Verarbeitung von Informationen

3. *Das System beeinflußt seine Umwelt und wird von ihr beeinflußt; es tauscht mit der Umwelt Informationen aus.*
   Die zugehörigen Disziplinen sind: Regelungstheorie, Ökologie, Verhaltenspsychologie.

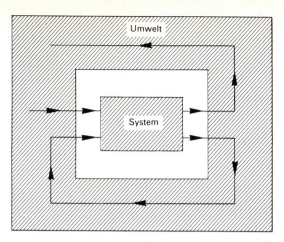

Abb. 1.5/6. System 3. Stufe: Informationsaustausch und Wechselwirkung mit der Umwelt

4. *Das System steht in Wechselwirkung mit anderen abgegrenzten Systemen und einer nicht weiter differenzierten Umwelt.*
   Das betrachtete System und die anderen Systeme können als *Konstituenten eines Systemkomplexes* betrachtet werden. Beispiel: Die Mitglieder einer Flugzeugbesatzung.
   Die zugehörigen Disziplinen sind: Organisationstheorie (Operation Research), Spieltheorie, Gruppendynamik.

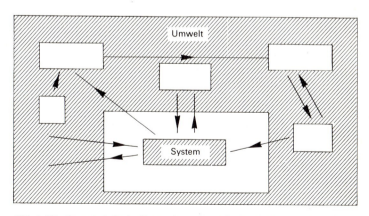

Abb. 1.5/7. System 4. Stufe (Systemkomplex): Wechselwirkung mit anderen Systemen und mit der Umwelt

1.5 Grundlagen der Systemtheorie

1.5.2 Die »Black-Box«-Methode

Ein System, dessen innerer Aufbau einem Benutzer oder Beobachter im einzelnen nicht bekannt ist, bezeichnet man als »black box« oder als »schwarzen Kasten«.

Ein typisches Beispiel einer solchen »black box« stellt der Fernsehempfänger dar. Der Zuschauer braucht den für Nicht-Elektroniker sicherlich sehr verwirrenden Schaltplan gar nicht zu verstehen. Es genügt, wenn er weiß, welche Bedienungsknöpfe er drücken oder drehen muß, um eine bestimmte Wirkung, etwa ein Bild gewünschter Helligkeit und gewünschter Lautstärke zu erhalten.

Viele Einrichtungen und Apparate, die man im täglichen Leben benutzt, besitzen einen so komplizierten Aufbau, daß man sie nur in den seltensten Fällen bis in Detail versteht. Die genaue Kenntnis der einzelnen Bauteile und ihrer Wechselwirkung benötigt man aber in der Regel auch gar nicht, um sich des betreffenden Apparats zu bedienen.

Als weiteres Beispiel betrachten wir noch die Übermittlung eines Ferngesprächs. Man muß lediglich die Telephonnummer des Adressaten wissen und einige einfache Tätigkeiten in der richtigen Reihenfolge ausführen. Die innerbetrieblichen Vorgänge bei der Post interessieren dann den Postkunden kaum oder überhaupt nicht.

Bei diesen beiden Beispielen liegen besondere Verhältnisse vor: Man kann, wenn man Wert darauf legen sollte, die einzelnen Vorgänge innerhalb des Systems »Fernsehempfänger« oder des Systems »Post« in Erfahrung bringen. Es gibt jedoch Fälle, bei denen man es nicht mehr kann; sei es, daß das System nicht zugänglich ist, sei es, daß die Öffnung des Systems zu dessen Zerstörung führt, sei es, daß das System so kompliziert ist, daß man es mit den derzeit zur Verfügung stehenden Hilfsmitteln in allen seinen Einzelheiten gar nicht erfassen kann (z. B. das menschliche Gehirn).

Die Untersuchung eines Systems, dessen inneren Aufbau man nicht kennt, erfolgt nach der »black box«-Methode. Man kann deren Eigenart an einem Beispiel verdeutlichen:

Angenommen, man habe einen solchen »schwarzen Kasten« vor sich, in den zwei Drähte hineinführen (man spricht dann von einem *Eingang* oder »*input*«) und aus dem ein Signal herauskommt, indem etwa eine Lampe in der Wandung des Kastens aufleuchtet (man spricht dann von einem *Ausgang* oder »*output*«).

Man beginnt nun zweckmäßigerweise damit, an E_1 oder E_2 oder an beiden Eingängen gemeinsam Spannungen anzulegen und zu registrieren, wie sich der Ausgang A verhält (unter Spannung an E_1 bzw. E_2 versteht man eine Spannung zwischen dem Eingang E_1 bzw. E_2 und dem Gehäuse der »black box«).

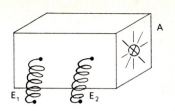

Abb. 1.5/8. »Black Box« mit zwei Eingängen und einem Ausgang

Das Ergebnis eines solchen Tests kann man in einem Protokoll festhalten; es könnte sich etwa folgender Versuchsablauf ergeben (Tabelle 1.5/1).

Tabelle 1.5/1. Versuch zur »Black-Box«-Methode

Versuch Nr.	Spannung an E_1 (in Volt)	Spannung an E_2 (in Volt)	Reaktion an A
1	0	0	Lampe leuchtet nicht
2	2	2	Lampe leuchtet nicht
3	4	0	Lampe leuchtet
4	0	4	Lampe leuchtet
5	4	4	Lampe leuchtet
6	10	0	Lampe leuchtet kurz auf und erlischt
7	0	10	Lampe leuchtet nicht
8	10	10	Lampe leuchtet nicht
9	4	0	Lampe leuchtet nicht
10	0	4	Lampe leuchtet nicht
11	4	4	Lampe leuchtet nicht

Den Versuchen 1 bis 5 entnimmt man: Für Spannungen ab 4 Volt verhält sich der schwarze Kasten wie ein logischer »oder«-Baustein, d.h. wie ein Schaltelement, dessen Eigenschaften sich durch die folgende Wahrheitstafel beschreiben läßt (Tabelle 1.5/2).

Tabelle 1.5/2: Beschreibung einer »black box« durch die »input — output«-Relation

E_1	E_2	A
O	O	O
L	O	L
O	L	L
L	L	L

Erläuterungen: O bedeutet bei E: Spannung von mindestens 4 Volt liegt nicht an
bei A: Lampe leuchtet nicht
L bedeutet bei E: Spannung von 4 Volt liegt an
bei A: Lampe leuchtet

1.5 Grundlagen der Systemtheorie

Diese »black box« läßt sich mithin für Eingangsspannungen um 4 Volt als »oder«-Schaltelement verwenden. Die Fortführung des Tests (Versuche Nr. 6—Nr. 11) zeigt jedoch, daß eine unglückliche Wahl der Versuchsbedingungen — in diesem Fall eine zu hohe Eingangsspannung — die »black box« zerstören kann.

Mehr läßt sich dem Versuchsprotokoll zunächst nicht entnehmen. Insbesondere kann man keine detaillierte schaltungstechnische Aussage über den Mechanismus machen, der sich im Inneren der »black box« befindet und deren im Protokoll festgestelltes Verhalten bestimmt. Für die praktische Verwendbarkeit einer »black box« spielt dies auch keine Rolle.

Man kann diese Feststellung durch ein Beispiel aus der Medizin ergänzen: Die Einnahme von Chinin wirkt sich bei einem Malariakranken günstig aus. Die Beobachtung und anschließende Verwertung dieser »input-output«-Relation (Chinin-Essen = Besserung des Befindens) genügt für die Praxis. Die nicht vorhandene Kenntnis der komplizierten biochemischen Vorgänge mindert nicht die Wirksamkeit der Therapie.

Die Methode, sich auf das bloße Registrieren von »input-output«-Relationen zu beschränken, nennt man die »black-box«-Methode. Ihr spezifisches Anwendungsgebiet ist die Untersuchung komplizierter und komplexer Systeme. Ihre Verwendung läßt sich in der Wissenschaftsgeschichte weit zurückverfolgen. Gerade die Medizin weist viele lehrreiche Beispiele auf. Erst in der Formalwissenschaft Kybernetik hat man aber die Tragweite dieser Methode erkannt, systematisch untersucht und verfeinert.

Bemerkenswerterweise hat sich in der *Psychologie* eine Richtung entwickelt, die die Ausschließlichkeit dieser Methode postuliert. Der auf J. B. Watson zurückgehende und von B. F. Skinner vervollkommnete *Behaviorismus* läßt als Erkenntnisquelle nur die Beobachtung der Relationen zwischen Reiz (input) und Reaktion (output) zu. Die vom Psychologen etwa durch Eigenbeobachtung seines seelischen Zustandes gewonnenen Erkenntnisse sind vom Standpunkt des Behaviorismus ohne objektive Bedeutung.

In der *Philosophie* — vor allem in der Erkenntnistheorie — steht der *Positivismus* dieser Betrachtungsweise nahe. Der Positivismus mit seinen Hauptvertretern E. Mach und J. Dewey beschränkt sich darauf, Beziehungen zwischen Gegebenem festzustellen. Die Hauptfrage des Positivismus lautet: Welche Beziehungen zwischen den Dingen lassen sich feststellen? Die Frage nach dem Wesen der Dinge oder nach dem, was hinter den Erscheinungen steht (Metaphysik), ist nach Auffassung der Positivisten gegenstandslos.

Manche Autoren — z. B. G. Klaus (24; S. 107) erweitern den Umfang des Begriffs der »Black-Box«-Methode. Demnach hat man sich nicht mit dem bloßen Registrieren der »input-output«-Relation zu begnügen. In einer daran anschließenden Phase hat man Überlegungen über die möglichen Mechanismen anzustellen, die das beobachtete Verhalten bewirken. Da es jedoch sehr viel Mechanismen gibt, die z. B. das einen »oder«-Baustein charakterisierende Verhalten hervorrufen können, besteht das Problem in der Auffindung der Klasse gleichwertiger Mechanismen. *Mechanismen, die das gleiche Verhalten bewirken, ohne notwendigerweise den gleichen Aufbau zu besitzen, nennt man isomorph.* Eine weitere Phase des Arbeitens nach der »Black-Box«-Methode bestünde mithin in dem Aufsuchen der Klasse isomorpher Mechanismen zu einer vorgegebenen »black-box« und gegebenenfalls der Strukturanalyse der Mechanismen.

So bestechend einfach und elegant die »Black-Box«-Methode erscheint, so *verhängnisvoll für den wissenschaftlichen Fortschritt wäre das Postulat der Ausschließlichkeit dieser Methode.* Gerade das Nachdenken darüber, wie ein Mechanismus tatsächlich aufgebaut ist, d. h. die Klärung der Wirkungsweise der einzelnen Elemente, die ihn konstituieren, hat die wissenschaftliche Forschung in allen Disziplinen weitergebracht.

Die Erstellung eines Strukturmodells gibt für die Fortführung empirischer Untersuchungen wertvolle Hinweise. Die Beschränkung auf ein *Funktionsmodell* gibt zwar noch die Möglichkeit, die Gesetzmäßigkeiten einer Erscheinung zu beschreiben und für die Praxis nutzbar zu machen; sie verhindert jedoch fast immer die Verbesserung und die Weiterentwicklung.

Wir können uns dies an einem einfachen Sachverhalt verdeutlichen, der schon in Abschnitt 1.3.3 behandelt wurde: Ein Addierwerk besteht aus einer Anzahl elektronischer Bauelemente, die in bestimmter Weise miteinander verbunden (»verdrahtet«) sind. Bei der Konstruktion des Rechenwerks eines Computers braucht man lediglich zu wissen, *wie dieses Rechenwerk funktioniert;* d. h. man muß wissen, welches Signal an seinen Ausgängen erscheint, wenn bestimmte Signale in die Eingänge eingespeist werden. Man behandelt dieses Addierwerk mithin als »black box«; die *Funktion* interessiert, nicht der innere Aufbau, die Struktur. Durch eine zweckmäßige Kombination sehr vieler Addierwerke kann man nun das Rechenwerk des Computers in der dem Verwendungszweck angemessenen Weise aufbauen. Erweist sich ein Addierwerk als unbrauchbar, so kann man es wegwerfen und ein neues Addierwerk dafür einbauen.

Dieses Verfahren versagt jedoch in zwei Fällen:

(a) Das Addierwerk (oder allgemein das Bauelement) ist so teuer, daß man aus ökonomischen Gründen nicht daran denken kann, es weg-

zuwerfen; man möchte es reparieren. Jetzt muß man wissen, *wie das Reckenwerk aufgebaut ist*; man muß also ein *Strukturmodell* haben.
(b) Das Addierwerk soll verbessert werden; z.B. wünscht man größere Rechengeschwindigkeit und kleinere Abmessungen, weil die Konkurrenz einen Computer produziert, der leistungsfähiger und kompakter ist. In diesem Fall muß man ebenfalls wissen, *wie das Rechenwerk aufgebaut ist*, wie man Transistoren rationeller dimensioniert und schaltet.

Eine analoge Situation ergibt sich im Fall der Chinintherapie, wenn man etwa unerwünschte Nebenwirkungen des Chinins ausschließen und deshalb eine andere Substanz finden möchte. Dazu muß man die der Heilung zugrunde liegenden biochemischen Vorgänge kennen. Dann läßt es sich nicht mehr umgehen, die chemische Konstitution des Chinins zu klären (d.h. zu erforschen, wie es aufgebaut ist) und die physiologischen Vorgänge im Organismus des Patienten zu ergründen.

1.5.3 Systeme in ihrer Umwelt:
Stabilität, Ultrastabilität, Multistabilität, Adaptivität

Wenn ein System einen gewissen Grad an Komplexität und an Organisiertheit erreicht hat, dann zeigt es ein sehr deutliches Bestreben, auch dann weiter zu existieren, wenn sich die äußeren Bedingungen seiner Existenz verschlechtern. Dieses Verhalten ist besonders bei Lebewesen ausgeprägt, aber auch bei noch höher organisierten Systemen, etwa bei Insektenstaaten (hier ist zunächst jedes Individuum ein System für sich, die Gesamtheit der Individuen wiederum ein System eigener Art).

Wir verdeutlichen uns solche existenzerhaltenden Äußerungen von Systemen an zwei Beispielen:

Ein Bienenvolk benötigt für das Brutnest eine bestimmte Temperatur. Wird es draußen kälter, so besteht infolge der nun stärker werdenden Wärmeabgabe die Gefahr, daß auch die Temperatur im Brutnest zu stark absinkt. Durch intensive Eigenbewegung der Individuen des Kollektivs wird der Temperaturabfall ausgeglichen; Bewegung erzeugt Reibungswärme.

In ähnlicher Weise kompensiert der menschliche Organismus für ihn ungünstige Temperaturänderungen, indem er schwitzt, wenn es zu warm wird (der Wärmeentzug durch die Verdunstung kühlt die Körperoberfläche) und zittert, wenn er friert (durch die Muskelbewegungen wird Wärme erzeugt).

Die beiden Beispiele — Anwendungen des Rückkopplungsprinzips der Regelungstheorie — zeigen zugleich die Beschränktheit der Anwendung dieses Verfahrens. Einem starken Frost kann das Bienenvolk durch kein noch so intensives Flügelschwirren widerstehen; wenn keine anderen Schutzmaßnahmen möglich sind, z.B. Eingreifen des Imkers, geht das Volk zu Grunde. Auch der menschliche Körper kann schließlich durch Zittern allein die Kälteempfindung nicht mehr beseitigen.

Wir erkennen: Bei Regelungsvorgängen ist der Bereich, innerhalb dessen die auftretenden Störungen noch kompensiert werden können, im allgemeinen beschränkt. Die Existenzbedingungen des Systems können zwar gegenüber Störungen aufrechterhalten werden, doch die Störungen dürfen nicht zu groß sein.

Das Vermögen eines Systems, Störungen mittels eines Rückkopplungsmechanismus zu kompensieren, bezeichnet man als Stabilität.

Wie reagiert nun ein System auf Störungen, die seine Existenz in Frage stellen und denen es durch einen einfachen Regelmechanismus nicht mehr begegnen kann? Greifen wir wieder auf die beiden Beispiele zurück!

Das Bienenvolk besitzt keinen Ersatzmechanismus; ein Überschreiten der Stabilitätsgrenze bedeutet das Ende der Existenz.

Dem menschlichen Organismus steht jedoch eine Ausweichmöglichkeit zur Verfügung: Er kann, wenn der Wärmeverlust zu groß wird, ein Kleidungsstück anziehen, und wenn das noch nicht ausreicht, ein weiteres Kleidungsstück hinzunehmen oder das erste gegen ein wärmeres austauschen; er kann sich in einen beheizten Raum zurückziehen — und sei es nur eine Felshöhle mit einer Feuerstätte. Die Anzahl der diesem System zur Verfügung stehenden Möglichkeiten überdeckt einen weit größeren Bereich, in dem Störungen kompensiert werden können. *Der Intensität der Störung entsprechend werden nacheinander verschiedene Stufen der Abwehr gegen die Störung wirksam.* Diese Eigenschaft eines Systems, zur Kompensation einer Störung über mehrere Regelmechanismen zu verfügen, die entsprechend der Intensität der Störung stufenweise eingesetzt werden, nennt man nach R.W. Ashby (2; S. 83 und 242) *Ultrastabilität*.

Ein anderes in der wissenschaftlichen Literatur gern zitiertes Beispiel bezieht sich auf die Gangschaltung von Kraftfahrzeugen.

Die beste Ausnutzung der Motorleistung — maximales Drehmoment — erfolgt bei einer bestimmten Drehzahl des Motors, z.B. bei 3500 Umdrehungen pro Minute. In einem bestimmten Bereich um diese optimale Drehzahl kann man die Geschwindigkeit des Autos durch Dosierung der Treibstoffzufuhr ohne Schwierigkeit regeln. Muß man aber die Geschwindigkeit stark senken, etwa bei Annäherung an einen Fußgängerübergang, dann sinkt auch die Drehzahl stark ab. Um sich nicht allzuweit von der optimalen Drehzahl des Motors zu entfernen, d.h. um den Motor nicht »abzuwürgen«, schaltet man eine andere Übersetzung, d.h. einen anderen Gang ein. Damit hat man das System den veränderten Anforderungen der Umwelt angepaßt und trotzdem günstige Betriebsbedingungen — optimale Drehzahl — beibehalten.

Eine noch höhere Form der Stabilität eines Systems liegt bei der *Multistabilität* vor:
Wenn ein System aus mehreren Teilsystemen besteht, von denen jedes für sich ultrastabil ist, dann besitzt das Gesamtsystem eine noch höhere Form der Flexibilität in der Bewältigung ungünstiger Umweltsituationen. Je nach der Art und Intensität der auftretenden Störung kann nun eines der vorhandenen *Teilsysteme* eingesetzt werden. Falls der Einsatz dieses Teilsystems nicht zum gewünschten Erfolg führt, wird eben ein anderes Teilsystem zur Bewältigung der Aufgabe herangezogen.

Man verdeutliche sich die Wirkungsweise eines multistabilen Systems am Beispiel eines Staates, also eines sozio-politischen Gebildes. Die Teilsysteme sind dann die verschiedenen staatlichen Institutionen (z.B. Diplomatischer Dienst, Zollverwaltung, Streitkräfte) aber auch die einzelnen Staatsbürger.

Werden lebenswichtige Interessen des Staates durch eine ausländische Macht in Frage gestellt, dann beginnt zunächst das Teilsystem »Diplomatischer Dienst« seine Funktion auszuüben. Läßt sich auf diesem Weg die Beeinträchtigung nicht beseitigen, dann tritt ein anderes Teilsystem auf den Plan: die Streitkräfte. Sinnsprüche wie die legendäre Inschrift auf den preußischen Kanonen der friderizianischen Epoche »Ultima ratio regis« oder der Clausewitzsche Gedanke, Krieg sei nur eine Fortsetzung der Diplomatie mit anderen Mitteln, kennzeichnen denselben Sachverhalt, ohne den kybernetischen Fachausdruck Multistabilität zu gebrauchen.

Die bisher besprochenen Möglichkeiten, Störungen zu kompensieren, stellen Reaktionen des Systems dar, bei denen sich seine Struktur nicht verändert. Beim Wirksamwerden der Eigenschaften Stabilität, Ultrastabilität und Multistabilität ändert sich die Systemstruktur nicht.

Das System kann aber auch, um seine Existenz zu sichern, *Änderungen in seiner Struktur* vornehmen, d.h. die Art und die Wechselwirkung seiner Elemente so abändern, daß stabilitätserhaltende Maßnahmen einfacher und wirksamer als vor der Änderung zu bewerkstelligen sind. Diese Fähigkeit von Systemen nennt man »*Selbstorganisation*«. Sie kommt nur höher entwickelten Systemen zu, insbesonders Organismen sowie sozialen und politischen Gebilden. So kann beispielsweise der Übergang von der Lebensweise des Sammlers und Jägers zu der des Ackerbauers und Viehzüchters als ein Vorgang der Selbstorganisation des Systems »Nomadenstamm« aufgefaßt werden (Neolithische Revolution).

Der zu den Begriffen Stabilität, Ultrastabilität, Multistabilität, Selbstorganisation gehörende Oberbegriff heißt *Adaption*. Systeme, denen die stabilitätserhaltende Eigenschaft der Adaption zukommt, nennt man *adaptive Systeme*.
Ursprünglich bedeutet Adaption die Abnahme der Intensität einer Sinnesempfindung (Reizintensität) mit der Zeit, obwohl die Reizstärke gleichbleibt. Je länger man z.B. einem in der Intensität konstanten Geräusch ausgesetzt ist, um so weniger laut empfindet man es.

Einen etwas anderen Bedeutungsinhalt des Begriffes Adaption — im Sinne einer Gleichsetzung mit dem in der Biologie wichtigen Begriff der Anpassung — findet man bei H.J. Flechtner (12; S. 44).

1.5.4 Lernen

Eine der wichtigsten existenzerhaltenden Eigenschaften eines höher organisierten Systems ist die Lernfähigkeit.

In der Umgangssprache bezeichnet man mit »Lernen« zunächst den Erwerb bestimmter Kenntnisse und Fähigkeiten. Dieser Sachverhalt legt es nahe, eine präzise Begriffsbestimmung bei den Wissenschaften Pädagogik und Psychologie zu suchen. Man findet jedoch bald, daß es eine einheitliche und als verbindlich anerkannte Definition nicht gibt. Eine knappe und kritische Betrachtung der einzelnen Definitionen von »Lernen« findet man z.B. bei F. von Cube (9).

Die von F.von Cube getroffene Unterscheidung zwischen einem *Mikroprozeß* des Lernens (der Neuerwerb von Kenntnissen, Fertigkeiten und Verhaltensweisen) und einem *Makroprozeß* des Lernens (das allmähliche, langfristige Anwachsen des Repertoirs an Kenntnissen und Verhaltensweisen) bringt eine für die praktische Pädagogik sehr nützliche begriffliche Verfeinerung der bisherigen Auffassung vom »Lernen«.

Vom Standpunkt der Informationstheorie stellt der Lernprozeß eine Informationsverarbeitung dar: Aufnahme, Speicherung und Verarbeitung von Nachrichten. Wie F.von Cube gezeigt hat, bedeutet diese *Verarbeitung in allen Lernakten eine Verringerung des Informationsgehaltes, d.h. eine Erzeugung von Redundanz.* Auf eine andere Weise kann ja ein System, dessen Speicherkapazität begrenzt ist, die Fülle der aus der Umwelt eintreffenden Nachrichten nicht bewältigen.

Die Reduktion des aufgenommenen Informationsgehaltes schafft Redundanz; dies ist — auf eine kurze Formel gebracht — der Inhalt der von F.von Cube aufgestellten *Redundanztheorie des Lernens*.

Ein extremes Beispiel: In Abb. 1.2.2 wird mit 32 »L«-Zeichen und 128 »O«-Zeichen das Zeichen »+« dargestellt.

Hat man durch den Lernakt die *Einsicht* erlangt, daß es sich um das Zeichen »+« handelt, dann braucht man nicht die gesamte Anordnung im Bild, die aus 160 Zeichen besteht, auswendig zu lernen. Der Informationsgehalt des Bildes ist durch die Einsicht, daß es sich im Grunde um ein einziges Zeichen handelt, stark gesunken.

Jedem Lernprozeß liegen einzelne Lernakte zu Grunde. Eine *Differenzierung der Lernakte nach dem Grad ihrer Komplexität* hat H. Zemanek durchgeführt (in 41; S. 1383–1450). *Die weitgehende Analogie der dem menschlichen Lernen zugeordneten Akte zu entsprechenden Situationen bei Automaten läßt diese Klassifikation gerade aus kybernetischer Sicht besonders fruchtbar erscheinen.* Man unterscheidet bei Lernakten eine Vorstufe und sieben Hauptstufen:

Vorstufe: Klassifizieren (feste Zuordnung)
z. B. wird A, a, *A*, *a*, 𝔄, a als Buchstabe a klassifiziert.

1. Stufe: Lernen durch Speichern (Auswendiglernen)

2. Stufe: Lernen durch bedingte Zuordnung (klassische Konditionierung)
Ein berühmtes Beispiel aus der Zoologie für Lernen durch bedingte Zuordnung ist der »Pawlowsche Hund« (nach I.P. Pawlow, einem russischen Physiologen). Wenn man einem Hund Futter reicht, sondert er Speichel ab (unbedingter Reflex).
Das Läuten einer Glocke bewirkt keine Speichelabsonderung. Es ist ein neutraler Reiz.
Betätigt man jedoch eine längere Zeit hindurch jedesmal beim Füttern die Glocke, dann läßt sich schließlich bei einem Hund Speichelabsonderung schon dann beobachten, wenn nur geläutet aber nicht gefüttert wird.
Das zeitweilige Zusammenfallen von Füttern und Läuten hat den Effekt, daß schließlich das Läuten allein schon Speichelabsonderung bewirkt.
Man nennt dieses Verhalten eines Hundes einen *bedingten Reflex*.

Beim Menschen beruht das Lernen von Fremdsprachen bei einem Auslandsaufenthalt zu einem großen Teil auf diesem Effekt der bedingten Zuordnung.

Von großer Bedeutung ist die Tatsache, daß man den Vorgang des Lernens durch bedingte Zuordnung mittels der Steinbuchschen *Lernmatrix* technisch realisieren kann (40; S.214). Dem Prozeß der bedingten Zuordnung entspricht dabei die Herstellung einer elektrisch leitenden Verbindung auf elektrolytischem Wege: Durch wiederholtes Einschalten einer

Spannung, die das Eingangssignal repräsentiert, wird mittels Elektrolyse ein Metall zwischen zwei Kontakten abgeschieden *(Lernphase)*. Wurde die Spannung hinreichend oft eingeschaltet, bildet sich schließlich eine leitende Verbindung zwischen diesen Kontaktstellen aus. Damit ist eine neue, bleibende Verknüpfungsmöglichkeit für Signale geschaffen worfen *(Kannphase)*.

Die Steinbuchsche Lernmatrix wird vermutlich besonders bei automatischen Übersetzungsanlagen Verwendung finden.

3. Stufe: Lernen durch Probieren (»Trial and Error«-Verfahren)

Wenn die Erfahrungen, die ein System mit der Umwelt gemacht hat, nicht ausreichen, um eine neue Situation zu bewältigen, ist es wohl oder übel auf *Probieren* angewiesen. Der Versuch der Situationsbewältigung kann positiv oder negativ ausfallen. Im Falle des positiven Ausgangs speichert man die so gewonnene Erfahrung, im Falle des negativen Ausgangs verwirft man das Ergebnis und versucht etwas anderes.

Dieses Verfahren ist mühsam und mitunter gefährlich. So sollte man z. B. die Kenntnis der eßbaren Pilze nicht durch das »Trial and Error«-Verfahren zu gewinnen suchen — man könnte ja auf einen Knollenblätterpilz stoßen. Es läßt sich aber als Grundform des Erwerbs von Kenntnissen über die Umwelt nicht umgehen.

Sehr effektiv wird das »Trial and Error«-Verfahren, wenn man es durch plausible Hypothesen, d. h. durch Vermutungen über den Ausgang des Versuches ergänzt. Dies führt dann zu dem induktiven Verfahren der empirischen Erkenntnisgewinnung, das sich in den Naturwissenschaften glänzend bewährt hat.

4. Stufe: Lernen mit Optimierung

Mehrere Möglichkeiten, die zum Erfolg führen, werden auf ihre Effektivität hin verglichen. Das Verhalten, das zum besten Erfolg führte, wird gespeichert. Lernen mit Optimierung stellt eine Weiterentwicklung des »Trial and Error«-Verfahrens dar.

Der Vollständigkeit halber seien noch die restlichen drei Stufen des Lernens nach H. Zemanek aufgeführt:

5. Stufe: Lernen durch Nachahmung

6. Stufe: Lernen durch Belehrung

7. Stufe: Lernen durch Einsicht

1.5.5 Lernende und lehrende Automaten

Die eben aufgeführten Lernakte, die sich zunächst auf das menschliche Lernen beziehen, haben auch für die Konstruktion und Klassifikation lernender Automaten entscheidende Bedeutung erlangt.

Wir fassen den Begriff Automat in der Bedeutung der Umgangssprache auf, nämlich als eine Vorrichtung, die selbsttätig eine bestimmte Funktion ausübt. In der praktischen Anwendung sind automatentheoretische Definition und umgangssprachliche Bedeutung weitgehend gleichwertig.

Die Klassifikation der lernenden Automaten führt nach H. Zemanek (in 41; S. 1394) auf folgende Typen:

(a) der programmgesteuerte Automat,
(b) der probierende Automat,
(c) der probierende Automat mit Erfahrungsspeicher,
(d) der Automat mit festem Modell der Umwelt,
(e) der Automat mit erlerntem Modell der Umwelt,
(f) der belehrte Automat.

Als lernende Automaten im engeren Sinne kommen nur (b) bis (f) in Frage; (a) ist nur der Vollständigkeit in der Aufzählung aller Automatentypen mit aufgenommen worden.

Eine interessante Modifikation des Automaten stellt der *Lehrautomat* dar. Die Wirkungsweise von Lehrautomaten, soweit sie in die pädagogische Praxis Eingang gefunden haben, läßt sich in folgende Schritte aufgliedern:

1. Der Lehrautomat bietet eine kleine Einheit informativen Wissens an.
2. Der Lehrautomat stellt dazu eine Frage.
3. Der Schüler (oft Adressat genannt) beantwortet die Frage. Er drückt z. B. eine Taste oder kreuzt eine von mehreren ihm zur Auswahl vorgelegten Antworten an.
4. Der Automat entscheidet sofort, ob die Antwort richtig ist oder nicht. Im ersten Fall stellt er eine neue Frage oder bringt ein neues Quantum an Information. Im zweiten Fall verweist er auf einen früheren Lernschritt.

Mitunter stehen dem Automaten je nach der Antwort des Adressaten mehrere Möglichkeiten der Fortführung des Lehrprogramms zur Verfügung. Man sagt dann, das Lehrprogramm verzweigt sich.

Die Gesamtheit der Lehrschritte bezeichnet man als *Lehralgorithmus*.

Die hauptsächlichen *Vorteile* des Einsatzes von Lehrautomaten sind nach H. Frank (in 41; S. 1286):

(a) Der Adressat befindet sich *ständig im Lernprozeß*.
(b) Der Lehrautomat kann sich *der Lerngeschwindigkeit des Adressaten anpassen*.

(c) Der Lehrautomat kann zeitweise die *Funktion des Lehrers* übernehmen (Überbrückung sonst ausfallender Unterrichtsstunden).

Andererseits besitzt der Lehrautomat auch *Nachteile:*

(a) Sein Anwendungsbereich ist zur Zeit *auf die Übermittlung von Basiswissen beschränkt.* Komplexere Fähigkeiten kann er nicht lehren.
(b) Die Anwendung von Lehrautomaten setzt voraus, daß der Adressat bereits motiviert ist. *In der Tätigkeit des Motivierens kann er den Lehrer nicht ersetzen.*
(c) Der Einsatz von Lehrautomaten auf breiter Front erfordert die einmalige *Bereitstellung sehr großer finanzieller Mittel.* Dies widerspricht der zur Zeit praktizierten Finanzgebarung im Bereich von Wissenschaft und Bildung.

1.5.6 Grundbegriffe der Spieltheorie

Eine sehr wichtige Teildisziplin der Kybernetik ist die *Spieltheorie.* Sie beschäftigt sich, wie die Bezeichnung vermuten läßt, *auch* mit dem, was man in der Umgangssprache unter Spiel versteht, z.B. Schach, Kartenspiele, Werfen zweier Münzen.

In der Kybernetik umfaßt der Begriff Spieltheorie indessen einen viel größeren Anwendungsbereich: *Die Spieltheorie untersucht und beschreibt das zweckmäßige Verhalten von Systemen, die in irgendeiner Art von Konkurrenzkampf miteinander stehen.* Einige Beispiele verdeutlichen dies:

(a) zwei (oder mehrere) Wirtschaftsunternehmen, die sich in bezug auf ein Produkt den Markt streitig machen;
(b) zwei (oder mehrere) Staaten, die entgegengesetzte Interessen verfolgen;
(c) zwei Parteien in einem militärischen Planspiel, die sich in einer bestimmten taktisch-operativen Situation befinden;
(d) zwei Großmächte, die militärisch konfrontiert sind und die Möglichkeiten und Konsequenzen einer Auseinandersetzung erst »durchspielen«, bevor sie zur realen Aktion schreiten.

Konfliktsituationen, wie sie in diesen vier Beispielen dargestellt sind, wurden zuerst in den Wirtschaftswissenschaften systematisch untersucht. Bahnbrechend waren hier die Arbeiten von O. Morgenstern und J. von Neumann (33 und 34).

Der erste Schritt zur Analyse einer vorliegenden Konfliktsituation besteht in der Konstruktion eines Modells. Ein *Modell* abstrahiert von Nebensächlichkeiten. Durch diese Beschränkung auf die wesentlichen Merkmale des zu analysierenden Ereignisses wird die Anzahl der zu berücksichtigenden Größen, der sogenannten Parameter, stark reduziert.

Die Kunst, ein brauchbares Modell zu entwerfen, besteht im wesentlichen darin, einen Kompromiß zwischen der Forderung nach möglichst getreuer Abbildung der Realität und der Forderung nach möglichst einfacher Darstellung zu finden.

Erst ein Modell ermöglicht eine mathematische Durchdringung des anstehenden Problems und damit eine präzise Anweisung zum zweckmäßigen Handeln. Ein solches Modell, das die Konfliktsituation stark vereinfachend darstellt, nennt man ein *Spiel*.

Die Gesamtheit der Bedingungen für die Handlungen (»Züge«) der Kontrahenten (»Spieler«) sind die »Spielregeln«. Die Spielregeln legen auch fest, was man unter dem Ausgang (»Gewinn« oder »Verlust«) eines Spielers zu verstehen hat. Diesen Gewinn oder Verlust beschreibt man üblicherweise durch eine Zahl, z.B. als Geldbetrag bei einer finanziellen Transaktion oder als prozentualer Stimmenanteil bei dem Ergebnis eines Wahlkampfes oder als Punktezahl bei einem Fußballspiel (2 Punkte für Sieg, 1 Punkt für Unentschieden, 0 Punkte für Niederlage).

Die Gesamtheit der Züge, die ein Spieler zufällig oder auf Grund einer überlegten persönlichen Entscheidung ausführt, nennt man seine »Strategie«. Gibt es nur endlich viele mögliche Strategien, so spricht man von einem »endlichen« Spiel, sind unendlich viele Strategien möglich, so nennt man es ein »unendliches Spiel«.

Die Anzahl der Spieler kann beliebig sein. Die Behandlung des n-Personenspiels, zumal wenn man noch Bündnisse (»Koalitionen«) zuläßt, erfordert einen erheblichen mathematischen Aufwand.

Wir beschränken uns im folgenden auf endliche Spiele mit 2 Spielern.

Jedem der beiden Spieler im 2-Personenspiel — wir nennen sie A und B — steht eine endliche Menge von Strategien zur Verfügung:

für A die Strategien $A_1, A_2, \ldots A_k, \ldots A_m$
für B die Strategien $B_1, B_2, \ldots B_k, \ldots B_m, \ldots B_n$

Jede Strategie von A kann mit jeder Strategie von B verknüpft werden; insgesamt gibt es also $m \times n$ Spielverläufe (»Partien«). Deshalb bezeichnet man dieses Spiel als $m \times n$-Spiel.

Man erhält eine übersichtliche Darstellung, wenn man den m Strategien von A die m Zeilen und den n Strategien von B die n Spalten einer rechteckigen Anordnung von $m \times n$ Feldern entsprechen läßt. Die Schnittfläche einer bestimmten Zeile mit einer bestimmten Spalte entspricht dann einer bestimmten Partie; man kann in diese Fläche den Gewinn von A, d.h. das Resultat der Partie eintragen. Ergibt sich für A ein Verlust, so fügt man das Vorzeichen »–« hinzu. Rechteckige Anordnungen von Zahlen in Zeilen und Spalten nennt man in der Mathematik *Matrizen* (Tabelle 1.5/3).

Tabelle 1.5/3. Beispiele für Matrizen

(1)	1. Spalte	2. Spalte	
	50	35	1. Zeile
	26	47	2. Zeile

(2) $\quad a_{11}\ a_{12}\ a_{13}\ a_{14}$
$\quad\ \ \ a_{21}\ a_{22}\ a_{23}\ a_{24}$
$\quad\ \ \ a_{31}\ a_{32}\ a_{33}\ a_{34}$

Lies a–eins-eins für a_{11}, a–zwei-drei für a_{23}, usw. a_{23} bedeutet: das Element (a) in der 2. Zeile und 3. Spalte

Bei der Konfiguration, die die Ergebnisse des m × n-Spiels beschreibt, handelt es sich um eine Matrix von m Zeilen und n Spalten. Man nennt diese Matrix die *Spielmatrix* oder auch *Auszahlungsmatrix*, weil sie angibt, welcher Gewinn an A ausgezahlt wird (Tabelle 1.5/4).

Tabelle 1.5/4. Spielmatrix eines m × n-Spiels

	1. Spalte	2. Spalte	...	n-te Spalte	Spieler B / Spieler A
Strategie A_1	a_{11}	a_{12}	...	a_{1n}	1. Zeile
Strategie A_2	a_{21}	a_{22}	...	a_{2n}	2. Zeile
⋮	⋮	⋮	⋱	⋮	⋮
Strategie A_m	a_{m1}	a_{m2}	...	a_{mn}	m-te Zeile
Spieler A / Spieler B	Strategie B_1	Strategie B_2	...	Strategie B_n	

Um das Spiel vollständig zu beschreiben, müßte man noch die Auszahlungsmatrix für den Spieler B angeben. Man kann jedoch für den zur Verfügung stehenden Spielgewinn die Einschränkung machen, daß B genau das verliert, was A gewinnt, und B das gewinnt, was A verliert. Eine etwas abgewandelte Form der Vereinbarung besteht darin, den zur Verteilung anstehenden Gewinn als konstant anzunehmen (z. B. 100%). Wenn er für A 60% beträgt, gewinnt B 40%, oder wenn A 10% gewinnt, erhält B 90%. Solche Spiele nennt man *Nullsummenspiele; hier genügt eine Spielmatrix zur Beschreibung der Partien*. Üblicherweise gibt man diejenige Spielmatrix an, in der die Gewinne von A zusammengestellt sind.

Wir verdeutlichen uns diese allgemeinen Ausführungen an einem Beispiel:

Zwei politische Parteien bemühen sich um die Stimmen der Wähler (insgesamt 100%). Von Stimmenthaltungen und den möglichen Stimmanteilen übriger Konkurrenten sehen wir ab; wenn also A 60% erhält, ergibt sich für B 40%, usw. Die Summe der Anteile von A und B ergeben zusammen stets 100%.

Der Partei A stehen folgende Strategien zur Verfügung (unter Strategie verstehen wir dann, daß eine der Wahlparolen in den Mittelpunkt der Werbung um die Wählerstimmen gestellt wird):

A_1: Wir senken die Kraftfahrzeugsteuer
A_2: Wir setzen die Wehrdienstzeit herab
A_3: Wir haben außenpolitische Erfolge
A_4: Wir haben einen tüchtigen Parteivorsitzenden
A_5: Wir bauen mehr Krankenhäuser
A_6: Wir versprechen eine allgemeine Einkommenserhöhung

Die Partei B hat dagegen folgende Strategien zur Verfügung (diese können denen der Partei A gleichen, müssen es aber nicht):

B_1: Wir bauen bessere Straßen
B_2: Wir bauen mehr Schulen
B_3: Wir senken die Wohnungsmieten
B_4: Wir haben außenpolitische Erfolge
B_5: Wir haben einen tüchtigen Parteivorsitzenden.

Die Spielmatrix habe nun folgende Gestalt (Tabelle 1.5/5):

Tabelle 1.5/5: *Spielmatrix zu dem im Text gebrachten Beispiel des Wahlkampfes zwischen den Parteien A und B*

	B_1	B_2	B_3	B_4	B_5	Zeilen-minima
A_1	60	20	10	30	40	10
A_2	70	40	20	40	50	20
A_3	90	60	40	50	60	40
A_4	80	70	|60|	70	80	60
A_5	70	60	50	50	60	50
A_6	70	50	20	30	40	20
Spalten-maxima	90	70	60	70	80	

Zum Verständnis der Matrix: das Kästchen, das sich als Schnittfläche der Zeile A_4 (»Wir haben einen tüchtigen Parteivorsitzenden« — Parole A_4 der Partei A) und der Spalte B_3 (»Wir senken die Wohnungsmieten« — Parole B_3 der Partei B) ergibt, hat die Zahl 60; d.h. wenn die Partei A mit dieser Parole A_4 in den Wahlkampf zieht und die Partei B mit der Parole B_3 kontert, dann erhält die Partei A bei der Wahl 60% der Stimmen. Für B bleiben dann 40%.

Wie kommen die Zahlen in der Spielmatrix, d.h. die Gewinnerwartungen für A, zustande?

Nehmen wir an, es seien die Ergebnisse einer Repräsentativumfrage! Wir wollen weiterhin annehmen, daß diese Zahlen für das Ergebnis der Wahl zutreffen, gleichgültig, was sich an realen Veränderungen der politischen Situation während des Wahlkampfes ergibt. Diese Annahmen ist an sich sehr problematisch und eine sehr grobe Vereinfachung der Situation. Ohne diese Vereinfachung können wir jedoch kein leicht durchschaubares Modell aufstellen. Wir machen weiterhin die Annahme, daß *alle Zahlen beiden Parteien bekannt* sind. Man sagt dann, es handele sich um ein *Spiel mit vollständiger Information*.

Untersuchen wir nun die Chancen der Partei A! A wird versuchen, seinen Wahlerfolg so groß wie möglich zu machen; A könnte die Strategie A_3 wählen; dies ergäbe, wenn B darauf mit B_1 antwortet, 90% der Stimmen. Jedoch wird B vernünftigerweise nicht mit B_1 sondern mit B_3 antworten; dann hat A nur 40% zu erwarten, d.h. die Wahl verloren! Welches ist nun die optimale Strategie für A?

A_3 ist es sicher nicht. Betrachten wir zur Beantwortung dieser Frage in jeder Zeile *das für A ungünstigste Ergebnis, das Zeilenminimum*. Hier sieht man sofort, daß die Strategie A_4 das größte Zeilenminimum liefert (das Maximum der Minima für A). *Diese Strategie muß A wählen, um optimal abzuschneiden!*

Wie reagiert B darauf, daß A die Strategie A_4 gewählt hat?

B ist bestrebt, den Gewinn von A so klein wie möglich zu halten; dies ist der Fall, wenn es die Strategie B_3 wählt. Dann erhält A den kleinsten bei der Strategie A_4 erzielbaren Gewinn, nämlich 60%.

Die Zahlen der letzten Zeile von Tabelle 1.5/5 (Spaltenmaxima) geben jeweils die für A größten Gewinne an, die es bei einer von B gewählten Strategie erzielen kann. B wird natürlich versuchen, mit seiner Strategie das Minimum dieser Maxima anzusteuern. Das Strategien-Paar $A_4 B_3$ zeichnet sich offensichtlich unter allen anderen Spielverläufen dadurch aus, daß es von beiden Spielern gewählt werden muß, wenn beide vernünftig spielen, d.h. einen möglichen Verlust möglichst klein halten wollen.

Der Spielverlauf $A_4 B_3$ ergibt einen bestimmten Gewinn, hier 60% für A.

Man nennt diesen Gewinn den *Wert* des Spiels und sagt, das Spiel habe hier einen *Sattelpunkt*. Man bezeichnet den Sattelpunkt auch als *Lösung* des Spiels.

Die Bezeichnung Sattelpunkt wird verständlich, wenn man die Werte der Spielgewinne als Fläche über einer A-B-Ebene aufträgt. Die Fläche hat dann die Form eines Gebirgssattels (Paß). Der Sattelpunkt ist dann der höchste Punkt der Paßstraße und zugleich der tiefste Punkt des sich zum Paß absenkenden Gebirgskamms (Abb. 1.5/9).

Welche allgemeine Bedeutung hat das Ergebnis dieser Überlegung?
Wenn eine Konfliktsituation vorliegt, dann gibt es für beide Spieler jeweils eine optimale Strategie, deren Befolgung zum Sattelpunkt des Spiels führt. Jede Abweichung von der optimalen Strategie bringt dem Spieler (vorausgesetzt, daß der Gegner vernünftig spielt, d.h. seine Interessen konsequent wahrnimmt) Nachteile. Wenn der Spieler seine beste Strategie durchführt, bringt auch dem Gegner jede Abweichung von der optimalen Strategie nur Nachteile. Betrachten wir dazu nochmals das eben gebrachte Beispiel! Wenn B auf die Strategie A_4 nicht mit B_3 sondern mit B_2 antwortet, ergibt sich für A ein Gewinn von 70% statt von 60% und B erhielte nur 30% statt der dem Sattelpunkt entsprechenden 40%. Spielen beide Spieler vernünftig, ist mithin der Verlauf des Spiels eindeutig bestimmt.

Diese Überlegungen zu den Spielen mit Sattelpunkt sind deshalb so wichtig, weil J. von Neumann nachweisen konnte, daß jedes endliche Spiel unter geeigneten Voraussetzungen einen Sattelpunkt hat. Damit ist die prinzipielle optimale Lösbarkeit eines Konflikts durch die Methoden der Spieltheorie ausgesprochen.

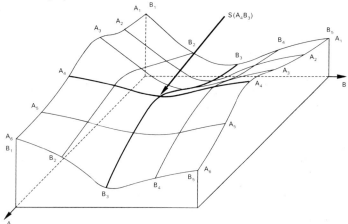

Abb. 1.5/9. Der Sattelpunkt eines Spieles

Abschließend eine Feststellung von grundsätzlicher Bedeutung: *Die Spieltheorie postuliert, daß jeder Spieler seine Handlungen so bestimmt, daß sein Gewinn möglichst groß wird — in der Volkswirtschaft kennt man dieses Postulat unter dem Namen Gewinnmaximierung. Insbesonders nimmt er — in konsequenter Verfolgung der Gewinnmaximierung — keine Rücksicht auf sozialethische und gesellschaftliche Normen. Deshalb kann die im Sinne der Spieltheorie optimale Strategie vom moralischen Standpunkt aus betrachtet schädlich und verwerflich sein. Dieser Aspekt muß bei jeder spieltheoretischen Überlegung, die sich auf gesellschaftsrelevantes Handeln bezieht, berücksichtigt werden.*

Verständnisfragen zu Kapitel 1.5

1.5.1 Welche Klassifikationsmöglichkeiten für Systeme kennen Sie?
1.5.2 Geben Sie für diese Klassifikationsmöglichkeiten Beispiele aus dem täglichen Leben oder aus den Ihnen vertrauten Fachwissenschaften!
1.5.3 Was versteht man unter der »Black-Box-Methode«?
1.5.4 Erläutern Sie die Begriffskette »Stabilität—Ultrastabilität—Multistabilität—Adaptivität«!
1.5.5 Erläutern Sie in kybernetischer Betrachtungsweise den Begriff »Politische Stabilität«!
1.5.6 Welche Stufen des Lernens kann man unterscheiden?
1.5.7 Welche Typen von lernenden Automaten kann man unterscheiden?
1.5.8 Erläutern Sie die Möglichkeiten des Einsatzes von Lehrautomaten!
1.5.9 Was versteht man in der Kybernetik unter einem Spiel?
1.5.10 Erläutern Sie den spieltheoretischen Begriff »Sattelpunkt«!

2 KYBERNETIK IN GESELLSCHAFT UND POLITIK

Von Dr. phil. Wolfgang Haseloff

2.1 Die naturwissenschaftlich-technische Revolution

2.1.1 Der Computer und die Informationsflut

Die Erfindung der *Dampfmaschine* durch James Watt (1770) und des *mechanischen Webstuhles* durch Edmund Cartwright (1785) leiteten das *industrielle Zeitalter* ein. Es ist gekennzeichnet durch die Ersetzung tierischer und menschlicher Arbeitskraft durch mechanische und elektrische *Maschinen*, sowie durch die Nutzung der Energieträger *Kohle, Erdöl, Erdgas* und *Wasser*, in neuerer Zeit zunehmend auch der *Atomenergie*.

Die industrielle Entwicklung wurde auf dem sozialen Sektor durch wachsende *Ausbeutung und Verelendung* zunächst *der heimischen Industriearbeiterschaft*, später auch *der farbigen Völker* begleitet. Die Besitzer der Produktionsmittel konzentrierten das Kapital und gleichzeitig die Entscheidungsbefugnisse immer mehr. Die erstarkende *Arbeiterbewegung* erzwang seit dem Ende des 19. Jahrhunderts in den Industriestaaten *sozialpolitische Reformen*, die schließlich zur *Daseinsvorsorge* und zur Entwicklung der *Mitbestimmung der Arbeitnehmer* in Unternehmen und Betrieben führten (163).

Das wiederum bedingt die *Aufgabenerweiterung* und die *Machtsteigerung des modernen Wohlfahrtsstaates*. Etwa 40% des Sozialproduktes werden gegenwärtig in der Bundesrepublik Deutschland von der öffentlichen Hand aufgebracht. Die enorme Steigerung der Massenkaufkraft und die Stärkung der sozialen Sicherheit ließen die Arbeitnehmer weitgehend zu einem relativ behaglichen Leben gelangen, so daß man von ihrer *Eingliederung in das kapitalistische Gesellschaftssystem* sprechen kann. Sozialistische Revolutionen setzten sich bislang nur in industriell unterentwickelten Ländern durch.

Die Entwicklung der Menschheit wird gegenwärtig von der um 1940 beginnenden *naturwissenschaftlich-technischen Revolution* bestimmt, die im wesentlichen durch folgende Erscheinungen gekennzeichnet ist:

(a) die *Explosion der Naturwissenschaften* hatte zur Folge, daß in den letzten 30 Jahren mehr Erfindungen gemacht wurden als in der vorhergehenden Menschheitsgeschichte.

90% aller Naturwissenschaftler der Menschheitsgeschichte sind unsere Zeitgenossen. Allein 23000 für Chemiker interessante Zeitschriften erscheinen heute in der Welt. Die Innovationszeit — die Zeit zwischen einer Erfindung und ihrer industriellen Nutzung — verkürzt sich immer mehr. Die Verdoppelungszeit technologischen Wissens liegt inzwischen bei 4—7 Jahren.

(b) die *Automatisierung der Produktion* schreitet immer schneller voran, so daß beispielsweise in der Bundesrepublik Deutschland jährlich 5% weniger Arbeitskräfte die Produktionsmenge des Vorjahres erstellen. Die jährliche Arbeitszeit beträgt in der Bundesrepublik Deutschland heute aufgrund tarifvertraglicher Festlegungen etwa 1900 Stunden, in Deutschland um 1850 betrug sie 4000—4500 Stunden.
(c) die *elektronische Datenverarbeitung* ersetzt zunehmend menschliches Denken (62).

Die Grundlage dafür bildet die Erkenntnis von C. E. Shannon, wonach auch die *Information quantifizierbar* ist (142); damit tritt zu den bisherigen Objekten der Naturwissenschaft, der *Materie* und der *Energie*, als weiteres Objekt die *Information*. Das technische Ergebnis dieser Erkenntnis ist die »Denkmaschine«, der *Computer* (99); wahrscheinlich ist seine Erfindung von gleicher historischer Bedeutung wie die Erfindung der Schrift.

Dabei hat diese Entwicklung gerade erst begonnen. Die Computer werden immer leistungsfähiger und es ist vorstellbar, daß außerordentlich verkleinerte Geräte für den persönlichen Gebrauch entwickelt werden. Der *Aufbau einer internationalen elektronischen Datenübermittlung* wird die Einrichtung von gewaltigen *Datenbanken zur Aufnahme jeglicher Informationen* ermöglichen. Die zu erwartende Entwicklung skizziert N. Calder 1971 wie folgt (63; S. 257):

»Die Computer-Kraft wird ähnlich wie heute Wasser, Gas, Elektrizität oder Telefon zum täglichen Gebrauch gehören. Der Geschäftsmann wird den Computer (der vielleicht viele Kilometer entfernt steht) als Informationsmaterial benutzen, ebenso aber auch für sehr viel kompliziertere Berechnungen in seiner Firma; die Hausfrau wird ihn benutzen, um ihre Einkäufe zu erledigen (wobei ihr die Waren auf einem Fernsehschirm vorgeführt werden); Nachrichtenübermittlung, Bankgeschäfte und eine große Vielfalt von anderen Dienstleistungen auf allen Lebensgebieten werden über dasselbe System abgewickelt werden. Die Juristen werden mit seiner Hilfe Präzedenzfälle heraussuchen; die Ärzte werden Informationen über ihre Patienten festhalten oder analysieren...

Wirklich, der einzige Weg, ganz zu begreifen, welche Möglichkeiten in der Verbindung der Computer mit der modernen Fernmeldetechnik stecken, und zu beurteilen, welche Rolle sie im täglichen Leben und in der Arbeit der Gesellschaft spielen werden, — dieser Weg besteht darin, daß man sich ein System vorstellt, in dem die Leistungen des Computer-, Verlags-, Zeitungs-, Rundfunk-, Fernmelde- und Bibliothekswesens sowie der Post zusammengeschlossen sind, und ferner noch große Teile von Unterrichts- und Regierungswesen, der Tätigkeit von Industrie und Handel sowie vieler freier Berufe...

Ziel eines jeden derartigen Computer- und Fernmeldedienstes wird es sein, den Organisationen und den Einzelmenschen bei ihrer Arbeit, ihrem Lernen und in ihrer Freizeit zu helfen...«

Das alles verlangt eine stärkere *Zusammenarbeit zwischen den Politikern und den Vertretern der einzelnen Wissenschaften.* Denn mit Sicherheit wird es zu einer wachsenden *Mathematisierung von Wirtschaft, Gesellschaft und Politik* kommen.

Die gegen Ende des Industriezeitalters begonnene Automatisierung der Produktion wird mit der ständigen Weiterentwicklung der Computer noch intensiver werden; gleichzeitig wird es auch zu einer Automatisierung der Verwaltung kommen (2).

Voraussichtlich wird die Automatisierung noch vor dem Jahre 2000 zu folgenden Ergebnissen führen: automatische Steuerung des Luftverkehrs sowie des Schnellverkehrs auf Straße und Schiene, allgemeine Anwendung von Arbeitsrobotern und einfachen Lehrautomaten, Freisetzung von etwa 25% der Bürokräfte durch Automatisierung von Büroarbeiten und Dienstleistungen, automatisierter Datenabruf in Bibliotheken und Dokumentationszentren, grammatisch korrekt arbeitende Übersetzungsautomaten, weitgehende Automatisierung von medizinischer Diagnose und Therapie.

Über die gegenwärtige Bedeutung der Computer schreibt N. Calder 1971 (63; S. 258):

»Der Computer kann ein Geschäft besser leiten, als Menschen das ohne Hilfsmittel auch nur versuchen könnten; er benutzt dazu ein Arbeitsmodell des Geschäfts in mathematischer Form, und er bietet die Chance, die Ergebnisse alternativer Entscheidungen vorherzusagen, ehe noch gehandelt wird. In der Fabrik meistert der Computer ganz und gar die mit Lagerhaltung, Aufträgen und Arbeitszuweisungen verbundene Rechenarbeit, die bislang größtenteils eine Sache bloßen Ratens gewesen war. Bei den meisten technischen Konstruktionsarbeiten — einschließlich der Konstruktion von Computern — befreit der Computer den Ingenieur von Detailberechnungen und erlaubt es ihm, vorstellungsmäßig viele mögliche Variationen des zu konstruierenden Objektes oder Systems zu untersuchen. Vieles von der neueren wissenschaftlichen Forschung — darunter, um ein neueres Beispiel zu geben, die Erkenntnis der Struktur der großen Schlüsselmoleküle des Lebens — wäre ohne die Hilfe von Computern unmöglich gewesen ...

Die ersten zwanzig Jahre lang haben die militärischen Nutzungen, zumal in der Kernwaffenforschung und in den Kontrollsystemen für die Luftabwehr, die größten Ansprüche an die Computerleistungen gestellt. Jetzt aber fangen die zivilen Aufgaben, und hier besonders die Wettervorhersage, an, noch größere Forderungen zu stellen ...«

Der Computer ist das technische Medium der gegenwärtigen naturwissenschaftlich-technischen Revolution, eine ungeheure *Informationsflut* ist ihr Ergebnis. Als wichtigste *Nutzeffekte* dieser Revolution — mit denen sich allerdings teilweise schon jetzt *Gefahren für die Menschheit* abzeichnen — sind zu nennen:

1. **Verwendung neuer Energien:** Ausnutzung der *Erdwärme* und des *Vulkanismus*, der *Gezeiten*, der regionalen und saisonalen *Winde* sowie der *Sonneneinstrahlung*. Die ständige Erweiterung der Kenntnisse auf dem Gebiet der Elementarteilchenphysik stellt überdies neue Möglichkeiten zur Energiegewinnung durch *Materieumwandlung* in Aussicht. Durch die Verwendung neuer Energien und die Entwicklung elektrischer Batterien mit hoher Speicherkapazität könnte das leidige Problem der Umweltverschmutzung durch Verbrennungsmotoren weitgehend beseitigt werden.

2. **Intensive Naturausnutzung:** Süßwassergewinnung durch wirtschaftlich vertretbare *Meerwasserentsalzung*, regionale *Wetterbeeinflussung*, *submarine Erzgewinnung*.

3. **Fortschritte in der Medizin:** Verbesserung der *Immunisierung gegen Viruserkrankungen*, verbesserte Methoden der Eiweißdiagnostik und der *Immunbiologie* und dadurch größere Erfolge bei der Transplantation von Organen, größere Möglichkeiten zur *Heilung von Psychosen*.

Die Entwicklung der Menschheit wird in Zukunft durch die anwachsende Informationsflut beeinflußt werden. Die Anzahl der Kommunikationsmittel wächst ständig; der Ausbau der Lasertechnik wird neue Möglichkeiten für die Informationsübertragung erschließen. Aber wichtiger als die Verbesserung der Nachrichtentechnik ist eine Revision ihrer theoretischen Grundlagen auf der Basis der von C. E. Shannon und W. Weaver in den Jahren 1945—1949 entwickelten »*Mathematical Theory of Communication*«, durch die die Erforschung der Informationsvorgänge in Wirtschaft, Gesellschaft und Politik eingeleitet wurde (142).

Informationen sind Übertragungen von Signalen; sie geben die *Kommunikationsimpulse*, die allen Daseinsprozessen zugrundeliegen. Auch menschliches Zusammenleben und gesellschaftliche Entwicklung bedürfen als Grundbedingung auslösender Informationen.

Anders als der Mensch können Computer weder die Aufnahme von Informationen verweigern, noch ihren Inhalt verfälschen; sie können sich, wie K. Bednarik 1965 (55; S. 170) schreibt, »nicht ignorant verhalten, sie geben die von ihnen durch Vergleichsauswertung neugeschaffenen Informationen jedem bekannt, der sie abzufragen versteht, ebenso wie sie die eingegebenen Daten nicht »wider bessere Einsicht« abweisen oder falsch verstehen können«.

Allerdings ist das *Resistenzvermögen des Menschen gegen Informationsaufnahme* ein großer Störfaktor. Daher kommt es darauf an, von wem und nach welchen Gesetzen Nachrichtenselektionen vorgenommen werden. Wenngleich die wachsende Nachrichtenfülle das Wissensniveau allgemein hebt, lassen sich schon jetzt *gesellschaftspolitische Auswirkungen* erkennen, die R. Nitsche 1971 zu folgender skeptischen Feststellung veranlassen (125; S. 335):

»Die gegenwärtige Realität ist eine wachsende Differenzierung der Gesellschaft durch die atemberaubende Zunahme des Nachrichtenangebots und dessen sehr unterschiedliche Aufnahme durch die einzelnen Individuen. So gliedert sich die »informierte Gesellschaft« in unzählige Schichtungen des Wissensbesitzes, und die Meinung, man könne sie durch noch bessere Nachrichtentechnik und noch größere Nachrichtenmenge auf ein höheres politisches Bildungsniveau heben, ist bisher noch längst nicht überzeugend erhärtet.«

Wie schon so oft, wird offenbar auch in diesem Fall erneut die Meinung widerlegt, die Gesetze der Natur- und Sozialwissenschaften seien weitgehend aufgedeckt. Immer erwies sich das Gegenteil. Die Vorbehalte des Menschen gegen Informationsaufnahme zwingen daher zu einer Revision informationspsychologischer Vorstellungen.

2.1.2 Gefahren für die Entwicklung der Menschheit

1. Der *medizinische Fortschritt* läßt bei Beibehaltung der hohen Geburtenraten die *Bevölkerungszahlen* in Afrika, Asien und Lateinamerika emporschnellen. Unwissenheit und religiös bedingte Tabus stehen hier oft einer wirksamen Geburtenkontrolle entgegen. Diese *Bevölkerungsexplosion verringert die Ernährungsgrundlagen* der Erde, wenn eine erhebliche Steigerung der Nahrungsmittelproduktion auch möglich ist (71).
2. Die *Gefährdung des ökologischen Gleichgewichts* durch rücksichtslosen *Abbau der Rohstoffvorräte*, die *Umweltverschmutzung*, insbesondere der Hydrosphäre und der Atmosphäre, die *Verminderung des Sauerstoffgehalts der Atmosphäre* und *das Abschmelzen der polaren Eismassen* können zur völligen Verwüstung unseres Planeten führen (159).
3. Die *Beeinflussung des Erbgutes* und die Verabreichung von *Drogen* machen eine somatische und psychische *Manipulation des Menschen* künftig durchaus möglich (150). Die biochemische Forschung, die intensiv daran arbeitet, primitives Leben zu erzeugen, eröffnet ungeahnte Perspektiven. Die Veranlagung des Menschen wird »machbar«. Werden die künftige Menschheit und insbesondere ihre politischen Verantwortungsträger *ethische Positionen* entwickeln, *um der Versuchung zu widerstehen, Menschen oder gar Völker zu programmieren?* Die Verwirklichung eines rassistischen Programms, wie es die Nationalsozialisten verfolgten, wird in Zukunft technisch wesentlich einfacher sein. Die Nationalsozialisten konnten ihre rassistischen Vorstellungen deshalb nur zögernd und auch nach Kriegsausbruch unter weitgehendem Ausschluß der Öffentlichkeit verwirklichen, weil *ethische Bezugssysteme mit starkem Bevölkerungskonsensus* — etwa Christentum oder Preußentum — noch wirksam waren. Derartige

tradierte ethische Bezugssysteme und Verhaltensweisen bauen sich heute immer mehr ab, ohne daß sich neue Werte mit vergleichbar starkem Bevölkerungskonsensus zur Bewältigung des technischen Zeitalters durchsetzen.
4. Bei zunehmender *Zersiedlung der Landschaft* sterben die Innenbezirke der Städte immer mehr ab. Das *Verkehrschaos* zeitigt immer bedrohlichere Folgen. Dennoch setzen sich regionale Entwicklungsvorstellungen nur sehr zögernd durch (140 und 143).
5. Während der private Reichtum wächst, hat die öffentliche Hand nur *geringe Mittel*, um Einrichtungen zur Verbesserung der *Lebensqualität* zu schaffen.
6. Der ständige *Rüstungswettlauf* verschlingt gewaltige Kapitalmengen, die zur Lösung von Problemen der menschlichen Gesellschaft — etwa der Verbesserung des Gesundheits- und Bildungswesens — fehlen. Das *atomare Patt* zwischen den USA und der UdSSR läßt die *Kriegsgefahr* weiterhin wachsen, da beide Großmächte nicht von einer *auf Hegemonie zielenden Politik* ablassen; es läßt zudem kleineren Staaten genügend Spielraum, ihre politischen Ziele gewaltsam durchzusetzen. Auch scheint es kaum möglich zu sein, die Anzahl der atomwaffenbesitzenden Staaten zu beschränken.

2.1.3 Das Problem umfassender Planung

Die positiven wie die negativen Auswirkungen der gegenwärtigen naturwissenschaftlich-technischen Revolution auf das Leben jedes einzelnen Menschen, auf das Zusammenleben der Menschen und damit auf Wirtschaft, Gesellschaft und Politik werden immer deutlicher. Eine Fülle futurologischer Literatur beschreibt Entwicklungstendenzen, Gefahren und Lösungsmöglichkeiten schwieriger Probleme. Natürlich herrscht wenig Einigkeit bei der Beurteilung der notwendigen Maßnahmen, wohl aber darüber, daß sich die menschlichen Lebensbedingungen in einem derartigen Tempo verändern, daß man dieser Entwicklung nicht mehr wie früher mit Gleichmut entgegentreten kann. Denn *Fehlentwicklungen*, die früher korrigiert werden konnten, können *heute für die Menschheit tödlich* sein. Daher ist die Frage nach den menschlichen Lebensbedingungen immer wieder aufzuwerfen.

Während sich die Entwicklungstendenzen in Wirtschaft, Gesellschaft und Politik und für das Leben des einzelnen Menschen bereits deutlich abzeichnen, gibt die *politische Gegenwart* jedoch nur wenige Hinweise dafür, daß Entscheidungen im Hinblick auf die sichtbar werdenden Ergebnisse der naturwissenschaftlich-technischen Revolution getroffen werden. Es wird *lediglich Anpassungsplanung* betrieben, d.h. einzelne Probleme werden isoliert und im Nachhinein gelöst. Hierzu ein Beispiel:

Ein erklärtes Ziel der um 1960 entwickelten Bildungsreform in der Bundesrepublik Deutschland war die Erhöhung der Abiturientenzahlen. Bereits um 1965 zeichnete sich deren Verdopplung ab. Dennoch wurden die Universitäten nicht rechtzeitig räumlich und personell erweitert, so daß eine Studienplatzbeschränkung (Numerus clausus) für verschiedene Fächer eingeführt werden mußte. Nunmehr wiederum zeichnet sich ein Überhang an Akademikern für eine wachsende Anzahl von Berufsbereichen ab. Man unterließ es, rechtzeitig Untersuchungen über den Bedarf an Akademikern anzustellen und dementsprechend planende Lenkungsmaßnahmen zu treffen. Die Folge ist eine *Zunahme des Leistungsdruckes* bei nicht immer sachorientierten Anforderungen, aber auch Unruhe an Schulen und Universitäten.

In der Regierungserklärung von 1965 sprach Bundeskanzler Ludwig Erhard vom »*Ende der Nachkriegszeit*« und stellte die Beendigung des Wiederaufbaus in der Bundesrepublik Deutschland fest. Damit war zugleich die Notwendigkeit ausgesprochen, neue Zielsetzungen für Wirtschaft, Gesellschaft und Politik zu definieren. Dazu wäre *eine strategische, theoretisch fundierte Planung* notwendig gewesen. Sie blieb jedoch aus, wenn auch 1965 ein Raumordnungsgesetz verabschiedet wurde, dem — als Folge der damaligen wirtschaftlichen Rezession — 1967 das Stabilitätsgesetz und 1968 die mittelfristige Finanzplanung folgten. Wenn auch mit diesen Gesetzen versucht wurde, eine längerfristige Politik zu beginnen, so kann jedoch keineswegs von einem Durchbruch strategischer Planung gesprochen werden, da diese Gesetze weder in einen Gesamtzusammenhang gestellt noch irgendwie im Sinne umfassender Wirksamkeit komplettiert wurden.

Diese Entwicklung wurde auch nicht mit dem Amtsantritt der sozialliberalen Koalition unter Bundeskanzler Willy Brandt unterbrochen, obwohl dieses Bündnis von SPD und FDP zustande kam, um *längst überfällige innere Reformen* durchzuführen, nachdem der in der Adenauer-Ära entwickelte »*private Ökonomismus*«, d.h. die Konzentration auf die Förderung von privatem Wohlstand, zur *Vernachlässigung des Ausbaus öffentlicher Einrichtungen* geführt hatte. Die Durchsetzung innerer Reformen (Gesundheits- und Bildungswesen, Einrichtungen für das Alter, Verkehrswesen, Stadtkernsanierung, Umweltschutz) ist aber heute Voraussetzung für ein menschenwürdiges Leben im Jahre 2000.

Welche Gründe hat die *Planungsfeindlichkeit* in der Bundesrepublik Deutschland? Die elektronische Datenverarbeitung ermöglicht schließlich durch Beschaffung, Speicherung und ständige Abrufbarkeit großer Datenmengen besser als früher, die notwendige Planung auf ein sicheres Fundament zu stellen.

Zunächst hat die geringe Bereitschaft zu umfassender Planung *geschichtliche Gründe:*

Planung wird *von konservativer Seite* zumeist deshalb abgelehnt, weil man dahinter die Absicht zur *Durchsetzung einer sozialistischen Planwirtschaft* vermutet. Hier sind noch längst nicht die *kulturpessimistischen Traditionen* überwunden, die sich in der zweiten Hälfte des 19. Jahrhunderts ausbildeten und zur Ablehnung von Technik, Industrie und Massendemokratie führten. Außerdem zeigen die sozialistischen Staaten mit ihrer zentralen Planung zur Genüge, wie wenig sie in der Lage sind, die Massenbedürfnisse zu befriedigen und die Wirtschaft technologisch umfassend und gleichmäßig zu entwickeln.

Die *Linke* wiederum unterstellt staatlichen Planungsabsichten bei der gegenwärtigen Gesellschaftsstruktur, daß man einen *dezisionistisch-autoritären Staat* errichten möchte (75; S. 115). Die *links-illusionistische Protestbewegung* knüpfte mit ihrer *Technikfeindlichkeit* ebenfalls an den Kulturpessimismus an (125), wenn sie mit Herbert Marcuse eine »*panerotische Endzeitgesellschaft*« als Ideal anstrebte, ohne sich um die Schaffung der wirtschaftlichen Voraussetzungen für diesen paradiesischen Zustand zu kümmern (118). Natürlich setzt sich die ernster zu nehmende Linke im Westen wissenschaftlich mit der Entwicklung »*bis zum Jahre 2000*« auseinander; allerdings wird der Blick der »*kritischen Generation*« zumeist dadurch verstellt, daß sie nicht davon abläßt, alle sozialen Erscheinungen und Erwartungen in ein überliefertes starres *Klassenschema* aus dem industriellen Zeitalter einzuzwängen (85; S. 46).

Auch in anderen westlichen Industriestaaten wird die Planungsfeindlichkeit mit dem negativen Beispiel der wirtschaftlichen Entwicklung im Ostblock erklärt. Dazu kommen noch nationale Besonderheiten wie etwa in den USA die Ideologie des »Selfmademan« oder in Frankreich und Großbritannien die Meinung, daß schon genügend Wirtschaftszweige verstaatlicht und weitere planerische Eingriffe für den gesamtwirtschaftlichen Ablauf nicht günstig seien.

Eine kurze Analyse des Planungsunvermögens in der Bundesrepublik Deutschland führt zu folgenden Ergebnissen:

1. Die Parteien haben sich zu *Volksparteien* entwickelt. Dabei wurden *ihre programmatischen Aussagen austauschbare Leerformeln,* über deren Inhalt sich kaum streiten läßt. Die eigentlichen Entscheidungen und damit die Konflikte geschehen bei der Konkretisierung politischer Absichten. Hier nun wirken die »*Sachverständigen*«, also die wissenschaftlich spezialisierten *Vertreter der »organisierten Interessen«.* Die *Gefahr des weiteren Abbaus demokratischer Kontrollen zugunsten der Durchsetzung technokratisch bestimmter Herrschaftsstrukturen* ist also gegeben. Anders als im 19. Jahrhundert steht der Staat nicht mehr einem gesellschaftlichen Ganzen gegenüber. Heute wird das soziale Leben von der sich immer mehr differenzierenden *Industriegesellschaft* bestimmt, deren wichtigstes Anliegen die *Steigerung*

des Sozialprodukts bei Erhaltung der Vollbeschäftigung ist. Um dieses Ziel durchzusetzen, bedarf es der staatlichen Hilfe, wie es sich etwa mit der Verabschiedung des Stabilitätsgesetzes gezeigt hat.

Dazu kommt die *bundesrepublikanische Besonderheit*, daß *zwei große Parteien* — die CDU/CSU und die SPD — *in der Wählergunst sehr eng beieinander* liegen, so daß beide fürchten müssen, durch eine zu progressive Politik oder durch ein Hintansetzen besonderer Gruppeninteressen bei den nächsten Wahlen geschlagen zu werden.

Die SPD, die sich mit dem 1959 durchgesetzten Programm von Bad Godesberg als parlamentarisch-demokratische Partei mit sozialliberalen Wirtschaftsvorstellungen und somit als echte Konkurrenzpartei der CDU/CSU ausweist, hat seit Übernahme der Regierungsverantwortung im Jahre 1969 mit zwei Problemen zu ringen. Einerseits zeigte es sich, daß die Partei es unterließ, die im Programm von Bad Godesberg entwickelten Grundsätze in ein konkretes, umfassendes und in sich schlüssiges Programm zur Bewältigung unmittelbarer und auch langfristiger Aufgaben umzusetzen, in dem Prioritäten und auch Finanzierungsmöglichkeiten festgelegt sind. Daher kommt die SPD nun als regierungstragende Partei mit der Realisierung der angekündigten inneren Reformen nicht recht weiter. Andererseits brach in der SPD unter dem Einfluß radikaler neomarxistischer Kräfte das als überholt angesehene Dilemma wieder auf: der ideologische Zwiespalt zwischen Staatsbejahung und Staatsverneinung sowie die in der Gesamtgesellschaft fehlenden Durchsetzungschancen einer Reformpolitik »für den kleinen Mann«. Ungeübt in theoretischen und programmatischen Auseinandersetzungen steht die SPD mitunter hilflos den radikalen Forderungen ihrer Jugendorganisation, der Jungsozialisten, gegenüber; in dieser Hilflosigkeit offenbart sich auch Unsicherheit gegenüber den Erkenntnissen und den Notwendigkeiten der naturwissenschaftlich technischen Revolution.

2. Das enge *Kopf-an-Kopf-Verhältnis der beiden Großparteien* verlangt ein äußerst vorsichtiges *Taktieren*, um keine Wählergruppe zu vergraulen, und führt häufig zur Untätigkeit. Hierzu kann *als Beispiel die Landwirtschaftspolitik* dienen. Trotz Schrumpfens seit 1950 ist die Landwirtschaft in der Bundesrepublik Deutschland *überbesetzt* (Anteil landwirtschaftlicher Arbeitskräfte an der erwerbstätigen Bevölkerung: 1950 etwa 24%, 1973 etwa 9%, am Ende der Entwicklung höchstens 5%). Man läßt die Dinge laufen und vertraut auf die *Faktoren Zeit und Glück*, mit denen sich die Landwirtschaft schon gesundschrumpfen werde. Dieser *Verzicht auf offene planerische Eingriffe* führt jedoch zu wachsenden sozialen Schwierigkeiten und politischen Spannungen. Würde jedoch eine Partei ein langfristiges *Programm zur Reduzierung der landwirtschaftlich tätigen Bevölkerung* vorlegen, so müßten *Wählerverluste* einkalkuliert werden. Der Bundeshaushalt 1973 enthielt 5,4 Mrd. DM an Hilfsgeldern für die Landwirtschaft, deren größter Teil Subventionen beinhaltete, nicht aber Strukturverbesserungsmaßnahmen diente.

3. Die *Auswahlkriterien* zur Übernahme politischer Verantwortung entsprechen kaum mehr den Notwendigkeiten unserer Zeit. Die Politik wird zumeist als eine *Chance für eine berufliche Karriere* angesehen, und man hat demgemäß wenig Neigung, diese Chance bei Wahlen innerhalb der Parteiorganisationen oder zu den Parlamenten dadurch zu verspielen, daß man sich weniger um die Befriedigung von Gruppeninteressen als um die gesamtpolitische Perspektive bemüht. Der Zwang zur Rücksichtnahme auf Gruppeninteressen hält viele sachlich orientierte Intellektuelle davon ab, sich um ein politisches Mandat zu bemühen; namentlich *für Intellektuelle aus dem naturwissenschaftlichtechnischen Bereich* sind die *Chancen für eine berufliche Karriere in der Politik immer noch gering.*

So bestätigte beispielsweise der ehemalige Vorsitzende des Bundestagsausschusses für Umweltfragen, der SPD-Bundestagsabgeordnete Professor Dr. Karl Bechert, dem Verfasser im Herbst 1970, daß der Bundestag über zu wenig Experten verfüge, um in der Frage der Umweltverschmutzung ausreichend aktiv werden zu können.

4. Wenngleich tradierte ethische Werte immer mehr abgebaut werden, gelang es bisher nicht, neue Werte zu finden, um auf ihnen eine neue *Gesellschaftstheorie mit Massenkonsensus* aufzubauen, die insbesondere futurologische Aspekte in die Betrachtung einbezieht und Beachtung in der Politik findet. Selbst innerhalb der Wissenschaft sind *futurologische Akzente noch schwach entwickelt.* So spielt zum Beispiel in den westlichen Industriestaaten die *Prognostik* in den Wirtschaftswissenschaften kaum eine Rolle.

5. Die organisatorischen Probleme werden immer vielfältiger und erreichen *bei weiterer Verschleppung einen immer höheren Grad an Komplexität.* Ihre Lösung verlangt daher zunächst einen immer größeren Bestand an verfügbaren Informationen, daneben aber auch einen immer größeren Aufwand an Geld, Material und Personal.
So hatte das Bundesministerium für Bildung und Wissenschaft eine sechsköpfige Heidelberger Studiengruppe für Systemforschung mit der Aufarbeitung der bisher vorliegenden Kenntnisse über die chemisch-toxikologischen Umweltverhältnisse beauftragt. Bald stellte sich jedoch heraus, daß die sechs Wissenschaftler hierzu nicht ausreichten, so daß weitere 150 Mitarbeiter — teilweise besondere Spezialisten — aus der gesamten Bundesrepublik Deutschland hinzugezogen werden mußten, um den gewünschten detaillierten Bericht erstellen zu können (111; S. 60).

6. Die *Rivalität einzelner Ministerien und Behörden* erhöht die Schwierigkeiten für eine gemeinsame Planung. Versuche, über das Bundeskanzleramt eine längerfristige Planung zu entwickeln, scheiterten bislang.
Zwar gibt es verschiedene längerfristig angelegte Entwicklungspläne — z.B. für Bundesfernstraßenbau, Bundeswehrbeschaffungen, regionale Struktur-

verbesserungen, den Bildungsgesamtplan — aber sie sind sachlich und zeitlich nicht aufeinander abgestimmt. Das ist zu wenig. Vielmehr gilt es, eine planerische Theorie und Praxis dahingehend zu entwickeln, daß unter Überwindung rivalisierender Ressortinteressen am regierungspolitischen Aufgabenrahmen bei laufender Überprüfung der Ergebnisse jederzeit Korrekturen möglich sind (157; S. 86).

7. Schließlich zeigten die wenigen größeren Planungsvorhaben der letzten Zeit, wie schwierig die Umsetzung von Regierungsabsichten in die Praxis ist, da die verschiedenen betroffenen Gruppen überzeugt werden müssen. Gerade die Vorgänge um den Bildungsgesamtplan und die schulreformerischen Maßnahmen auf Länderebene zeigen zur Genüge, wie schwer die Verwirklichung von größeren Planungsvorhaben ist, wenn die Datengrundlage unzureichend ist und eine *Vorabklärung gemeinsamer Zielsetzungen zwischen den verschiedenen Kräften unseres pluralistischen Systems* nicht stattgefunden hat.

Mag auch die rasche Überwindung der Rezession 1966—1968 das damals erwachte Verlangen nach mehr Planung wieder zurückgedrängt haben, so machte jedoch die im Herbst 1973 ausgebrochene Erdölkrise erschreckend deutlich, wie wenig man selbst auf dem Gebiete einer vorausschauenden Versorgungsplanung auf Veränderungen vorbereitet ist. Auch hier wurde der Mangel an sicheren Daten bzw. an Möglichkeiten zu deren schneller Beschaffung sichtbar.

Sicherlich ist die Feststellung zutreffend, daß sich etwa die *Bevölkerungsexplosion*, die *Umweltverschmutzung* oder die *Energiekrise nicht allein im nationalen Rahmen* lösen lassen. Dennoch sollten der *Ost-West-Gegensatz*, das *Nord-Süd-Gefälle*, die *Stagnation politischer Zusammenschlußabsichten* (EG) oder das *mangelnde Durchsetzungsvermögen der Vereinten Nationen* nicht als Entschuldigung dafür dienen, diese Probleme im nationalen Rahmen weiterhin unbeachtet liegen zu lassen.

Ein positives Beispiel in diesem Sinne ist Japan. Sein enormer wirtschaftlicher Aufschwung seit 1960 hing wesentlich von der Bereitschaft ab, ständig die Ergebnisse der modernen Technologie im industriellen Produktionsprozeß zu berücksichtigen. War man jedoch etwa bis 1970 nur an einer Steigerung des Bruttosozialproduktes interessiert, so hat man sich nunmehr nach negativen Erfahrungen darauf konzentriert, das Leben auch durch den Schutz der Umwelt lebenswerter zu machen, z.B. durch Umgestaltung der Wohnbereiche in Gartenlandschaften und ihre konsequente Trennung von Industriebereichen (89 und 94).

Die Entwicklung der Menschheit hat ein Stadium erreicht, das *vorausschauende Planung* verlangt. Schließlich sind *die materiellen Möglichkeiten begrenzt.* Man braucht dabei nicht nur an die Rohstoffsituation zu denken; Engpässe beeinträchtigen allenthalben die staatliche Handlungsfähigkeit, wie N. Konegen (108; S. 51) in Anlehnung an die Vorstellungen von G. Wittkämper (171) aufgezeigt hat. Demnach werden die volkswirtschaftlichen Leistungen durch folgende Faktoren bestimmt:

(a) innenwirtschaftlich:
Zahl und Qualifikation der vorhandenen Arbeitskräfte
Kapitalausnutzung
Bodenausnutzung
außenwirtschaftlicher Leistungsaustausch
technischer und organisatorischer Fortschritt

(b) außenwirtschaftlich:
Währungssystem
Stand weltwirtschaftlicher Zusammenarbeit

(c) strukturell:
Industriepolitik
Energiepolitik
Landwirtschaftspolitik
Wohnungs- und Städtebaupolitik

(d) infrastrukturell:
Informationswesen
Bildung
Forschung
Gesundheitswesen
Verkehrswesen

Wirtschafts- und gesellschaftspolitische Entscheidungen können *nur noch langfristig* getroffen werden. Die Wissenschaft weiß das, wie ein Symposium von OECD-Fachleuten in Bellagio 1968 verdeutlichte. Dabei wurde herausgestellt, daß Planung bereits ganz unten anzusetzen habe, um *möglichst viele Menschen am Entwurf wie an der Ausführung zu beteiligen* (63; S. 386). Da sich die Politiker kurzfristig auf eine Legislaturperiode bzw. die nächste Wahl orientieren, Planung in unserer Zeit jedoch größere Zeiträume verlangt, wird zukünftig die Planung weniger von den gewählten politischen Führern ausgehen, sondern es wird zu einer weiteren *Machtsteigerung der Exekutive* kommen.

Die Verminderung des Einflusses der Parlamente wird in der Literatur immer mehr hervorgehoben. Die Gründe hierfür werden zwar unterschiedlich beurteilt, größere Einigkeit besteht jedoch in der Auffassung, daß die Exekutive in der Verbindung von Ministerial- und Verbandsbürokratie immer weniger kontrolliert wird.

Es besteht ein *Machtvakuum* an der Stelle, von der aus die technologische und damit die gesellschaftliche Struktur der Zukunft gestaltet wird. Es ist daher von Bedeutung, wer dieses Vakuum ausfüllen wird; wahrscheinlich werden es zunehmend die wissenschaftlichen Spezialisten sein. Die institutionalisierte Einbeziehung der wissenschaftlichen Spezialisten in die Entscheidungsfindung bei Aufrechterhaltung demokratischer Kontrollmöglichkeiten wird eine der wichtigsten politischen Aufgaben der Zukunft sein.

Entscheidende *Voraussetzung besserer Planungen* ist jedoch die *Bereitstellung ausreichender Datenmengen*. Denn man darf nicht übersehen, daß die Größe der Aufgaben eine immer *genauere quantitative Beurteilung* erfordert, so daß von hier aus immer weitere Planungen notwendig werden; man spricht daher in diesem Zusammenhang von einer *Kettenreaktion der Planungen*.

Als weitere Voraussetzungen besserer Planungen fordert K. Steinbuch (149; S. 121):

»... Entfeinerung der Normen unseres Zusammenlebens, Rationalisierung der Gesetze und Verordnungen und Einsatz von Informationssystemen in der Verwaltung, um deren größere Kapazität zur Individualisierung der Entscheidungen auszunutzen.«

Im selben Zusammenhang äußert K. Steinbuch jedoch auch warnende Bedenken:

»Aber alle derartigen Überlegungen sind müßig, wenn keine Klarheit oder wenigstens teilweise Übereinstimmung in den Zielen besteht und die Gesellschaft sich in vielfacher gegenseitiger Diffamierung um die Lösung ihrer Probleme betrügt.«

2.1.4 Sozialwissenschaften und Kybernetik

Von jeher beschäftigten sich die Sozialwissenschaften und — mit Einschränkungen — auch die Wirtschaftswissenschaften damit, *Aussagen über Zukunftsentwicklungen* zu machen. Dazu wurden verschiedene Methoden entwickelt. Besonders bekannt ist die *Marktforschung*, die in unserer hochdifferenzierten und -spezialisierten Wirtschaft unerläßlich ist. In der Politik hat die *Demoskopie* letztlich dazu geführt, daß sich Entscheidungen der Regierungen und Parteien nach den ermittelten Wünschen von Wählergruppen richten.

Insbesondere mit folgenden *Methoden* versucht man, Zukunftsvoraussagen zu machen:

1. Durch *historischen Analogieschluß*.
2. Durch *Extrapolation*, das heißt durch Ausdehnung einer mathematischen Beziehung oder Meßreihe über den zeitlichen oder räumlichen Beobachtungsbereich hinaus, in dem sie ursprünglich gefunden wurden (*Trendprognosen*).
3. Durch die *Delphi-Methode*, das heißt durch Schlußfolgerungen aus dem von Fachleuten zusammengetragenen *Erfahrungsvorrat der Menschheit*.

4. Durch die »*Cross-Impact-Methode*«, das heißt durch den *Vergleich verschiedener Trends* und die Untersuchung von deren wechselseitigen Abhängigkeiten und Beeinflussungen.
5. Durch die »*Brain-Storming*«-*Methode*, das heißt durch die wiederholt umlaufende und *schrittweise korrigierende Diskussion* von Zukunftsvoraussagen unter den verschiedenen Aspekten *aller beteiligten Wissenschaftsdisziplinen.*

Sichere Zukunftsvoraussagen vermag keine dieser Methoden zu leisten. Wohl aber möglich ist nach K. Steinbuch (149; S. 130):
1. Klärung unübersichtlicher Zusammenhänge,
2. Strukturierung des Denkens,
3. Förderung interdisziplinärer Zusammenarbeit,
4. Anregung zu kreativem Denken,
5. Offenlegung unbewiesener Annahmen und Vorurteile,

In vorliegendem Zusammenhang ist besonders die *Extrapolation* interessant. Der Computer kann die auf Extrapolation beruhende Prognose wesentlich verfeinern, da große Datenmengen in kurzer Zeit verarbeitet werden können, die er zugleich besser als der menschliche Intellekt in übersichtliche Zusammenhänge zu stellen vermag. Dadurch kann auch eine Extrapolation *auf der Grundlage vieler Faktoren* vorgenommen werden.

Hierzu gibt O. Jursa (99; S. 209) ein Beispiel: »In einer Bahnhofshalle stehen vor den Fahrkartenschaltern Menschenschlangen. Man schließt sich selbst der kürzesten Schlange an, muß jedoch nach einiger Zeit erkennen, daß ausgerechnet diese Schlange überhaupt nicht vorrückt, weil ein Fahrgast eine besonders komplizierte Reise vorhat, die den Schalterbeamten zu zeitraubenden Nachschlagearbeiten nötigt. Ein Computer würde sich anders verhalten: er hätte nicht nur die Menschen in jeder Schlange abgezählt, sondern zugleich auch die Zeit der jeweiligen Fahrkartenausstellung bei jedem einzelnen mitberücksichtigt.«

Die Überlegenheit des Computers für eine rationale Zukunftsgestaltung besteht nach R. Jungk (Zitat in 72; S. 131) darin:
1. Die *in mathematischen Modellen formulierten Bestandsaufnahmen der Gegenwart* können mit Hilfe des Computers *dynamisch* verwendet werden, das heißt man kann verschiedene, nicht feststehende, *variable Entwicklungsmöglichkeiten* und Entwicklungsgeschwindigkeiten *rechnerisch simulieren* und unter verschiedenen Bedingungen durchspielen.
2. Es ist in viel höherem Grade als früher möglich, die Abhängigkeit der einzelnen Faktoren voneinander und ihren Einfluß aufeinander festzustellen.
3. Es können in ein solches Modell als ein »*offenes System*« ständig neue Fakten — seien es neue soziale oder politische Entwicklungen, wis-

senschaftliche Erkenntnisse oder technische Erfindungen — aufgenommen werden. Die *Prognosen*, die aus dem Computer herauskommen, werden also niemals als »fertig« angesehen, sondern als *ständig in Entwicklung:* sie sind soweit wie möglich, soweit es nämlich erfahrbares Wissen gibt, »*up to date*«. Zu diesen laufend einströmenden Fakten gehören auch *die verändernden Wirkungen früherer Prognosen.* Denn Voraussagen, wie etwa die heutzutage oft gehörten Extrapolationen über die Vermehrung der Erdbevölkerung, der Automobile, des rasenden Verbrauchs von Rohstoffen und anderem mehr, üben selbstverständlich einen Einfluß aus, der die ursprünglichen Voraussagen ungenau macht *(self-fulfilling prophecies; self-preventing prophecies).* Auch dieser verändernde Einfluß wird nun wieder in die neuen Prognosen aufgenommen.

4. Es können in derartige faktenreiche Modelle außer den schon bekannten, auf verifizierbaren Fakten beruhenden Variablen noch andere *hypothetische, erfundene Variablen* eingeführt werden. Man kann also auch die *Wirkung von zunächst nur vermuteten späteren Entwicklungen* festzustellen versuchen.

Die Erkenntnis, daß in den verschiedenen Wissenschaftsgebieten wie Physiologie, Psychologie, Soziologie und Wirtschaftswissenschaften viele Regelkreise wirksam sind, die zudem in Verbindung untereinander stehen, und die wachsende Sorge und Unruhe wegen der Menschheitsentwicklung sowie der Verlauf der naturwissenschaftlich-technischen Revolution verlangen eine *generelle Zusammenfassung der verschiedenen Wissenschaftsdisziplinen*, um rationale Zukunftsplanung vornehmen zu können. Schon N. Wiener hatte die Vorstellung, Strukturen der einzelnen Wissenschaftsgebiete durch Rückkopplung und Regelung über den Computer untereinander auszutauschen.

Die *Anwendung der Kybernetik* bietet sich *im soziologischen und politologischen Bereich* an, um Strukturen und Funktionen in komplexen Systemen, insbesondere in ihren Beziehungen zur Umwelt, zu untersuchen. Gerade die *Grundelemente der Kybernetik, Information und Regelung*, mußten reizen, auch im gesellschaftlichen und politischen Bereich Kommunikations- und Regelungsprozesse zu untersuchen.

Auch ein *Gesellschaftssystem* besteht aus verschiedenartigen *Strukturen und Funktionen*, deren Beziehungen untereinander *komplex* sind, und da es auf *Selbsterhaltung* bedacht ist, muß es *Anpassungs- und Reaktionsfähigkeit* praktizieren. Da es hierzu qualitativ wie quantitativ von der Informationsstruktur abhängt, bilden *Kommunikation und Kontrolle* wichtige Untersuchungsgegenstände (122; Band 1; S. 99).

Auch im gesellschaftlichen Bereich erkennt G. Heyder (43; S. 99) vier *kybernetische Instanzen*:

1. **Die Kapitänsinstanz,** die Ziele setzt. In der politischen Kybernetik entspricht ihr die Entscheidung über den Sollwert.
2. **Die Lotseninstanz.** Hier werden durch rationale Planung die optimalen Wege gesucht, auf denen das Ziel zu erreichen ist. Ihr entsprechen die Stabsstellen, in denen methodisch offene Informationen gesammelt und zu Plänen umgewandelt werden.
3. **Die Steuermannsinstanz.** Ihr obliegt es, die Einhaltung des Kurses zu überwachen und bei Störungen regelnd einzugreifen. Das entspricht der Aufgabe der Abteilungsleitungen, von denen die Entscheidungen der Sachbearbeiter kontrolliert und bei Störungen eigene zusätzliche Informationen gesammelt und zu Plänen umgewandelt werden.
4. **Die Ruderinstanz,** in der nach gegebenen »Programmen« Daten in Entscheidungen umgewandelt werden; darunter ist die Tätigkeit der Sachbearbeiter zu verstehen.

Die Gesellschaft befindet sich in ständiger Auseinandersetzung mit Einflüssen aus ihrer Umwelt und versucht, eine *systeminterne Stabilisierung* zu erreichen. Eine kybernetische Gesellschaftsanalyse untersucht mögliche *Konfliktsituationen*, sie deckt Widersprüche und Herrschaftsverschleierungen auf. Dadurch können eventuell gewaltsame Störungen — *Revolutionen* oder *Kriege* — vermieden werden. *Sozialkybernetik* ist also nicht nur die Analyse bloßer Steuerungsvorgänge, sondern sie *ermöglicht Konfliktregulierungen*. Der Brückenschlag von der Kybernetik zu den Gesellschaftswissenschaften geschieht mit Hilfe der Übersetzung technischer Muster in psychologische, soziologische oder politologische Theoreme. In diesem Zusammenhang ist hervorzuheben, daß es sich bei den hochentwickelten Industriestaaten unserer Zeit in ökologischer, ökonomischer und gesellschaftlicher Hinsicht um äußerst *komplexe Systeme* handelt, in denen *Varietät* (Anzahl), *Konnektivität* (Beziehungsreichtum) und *Variabilität* (Beziehungsanordnung) der Elemente den *Grad der Komplexität* bestimmen.

So besteht beispielsweise das politische System der Bundesrepublik Deutschland infolge föderativer Verfassung und pluralistischer Gesellschaftsordnung aus zahlreichen Elementen wie administrativen Instanzen, Kirchen, Parteien, Interessenverbänden und sozialen Gruppierungen (Varietät), die durch personale und sachliche Querverbindungen miteinander verknüpft sind (Konnektivität) und — auch machtpolitisch — in unterschiedlichen Beziehungen zueinander stehen (Variabilität).

Die hochentwickelten Industriestaaten sind außerdem *offene Systeme* wegen ihrer starken außenwirtschaftlichen und bündnispolitischen Verflechtungen; sie sind schließlich *dynamische Systeme*, zum Beispiel durch den ständigen technologischen Fortschritt oder durch das Auftreten immer neuer Probleme etwa in Bildungswesen, Gesundheitswesen und Umweltschutz. Hieraus ergeben sich immer kompliziertere Regierungs- und Verwaltungsmechanismen sowie der Zwang zur Bereitstellung immer breiterer qualitativer und quantitativer Informationsgrundlagen.

2.1 Die naturwissenschaftlich-technische Revolution

Wichtig für die *politische Entscheidungsfindung* in den hochentwickelten Industriestaaten sind die *Systemtheorie* und die *Systemanalyse* — in den USA bekannt unter der zusammenfassenden Bezeichnung »*General System Theory*« (GST).

Bei der *Systemtheorie* handelt es sich um den Versuch, die aus historischen Gründen unterschiedlichen Methodologien und Terminologien aller an kybernetischen Fragestellungen interessierten Fachwissenschaften *auf deren mathematisch-quantitative Aussagekraft zu reduzieren* und zu einer *Theorie von universeller Gültigkeit und Anwendbarkeit* zusammenzufassen. Ursprünglich zweifellos eine Reaktion auf die fortschreitende Verselbständigung der Fachwissenschaften, erhält die Systemtheorie für die politische Entscheidungsfindung also insofern große Bedeutung, als sie dem mit planerischen Aufgaben befaßten Politiker aus den für ihn wesentlichen, aber ihm nicht vertrauten Fachwissenschaften kommensurable und somit operationalisierbare Informationen zu liefern vermag.

Die *Systemanalyse* als kybernetisch-abstrahierende Methodik befähigt also den Politiker, im realpolitischen Geschehen durch Vergleich — wenn auch nur im Bereich der Wahrscheinlichkeit — Kausalbeziehungen zu erkennen, sie in mathematischen Beziehungen zu formulieren und auf diese Weise, *wenn auch nicht zu optimalen Entscheidungen, so doch zu einer besseren Berücksichtigung der gesamtpolitischen Zusammenhänge* zu gelangen.

Die Besonderheit kybernetischer Systeme sieht W.-D. Narr (122; Band 1; S. 101) darin:

»Im Unterschied zu linearen Ursache-Ziel-Zusammenhängen besteht das erste Prinzip jedes auch nur rudimentären kybernetischen Systems in der Kreiskausalität; Ergebnisse folgen nicht in direkter Linie den Zielen und bilden selbst neue Ursachen, sondern sie wirken zurück auf die Ausgangsbedingungen. So sind also die Wirkungen gewissermaßen zurückgebogen auf die Ursachen und wirken ihrerseits ursächlich auf deren »Zustand« ein... Das Rückkopplungsprinzip dient von den entwickelteren Maschinen bis zu gesellschaftlichen Phänomenen dazu, die Stabilität des jeweiligen Systems zu erhalten bzw. herzustellen. Die Anpassungskapazität der Systeme wird durch ihre verschiedenen Rückkopplungsmechanismen bedingt, die wiederum mit der Komplexität des Systems zusammenhängen. Von der einfachen Automatik des Rückkopplungsvorganges — ein ganz bestimmter Sollwert wird unterschritten und nun setzt eine kompensatorische Reaktion ein — bis zur Fähigkeit der Systeme, die Rückkopplung zur Veränderung ihres Sollwertes zu verwenden, reicht die Skala.«

Die *Systemanalyse* ermöglicht also die *ständige Vorausschau auf sich ändernde Möglichkeiten und Bedürfnisse*; dazu sagt N. Calder (63; S. 206):

»Die Systemanalyse ist eine wichtige Denkhilfe. Sie gelangt heute bis in die Spitzen der Regierung und erarbeitet Modelle für den immer größer werdenden

Bereich der menschlichen Tätigkeiten. Politiker sollten — wenn sie nicht eines Tages feststellen wollen, daß sie, ohne es zu wissen, zugunsten der Analytiker und ihrer Computer abgedankt haben — vor allem drei Punkte beachten:

1. Die Systemanalyse ist noch keine richtige Wissenschaft; sie ist eine neue, spekulative Regierungskunst. Die Modelle der Systemanalytiker sind Theorien — und überdies vereinfachte Theorien. Es mag sein, daß eine wohlhabende Nation die Systemanalyse in bestimmten Breichen zur experimentellen Wissenschaft ausbauen kann; sie kann z.B. neue Krankenhäuser oder neue Städte nach verschiedenen Konzeptionen bauen und sie dann miteinander vergleichen. Doch das ist eine Sache der Zukunft.

2. Die Systemanalyse kann einen starken Druck zugunsten gesellschaftlicher Konformität ausüben. Je umfassender man plant und je mehr optimalisiert wird, um so größer scheint die Autorität der Analytiker; um so größer ist der Bereich, in dem den Staatsbürgern gesagt wird, was sie tun sollen oder müssen; um so stärker ist auch die Versuchung, Abweichungen vom vorhergesagten Verhalten als »antisozial« anzusehen.

3. Die Systemanalyse hat erst vor kurzem begonnen, sich mit den allgemeinen menschlichen Bedürfnissen, Dringlichkeitsordnungen, Werten und Meinungen zu befassen. Vielmehr geht sie bei diesen Gegebenheiten von großzügigen Annahmen aus. Häufig fehlen auch Informationen über grundlegende »Sozialindikatoren« wie Fertigkeiten, Kenntnisse und Gesundheit der Bevölkerung, ihre Interessen und die Beschaffenheit ihrer Umwelt. Hier sollte sich die Lage allmählich verbessern, wenn sich die Sozialwissenschaften weiterentwickeln und zudem den Regierungsstatistiken elektronische Datenspeicher von großem Fassungsvermögen verfügbar werden.«

Die gesellschaftlichen Phänomene in berechenbare Größen zu zerlegen, wird ein schwieriges Unterfangen bleiben (63; S.207). *Daher sollten auch die Möglichkeiten der Kybernetik nicht überschätzt werden.* Sie hängen ohnehin von der technologischen Entwicklung ab. Zahlreiche Probleme von hoher Komplexität entziehen sich noch einer kybernetischen Untersuchung. Die bisherigen Computer sind nicht in der Lage, eine hohe und komplexe Informationsquantität zu verarbeiten. Allerdings ist schon jetzt die Gefahr gegeben, daß die Kybernetik als wissenschaftliche *Modeerscheinung* praktiziert und kybernetische Modelle zur Erklärung aller Vorgänge strapaziert werden. Es besteht die Gefahr, daß man soziale Implikationen übersieht, statt dessen den Computer zum Maß aller Dinge macht und nur das als vernünftig anerkennt, was der Computer nachvollziehen kann. So mahnte schon N. Wiener (170; S. 97):

»Nein, die Zukunft enthält wenig Hoffnung für die, die erwarten, daß unsere neuen mechanischen Sklaven uns eine Welt anbieten, in der wir uns vom Denken ausruhen können. Sie mögen uns helfen, aber auf Kosten höchster Anforderungen an unsere Aufrichtigkeit und Intelligenz. Die Welt der Zukunft wird ein mehr und mehr aufreibender Kampf gegen die Beschränkungen unseres Verstandes sein, keine bequeme Hängematte, in die wir uns legen können, um von unseren Robotersklaven bedient zu werden.«

Eine *kybernetische Anthropologie*, die menschliches Denken und Handeln auf die Wirkung von Informationen zurückführt, fehlt bislang. Wenn man davon ausgeht, daß das menschliche Gehirn überfordert ist, die komplexen Probleme der Ökologie, der Ökonomie und der Technik zu erfassen, andererseits aber die Notwendigkeit immer deutlicher wird, die *Wirtschaft als ein weltweit verflochtenes Netz* von Beziehungen zwischen privaten Firmen, nationalen und internationalen Unternehmen und Staaten aufzufassen, dann kann man nur an einer ständigen *Verfeinerung der Systemtheorie* interessiert sein.

Die Systemanalyse, die erst durch den Computer praktisch möglich geworden ist, orientiert sich allerdings allein an den menschlichen Vorstellungen, die zur Bewältigung der Zukunft entwickelt wurden. Das setzt aber voraus, daß es auch zu einer *Optimierung der geistigen Kapazität* kommt, um unter Ausnutzung der technischen Effizienz zu weiterer Kreativität zu gelangen. Schon bildet sich hierzu ein neuer Beruf heraus: der *System-Ingenieur*.

Gleichzeitig zeichnet sich die Durchsetzung eines neuen Wirtschaftsbereiches ab, der nicht mehr vom *tertiären Sektor*, dem *Dienstleistungsgewerbe*, erfaßt werden kann. Die *Industrialisierung der Entscheidungshilfen für eine rationale Organisation* von Forschung, Wirtschaft und Verwaltung weist auf einen neuen Wirtschaftsbereich hin, den sogenannten *quartären Sektor*.

H. Gross (87; S. 32) kennzeichnet diese neue Entwicklung so:

»Systemdenken bringt die Synthese von Hardware und Software und führt hin bis zur Verselbständigung der Software, also der Beratung und der optimalen Problemlösung zu eigener wirtschaftlicher Tätigkeit.«

Verständnisfragen zu Kapitel 2.1

2.1.1 Wodurch unterscheiden sich Industrielle Revolution und Naturwissenschaftlich-technische Revolution?
2.1.2 Welche Merkmale kennzeichnen das Technische Zeitalter?
2.1.3 Worin liegt die Bedeutung von elektronischer Datenverarbeitung und Computer?
2.1.4 Welche Gefahren kennzeichnen die gegenwärtige Lage der Menschheit?
2.1.5 Welche Schwierigkeiten behindern in den westlichen Demokratien die Durchführung staatlicher Planung?
2.1.6 Welche Beziehungen gibt es zwischen Sozialwissenschaften und Kybernetik?
2.1.7 Welche Methoden der Zukunftsprognostik gibt es?
2.1.8 Welche Möglichkeiten bietet der Computer in der Zukunftsplanung?
2.1.9 Welche Möglichkeiten bietet die Kybernetik zur Gesellschaftsanalyse?
2.1.10 Was ist Systemanalyse?

2.2 Zukunftsaussichten der Menschheit

2.2.1 Ergebnisse einer Systemanalyse

Angeregt durch den *Club of Rome* — einen Zusammenschluß von Zukunftsforschern — und finanziert von der Stiftung Volkswagenwerk, untersuchten siebzehn Wissenschaftler — darunter drei Deutsche — unter der Führung von Dennis Meadows am Massachusetts Institute of Technology (MIT) in anderthalbjähriger *Systemanalyse* mit Computern die *Zukunft der Menschheit* (119). Neunzig verschiedene Parameter zur globalen Entwicklung der Menschheit, insbesondere zur Bevölkerungszunahme, zur Nahrungsmittelproduktion, zur Industrie, zum Rohstoffverbrauch und zur Umweltbelastung wurden aufgestellt und deren Entwicklung unter Einschluß verschiedener Rückkopplungseffekte bis zum Jahr 2100 hochgerechnet; dabei gelangte man zu folgenden Ergebnissen:

1. Wenn die *Erdbevölkerung* und die *Industriekapazität* wachsen, nimmt der *Rohstoffbedarf* immer schneller zu.
2. Die *Ausbeutung der Rohstoffquellen* wird immer kostspieliger, so daß weitere *Wachstumsinvestitionen* mehr Geld verlangen.
3. Die *Wertminderung der Produktionsstätten* übersteigt die *Investitionsmöglichkeiten;* damit bricht die Industrie zusammen und mit ihr die Landwirtschaft und der Dienstleistungsbereich.
4. *Mangel an Nahrungsmitteln und ärztlicher Versorgung* führen zum *Rückgang der Erdbevölkerung.*

Damit würde bis zum Jahre 2100 auch ohne Atomkrieg eine *Menschheitskatastrophe* eintreten. Um diesem Schicksal zu entgehen, stellte die MIT-Studie folgende Minimalforderungen auf:

1. Die *Erdbevölkerung darf kaum noch wachsen.*
2. Die *Industriekapazität darf nicht mehr wesentlich ansteigen* und muß zudem *gleichmäßig über den Erdball* verteilt werden.
3. Bei *Produktionsüberschuß* ist die *Konsumgüterindustrie* zu stärken.
4. Die Verbesserung der technischen Möglichkeiten muß zur *Reduzierung des Rohstoffverbrauchs* auf ein Viertel des heutigen Bedarfs führen.
5. Die Durchsetzung der *Zweikinderfamilie.*
6. Die Produktion von dauerhafteren Industriegütern, wodurch die *Industriekapazität wertbeständiger* wird.
7. *Gerechtere Verteilung der Nahrungsmittel.*

Die MIT-Untersuchung kommt zu dem Fazit, daß eine Erfüllung dieser Forderungen die Lage der Menschen in Nordamerika und Westeuropa keineswegs verschlechtern würde.

Folgende Diagramme sollen diese Ergebnisse verdeutlichen (Abb. 2.2/1a–h).

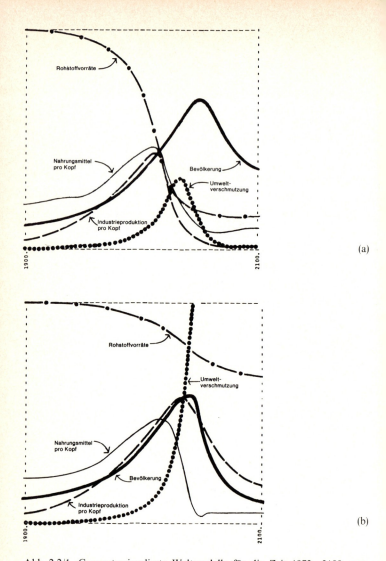

Abb. 2.2/1. Computersimulierte Weltmodelle für die Zeit 1972—2100, ausgehend von den Gegebenheiten in der Zeit 1900—1972 (nach D. Meadows u. a. 1972 (119)). Relative Bewegung von Bevölkerung, Nahrungsmittelproduktion, Rohstoffvorräten, Industrieproduktion und Umweltverschmutzung: (a) bei gleichbleibenden wirtschafts- und gesellschaftspolitischen Entwicklungstendenzen; (b) bei verbesserter Nutzung vorhandener und Erschließung neuer Rohstoffvorräte mit Hilfe der Kernenergie

(c)

(d)

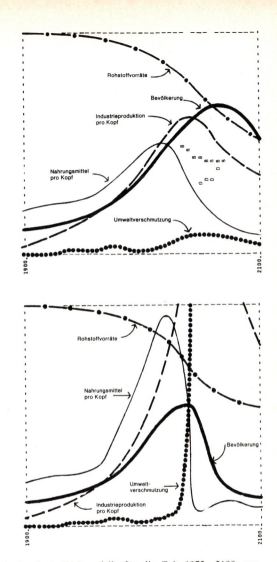

Abb. 2.2/1. Computersimulierte Weltmodelle für die Zeit 1972—2100, ausgehend von den Gegebenheiten in der Zeit 1900—1972 (nach D. Meadows u. a. 1972 (119)). Relative Bewegung von Bevölkerung, Nahrungsmittelproduktion, Rohstoffvorräten, Industrieproduktion und Umweltverschmutzung: (c) bei idealer Nutzung und Wiederverwendung der Rohstoffe und perfekter Kontrolle der Umweltverschmutzung; (d) bei gesicherter Rohstoffbasis, erhöhter Industrieproduktion und erhöhter Nahrungsmittelproduktion

2.2 *Zukunftsaussichten der Menschheit*

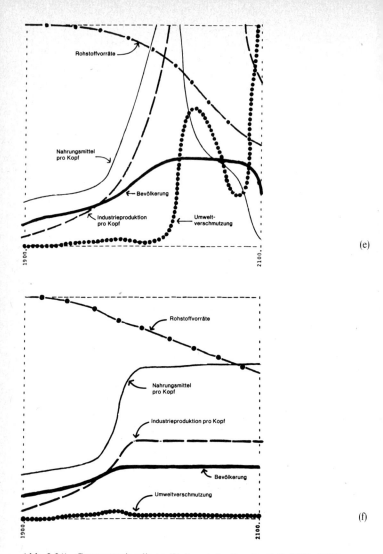

(e)

(f)

Abb. 2.2/1. Computersimulierte Weltmodelle für die Zeit 1972—2100, ausgehend von den Gegebenheiten der Zeit 1900—1972 (nach D. Meadows u.a. 1972 (119)). Relative Bewegung von Bevölkerung, Nahrungsmittelproduktion, Rohstoffvorräten, Industrieproduktion und Umweltverschmutzung: (e) bei gesicherter Rohstoffbasis, erhöhter Industrieproduktion und perfekter Geburtenkontrolle etwa ab 2000; (f) bei Stabilisierung der Bevölkerung ab 1975 und perfekter Kontrolle der Umweltverschmutzung

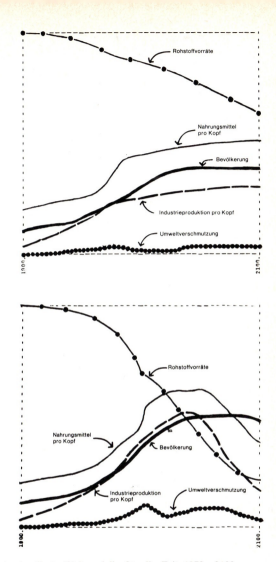

Abb. 2.2/1. Computersimulierte Weltmodelle für die Zeit 1972—2100, ausgehend von den Gegebenheiten der Zeit 1900—1972 (nach D. Meadows u. a. 1972 (119)). Relative Bewegung von Bevölkerung, Nahrungsmittelproduktion, Rohstoffvorräten, Industrieproduktion und Umweltverschmutzung: (g) bei Stabilisierung der Industrieproduktion ab 1975 und perfekter Kontrolle der Umweltverschmutzung; (h) unter der Voraussetzung, daß mit allen genannten stabilisierenden Maßnahmen erst ab 2000 begonnen wird

2.2 *Zukunftsaussichten der Menschheit* 113

Somit hat die MIT-Untersuchung auf dem Wege der Systemanalyse die Vermutung vieler Futurologen bestätigt, wonach ein unkontrolliertes Laufenlassen der Entwicklung unweigerlich zur Katastrophe führen muß. Es ist deutlich geworden, daß die Erde eine endliche Größe hat. Es wäre freilich falsch, aufgrund der MIT-Untersuchung einen baldigen Untergang der Menschheit zu prophezeien. Die zur Erstellung eines Weltmodells notwendigen Vereinfachungen lassen manches unberücksichtigt, z.B. rationellere Produktionsweisen, Ersetzung knapper durch weniger knappe Rohstoffe, Konsumenthaltung, gesetzgeberische Einwirkungen, Veränderungen von Denkgewohnheiten.

Die bundesweite Resonanz auf den Hanauer Giftmüllskandal im Sommer 1973 — ein Unternehmer hatte entgegen den Vorschriften giftigen Industriemüll teilweise mit Wissen von Behörden in Mülldeponien abgelagert — zeigt eine Veränderung von Denkgewohnheiten. Immerhin mußte der hessische Umweltminister zurücktreten, ein in Deutschland recht seltener Vorgang. Auch kommt es immer häufiger zu Bevölkerungsprotesten gegen die Ansiedlung von rauchintensiven Industrien oder von Atomkraftwerken sowie die Anlage lärmintensiver Einrichtungen wie Flugplätze. Diesen Protesten stehen sehr oft politische Interessen gegenüber: Vermehrung von Arbeitsplätzen und Erhöhung der Gewerbesteuereinnahmen. Immerhin gewinnen bei der endgültigen Entscheidungsfindung zunehmend wissenschaftliche Gutachten Gewicht.

Die Warnungen des Club of Rome, wie sie in der MIT-Untersuchung ihren wichtigsten Niederschlag gefunden haben, sind eine Gegenposition zum »Kult der ökonomischen Wachstumsraten«; sie gehören jedoch nicht zur futurologischen »Kassandra-Literatur«. Wir werden weiterhin wirtschaftliches Wachstum anstreben müssen, um Geld zur Wiederherstellung gesunder ökologischer Verhältnisse zu erhalten. Wahrscheinlich werden Umweltsäuberung, intensivere Landschaftspflege, Verbesserungen im Gesundheits- und Bildungswesen, Stadtkernsanierungen und die Überwindung des Verkehrschaos noch einige Jahrzehnte lang jährliche wirtschaftliche Zuwachsraten von etwa 4% verlangen. Nichtsdestoweniger handelt es sich bei diesen Warnungen um eine Aufforderung an die Menschen, sich rechtzeitig um die Wiederherstellung gesunder ökologischer und ökonomischer Verhältnisse zu bemühen. Vor allen Dingen werden wir uns bemühen müssen, die Möglichkeiten zur Wiederverwendung von Abfällen stärker auszunutzen. Die Abbildungen 2.2/2 und 2.2/3 sollen dieses Problem verdeutlichen.

Natürlich hat die MIT-Untersuchung sehr schnell Kritik erfahren (126 und 128). Die Warnungen wurden zwar nicht grundsätzlich in Frage gestellt; allerdings bemängelte man, daß das zugrunde liegende Modell weder theoretisch noch empirisch genügend begründet wurde. S. Harbordt sagt hierzu (93; S, 302):

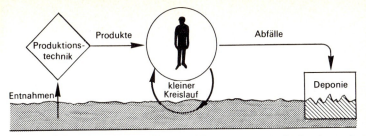

Abb. 2.2/2. Der offene Materialkreislauf der gegenwärtigen Industrie (nach K. Steinbuch 1973 (●●●))

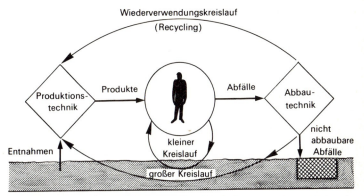

Abb. 2.2/3. Der geschlossene Materialkreislauf der zukünftigen Industrie (nach K. Steinbuch 1973 (●●●))

»In diesem Fall zeigte sich sehr deutlich, wie Aussagen, die aus einem »exakten«, »mathematischen« Modell abgeleitet sind und durch eindrucksvolle, computergezeichnete Kurven illustriert werden, der kritischen Nachprüfung (noch) weitgehend enthoben sind. Aus erklärlichen Gründen stellte niemand die simple, aber unerläßliche Bedingung, vor einem Urteil über die Glaubwürdigkeit der Ergebnisse sich erst das Modell ansehen zu wollen. Diese Forderung hätte zu einer massiven Kritik an der Art der Veröffentlichung führen müssen; denn der Bericht präsentiert die Modellergebnisse, ohne auch nur eine Gleichung des Modells zu beschreiben.«

Es mag sein, daß Wissenschaftsgläubigkeit oder Computerfaszination in einer laienhaften Öffentlichkeit die Aufmerksamkeit für die MIT-Untersuchung entscheidend beeinflußt hat; wichtig ist jedoch die Ansicht von einem der Mitarbeiter, E. Pestel (Zitat in 126; S. 280):

»Alle Kritik kann nicht aus der Welt schaffen, daß die Studie einen gewaltigen Denkanstoß gegeben hat, wie bisher noch niemand; sie hat bewirkt, daß sich

Millionen von Menschen in aller Welt darüber Gedanken machen, wie sie dazu beitragen können, durch ihr Verhalten die sich immer gefährlicher entwikkelnde Menschheitskrise zu überwinden. Sicherlich ist die Studie nicht der Weisheit letzter Schluß, sondern nur ein erster Schritt in Richtung auf eine quantitative Erfassung unserer gegenwärtigen Menschheitsproblematik.«

Proteste gegen die MIT-Untersuchung gab es besonders aus den armen Teilen der Welt, wo man fürchtet, daß hier die Industrienationen ihre neokolonialistischen Interessen wahrnehmen wollen.

Für die gegenwärtige Systemopposition gilt es als ausgemacht, daß der Kapitalismus auch durch diese Veröffentlichung versucht, von den Klassengegensätzen abzulenken. Hierzu als Beispiel das Urteil von H. von Nußbaum (126; S. 325):

»Dies ist die Botschaft der »Grenzen des Wachstums« an die Welt: Das kapitalistische Wirtschaftssystem, das uns den Markt als ein sich selbst regulierendes Wunderwerk der Lebensversorgung »verkaufen« wollte, gesteht bzw. behauptet, die von seiner Weltordnung der Dinge angerichteten Schäden und schon voraussehbaren weiteren Folgekatastrophen nicht mehr bewältigen zu können. Plötzlich übersteigt seine technologische Erfindungsgabe und finanzielle Kraft, was uns gestern noch als Verdienst um Freiheit und Wohlstand aufgedrängt wurde.
Verkennen wir nicht: Alle nunmehr als unerträgliche Belastung eingestuften Größen des Erdsystems, auch und gerade die Bevölkerungsexplosion, auch Calcutta, New York, Neapel und Tokyo, sind abhängige Veränderliche. Sie wurden von eben dieser Ordnung der Welt als »Weltmarkt« geschaffen — das erklärt einzig ihr »urplötzliches« Auftauchen inmitten von so viel Fortschritt zum Wohlstand. Es sind die sozialen Folgelasten der Milliardenakkumulation, die nun vergemeinschaftet werden, so wie sie in kleinerem Maßstab, nicht erst bei Bankrotten, schon immer »über«gewälzt wurden ...
Was die Herren humanistischen Auftraggeber uns durch ihre MIT-Anwälte ausrichten lassen, ist also nichts anderes, als daß sie die Haftung und die Regreßpflicht für das Chaos, das sie mit ihrem Wachstum ohne Grenzen in anderthalb bis zwei Jahrhunderten angerichtet haben, ein- für allemal zurückweisen. Denn so die treuherzige Argumentation: wir seien alle mitschuldig. Was sie uns bieten, ist ein status quo, in dem jeder behält, was er hat — die Armen ihre Armut, die Reichen den Reichtum und seine Zinsen und Gewinne und die Macht und die Kultur und die sonstigen Annehmlichkeiten des Lebens dazu.«

Es versteht sich, daß in Stellungnahmen dieser Art kein Wort über das Wachstumsdenken in den sozialistischen Staaten verloren wird.

Natürlich wäre es falsch, wollte man die Ausbreitung von Wohlstand und Zivilisation verdammen. Schließlich vermochte das ökonomische Wachstum Konflikte wenn nicht immer zu lösen, so doch zu verringern. Eine Bewegung »Zurück zur Natur« mag für zahlenmäßig überschaubare gesellschaftliche Randgruppen möglich sein, für die gesamte Menschheit wohl kaum. Wenn die Einsicht vorhanden ist, daß man nicht mehr so weitermachen kann wie bisher, bleibt nur die Einführung kybernetisch bestimmter Denkweisen als Voraussetzung eines Problembewußtseins für die Entwicklungschancen der Menschheit. Hier stehen wir jedoch erst am Anfang.

Eine besonders wichtige Folgerung aus der MIT-Untersuchung muß die Stärkung der internationalen Zusammenarbeit sein. Bereits 1963 stellte der Physiker und Philosoph C. F. von Weizsäcker die Forderung auf, die Weltpolitik zur Weltinnenpolitik hin zu entwickeln (70; S. 373). Die Realität zeigt jedoch, wie weit wir von dieser Notwendigkeit entfernt sind. Nicht nur der europäische Zusammenschluß stagniert, auch ein Abbau der Fronten im Ost-Westkonflikt ist letztlich nicht festzustellen, während demgegenüber die Empfänglichkeit für neue, die technologischen Tatsachen und Notwendigkeiten samt ihren sozialen Auswirkungen kaum berücksichtigenden »Heilslehren« größer zu werden scheint. Im Hinblick auf den Umweltschutz hat die MIT-Untersuchung wie selten eine wissenschaftliche Studie das Problembewußtsein der Politiker und in der Öffentlichkeit gefördert. Wie in allen westlichen Industriestaaten, so beschäftigen sich auch in der Bundesrepublik Deutschland die Politiker aller Parteien immer intensiver mit der Wiederherstellung gesunder ökologischer Verhältnisse und mit Vorschlägen zur Verbesserung der »*Lebensqualität*«. Man kann behaupten, daß *Umweltfragen zum Mittelpunkt der politischen Absichten aller Parteien* geworden sind, wenn auch hierzu noch keine generell akzeptablen Lösungen zu sehen sind. Das zeigt auch ein Zitat des damaligen Bundesministers Erhard Eppler; er formulierte auf der 4. Internationalen Arbeitstagung der Industriegewerkschaft Metall am 11. 4. 1972:

»Wir zweifeln, ob dies gut für die Menschen sei: immer breitere Straßen für immer mehr Autos; immer größere Kraftwerke für immer mehr Energiekonsum; immer aufwendigere Verpackung für immer fragwürdigere Konsumgüter; immer größere Flughäfen für immer schnellere Flugzeuge; immer mehr Pestizide für immer reichere Ernten; und, nicht zu vergessen, immer mehr Menschen auf einem immer enger werdenden Globus.«

Bevor gangbare Auswege aus der Umweltkrise aufgezeigt werden können, wird es allerdings noch zahlreicher organisatorischer Veränderungen in Regierungs- und Verwaltungsbehörden sowie in den Forschungsinstitutionen bedürfen.

Wie F. Vester (157; S. 68) feststellt, gibt es in der Bundesrepublik Deutschland insgesamt etwa 250 ministerielle Instanzen (Bund und Länder), die sich unkoordiniert und überschneidend mit Umweltfragen beschäftigen. F. Vester bemängelt an dem 600 Seiten umfassenden Materialbericht zum Umweltprogramm der Bundesregierung:

1. Die *Überforderung der Gesetzgebung*, die einerseits helfen soll, andererseits von politischen Interessengruppen unabhängig bleiben muß; sie wird durch diesen Zwiespalt gelähmt, weil jede Entscheidung schon durch Kollision von Umweltschutz und Wirtschaftswachstum zwangsweise eine politische Entscheidung ist.
2. Das *Fehlen fundierter Zielvorstellungen*, nicht zuletzt aufgrund der großen wissenschaftlichen Lücken, die sich, durch fehlende Langzeit- und Kombinationstests der Gift- und Schadstoffe in völlig unrealistischen Toleranzgruppen äußern.
3. Immer wieder ein *Vorgehen, das weder größere Zeiträume noch größere Vernetzungen einbezieht*, das klassische Vorgehen der technischen Zivilisation bis heute, welches letztlich in das bestehende Dilemma hineingeführt hat.

Die mit dem Umweltschutz befaßten *Forschungsinstitutionen* dürfen *nicht länger in die Fachgebiete der tradierten Wissenschaftssystematik* gegliedert werden. Die im Zusammenhang mit dem Umweltschutz auftretenden Probleme berühren stets mehrere Fachgebiete, und demgemäß müssen die Forschungsinstitutionen *nach Aufgabenbereichen umorganisiert werden. Die MIT-Untersuchung machte deutlich — und auf der Umweltkonferenz in Stockholm 1972 wurde das bestätigt —, daß in Umweltfragen nicht nur große Kenntnislücken* vorhanden sind, sondern auch der herkömmlich organisierte Wissenschaftsbetrieb *keine ausreichende fächerübergreifende Forschungsaktivität* entwickeln kann.

Nach K. Steinbuch kommt es darauf an, in die Umweltdiskussion neben Mathematikern und Naturwissenschaftlern inbesondere Anthropologen, Psychologen und Moraltheoretiker einzubeziehen (149; S. 126).

Auch auf Unternehmerseite setzt sich eine neue Einschätzung der eigenen Tätigkeit durch. In einem Referat »Über die Vernunft des Unternehmers« beim Unternehmertag Baden-Württemberg in Freiburg Juni 1971 sagte H. L. Merkle:

»Noch vor einem Jahrzehnt formulierte ich in der Öffentlichkeit: ‚Das Ziel der Unternehmen ist der Ertrag'«

um dann jedoch seine geänderte Auffassung darzulegen:

»... bin ich doch heute der Meinung, daß die unternehmerische Welt in ihrer derzeitigen Form ihrem Ende entgegengehen müßte, wenn nicht dem Unternehmer der Ausbruch gelänge aus dem engen Gehäuse seiner geschäftlichen Tätigkeit, wenn er sich nicht als aktives Element einer Lebenswelt betrachten lernt, die man als kulturell, religiös, politisch bezeichnen mag — einer Lebenswelt auf alle Fälle, die in moralische Kategorien hinübergreift, wobei sich wirtschaftliche Leistung von selbst versteht, deren fundamentale Notwendigkeit nur aus Kurzsichtigkeit oder aus gezielter Absicht in Zweifel gezogen werden könnte.«

Die Konzeptionslosigkeit in diesem Spannungsfeld wird am Beispiel »Auto« deutlich. Seit Beginn der 70er Jahre entwickelte sich eine gewisse Autofeindlichkeit, die von der Bundesregierung durch Erhöhung der Mineralölsteuer und Überlegungen zu einer radikalen Geschwindigkeitsbegrenzung im Frühjahr 1974 unterstützt wurde, ohne jedoch gleichzeitig Verbesserungen im Angebot von Massenverkehrsmitteln anbieten zu können. Erst Warnungen, daß bei einer sofort und rigoros eingeführten Geschwindigkeitsbegrenzung die Arbeitsplätze in der Automobilindustrie gefährdet würden, führten zu einer weniger harten Geschwindigkeitsbegrenzung.

Sicherlich wird es möglich sein, umweltfreundlichere Produkte zu schaffen, Altmaterialien wieder mehr in die Produktion zurückzuführen oder überflüssige Konsumgüter nicht mehr zu erstellen. Dennoch wird es nur auf längere Sicht möglich sein, die industrielle Produktion von der bisherigen Zielsetzung des raschen Verschleißes abzubringen und dauerhaftere Güter herzustellen, wenn man nicht Arbeitslosigkeit in Kauf nehmen will. *Erhaltung des Massenwohlstandes und Sicherung bzw. Wiederherstellung des ökologischen und ökonomischen Gleichgewichts bilden ein Spannungsverhältnis, dessen Lösung nicht einfach sein wird.*

Schließlich können die in der MIT-Untersuchung erkannten Probleme nur dann gelöst werden, wenn es gelingt, ein *ethisches Wertsystem von hoher Verbindlichkeit* zu entwickeln, das allen Entscheidungen zugrunde gelegt wird. Allgemeine Leitsätze für ein solches Wertsystem zur Lösung von Zukunftsaufgaben im Sinne besserer Lebensqualität entwickelte R. F. Behrendt (58; S. 30).

1. Die humane Utopie der Gesellschaft als Gemeinwesen, als Zielvorstellung und Objekt eines modernen Glaubens, gegründet auf:
   (a) »Ehrfurcht vor dem Leben« (Albert Schweitzer), nicht bloß als biologischen Tatbestand, sondern als einmalige Möglichkeit der Entfaltung jeweils einzigartiger individueller Potentialitäten;
   (b) Wertung des gesellschaftlichen Raums und aller seiner Institutionen (natürlich auch des Staates) als Mittel der Lebensoptimierung für konkrete, jetzt und künftig lebende Menschen, unter Anerkennung ihres Rechts auf Glück und Lebensfreude, worin immer sie auch finden, begrenzt nur durch Rücksicht auf das gleiche Recht aller anderen;
   (c) Mitmenschlichkeit, Zusammenarbeit, Beteiligung möglichst vieler an der Verantwortung für die immer wieder nötige Umgestaltung und Verbesserung gesellschaftlicher Verhältnisse und damit auch an der Macht und an der Nutznießung der Produkte der Dynamik.

2. Die hierfür unentbehrliche gesellschaftliche Mündigwerdung kann nicht als revolutionärer »Schöpfungsakt« durch Zerschneiden des Gordischen Knotens des vermeintlichen »Systems« vollzogen werden..., sondern nur durch einen unvermeidlich allmählichen, langwierigen, mühsamen Prozeß ständiger gegenseitiger und eigener Erziehung auf:

2.2 Zukunftsaussichten der Menschheit

(a) lebenslängliche Lern- und »eingebaute« Reformtätigkeit, also die Fähigkeit, im Wandel zu leben ohne die Ängste vor Unsicherheit und Bedrohung des eigenen Status, um darüber hinaus eine durch Wandel zum Besseren gekennzeichnete Gesellschaftsordnung mitzugestalten;
(b) Stärkung und Bekundung von rational gelenktem und kollektiv getragenem Selbsterhaltungstrieb, als Gegengewicht gegen die Versuchungen irrationaler Verheißungen des Heils durch Amokläufe und gegen die Ansprüche von Institutionen aller Art, deren Nutznießer sie — mit Hilfe vielfältiger Ideologien und Beeinflussungstechniken — zu Zwangsorganen mit Selbstzweckcharakter machen;
(c) Schätzung des Pluralismus der Werte, Interessen und Erfahrungen als wünschenswerte Ergänzung der eigenen, stets beschränkten Ausstattung und damit Erlernen von Toleranz... mit der Erkenntnis, daß Toleranz gegen Intoleranz potentiellen Selbstmord bedeutet.
3. Bewußte Gestaltung der zukünftigen menschheitlichen Entwicklung zur Vermeidung ihrer Selbstzerstörung durch Mißbrauch der stets mächtiger werdenden Technik zur Umweltvernichtung und zum totalen Krieg.
(a) Anerkennung der globalen Nachbarschaft im Sinne von gegenseitiger Abhängigkeit als bereits gegebener Tatsache, die nun in das Verständnis und das Verantwortungsbewußtsein möglichst vieler Menschen überall gehoben werden muß;
(b) Anerkennung der Dynamik..., die... gesteuert und gegebenenfalls in konkreten Erscheinungen (z.B. Mißbrauch der Technik, der Drogen) gebremst werden muß.
(c) Demokratie, verstanden als möglichst weit gestreute verantwortliche — also moralisch und sachlich fundierte — Beteiligung aller Mitglieder von Sozialgebilden an ihrer Gestaltung, als gesellschaftliches System der Entscheidung und Austragung von — immer zu erwartenden und zur Erhaltung schöpferischer Dynamik auch notwendigen — Konflikten.

Die MIT-Untersuchung hat sicherlich auch im ethischen Bereich ein größeres Verständnis in der Öffentlichkeit für die Zukunftsprobleme der Menschheit bewirkt.

2.2.2 Das technische Potential der Datenverarbeitung

Ende 1969 gab es in den damaligen EWG-Staaten etwa 13 500 elektronische Datenverarbeitungsanlagen — davon etwa 5600 in der Bundesrepublik Deutschland —, und in den EFTA-Staaten etwa 6800 (65; S. 176 und 99; S. 134). Demgegenüber arbeiteten 1969 in den USA[1] 70000—80000, in Japan und in der UdSSR jeweils knapp 10000 Computer[2].

---

[1] Schwankungen und Unsicherheiten in den Angaben über die Anzahl der arbeitenden EDV-Anlagen ergeben sich aus technischen Definitionsunterschieden.
[2] Die Weltraumerfolge der UdSSR beweisen das Vorhandensein leistungsfähiger Computer; dennoch muß die UdSSR immer noch elektronische Datenverarbeitungsanlagen in den USA einkaufen.

Der Computerbestand wächst in den einzelnen Staaten jährlich um etwa 30—40%[1]. So waren beispielsweise in den USA 1950 erst 1000 Computer aufgestellt; 1980 sollen es etwa 300000 sein. Die Verbesserung der technischen Ausstattung der Computer eröffnet ihnen immer neue Anwendungsbereiche und verlangt daher auch eine rasche Erneuerung der Anlagen. Die *Computerindustrie* wird daher sehr *bald hinter der Automobil- und der Erdölindustrie der drittgrößte Produktionszweig* sein.

In den USA gibt es zur Zeit etwa 600000 Computerfachleute aller Art; 1980 sollen es 1 000 000 sein. Die entsprechenden Zahlen für die Bundesrepublik Deutschland lauten: gegenwärtig etwa 80000; 1980 annähernd 120000 Computerfachleute.

Bei der Ausbildung der bisherigen EDV-Fachleute stand die innerbetriebliche Umschulung im Vordergrund. Nunmehr ist die Universität auch hierzu die wichtigere Ausbildungsstätte. Allerdings ist es zweifelhaft, ob die Universitäten in der Bundesrepublik Deutschland die Forderung der Wirtschaft nach jährlichem Zugang von 1000 EDV-Fachleuten erfüllen können; ein deutliches Symptom mangelnder Zukunftsvorbereitung (148; S. 267).

Japan unternimmt zur Zeit besondere Anstrengungen, um die zu geringe Zahl von 30000 Computerfachleuten bis zum Jahr 1980 auf 120000 zu erhöhen. Zahlreiche Unternehmensschulungen und Fernsehlehrgänge über elektronische Datenverarbeitung werden von der Bevölkerung sehr rege besucht.

Zur Zeit arbeiten die Computer der »dritten Generation«. Bald werden technische Neuerungen, insbesondere die Verwendung integrierter Schaltungen, die Computer wesentlich verkleinern, die Handhabung erleichtern und die Arbeitseffektivität vergrößern.

Schon heute werden nach K. Steinbuch Computer in folgenden Bereichen eingesetzt (149; S. 80):

Technologie: Forschungsdaten aus Physik, Chemie und Technik; Entdeckungen und Erfindungen; Patentregistratur; Daten zur Verfahrens- und Produktionstechnik; Normenwesen.

Medizin: Informationen zu Diagnose und Therapie; Krankheitsstatistik, Vorsorge zur Seuchenverhütung; Wirkungen von Medikamenten.

Wetterdienst: Wetterberichte, Wetterprognosen für Landwirtschaft, Luftfahrt und Seefahrt; Katastrophenfrühwarnung.

[1] Nach Auskunft der Firma Diebold Deutschland GmbH in Frankfurt am Main gab es Anfang 1972 etwa diese Anzahl von Computern in den wichtigsten Industriestaaten: USA: 84600; Japan: 8700; Bundesrepublik Deutschland: 7800; Großbritannien: 7600; Frankreich: 6700; Kanada: 3800; UdSSR: 4000; Australien: 1500.

Inzwischen – Anfang 1976 — sind diese Zahlen um jeweils 25% zu erhöhen.

Verkehr: Berichte über Verkehrsdichte und Straßenzustand, Verkehrsbehinderungen durch Wetter, Bauarbeiten, Unfälle; touristische Buchungen.

Wirtschaft: Eigenschaften, Verfügbarkeit und Verarbeitungsmöglichkeiten von Rohstoffen; Preise; Daten über Handel, Gewerbe und Dienstleistungswesen; Berufsstatistik, Berufsberatung und Stellenmarkt; Daten über Betriebsstrukturen; Import und Export; Aktienkurse und Immobilienmarkt.

Kultur: Literaturdokumentation und Bibliothekswesen; lexikalische und enzyklopädische Informationen; Berichterstattung über hervorragende Veranstaltungen und Ereignisse; biographisches Datenwesen, Hochschulnachrichten und Studienplatzvergabe.

Verwaltung: Bevölkerungsstatistik und Einwohnerregistratur; Steuerverwaltung; Grundbuch und Kataster.

Justiz: Gesetze; Rechtsprechung; Verbrechensstatistik.

Politik: Verträge und Abkommen; Regierungserklärungen; Parteiprogramme.

Die weiteren Entwicklungen im Computereinsatz stellte sich O. Jursa 1971 so vor (99; S. 44):

1975: in der Bundesrepublik Deutschland durch Automatisierung der Büroarbeit Einsparung von rund 25% der bisherigen Arbeitskräfte.
1978: in den USA automatische Sprachenübersetzung mit korrekter Grammatik.
1984: weltweit durch Automatisierung Verringerung der bisherigen menschlichen Arbeitsleistung um rund 50%.
1989: weltweit Hausunterricht durch Anschlüsse an ein Computernetz.
1995: weltweit Fernlenkung von Kraftfahrzeugen.
2000: weltweit Durchsetzung einer an die Mathematik angelehnten wissenschaftlichen Universalsprache.

Diese Prognosen problematisiert N. Calder 1971 (63; S. 400) in Anlehnung an die Ergebnisse einer Forschungsgruppe am Philosophischen Institut der Prager Akademie der Wissenschaften:

1. Die Automation hebt den Unterschied zwischen Management und Arbeitern auf und integriert die »Intelligenz« in die Gesellschaft.
2. Die Ausbildung muß sich über das ganze Leben hin fortsetzen; sie wird sich jedoch mit Hilfe von Lernmaschinen »individualisieren«.
3. Die zunehmende Freizeit verlangt zunehmend schöpferische kulturelle Tätigkeiten.
4. Das Heilmittel gegen die drohende »technische Einseitigkeit« ist »eine ästhetisch starke und die Gefühle ansprechende Kunst«.
5. Die raschen Veränderungen im Ablauf des Lebens gefährden die geistigseelische Gesundheit; diese Veränderungen müssen deshalb auf »die Vermenschlichung des Menschen« gelenkt werden.

6. Das Verhältnis von Technokratie und Demokratie bleibt problematisch.
7. Die Beteiligung aller Arbeitenden an den Diskussionen über die langfristigen Zukunftsaussichten der gesamten Gesellschaft ist nötig.
8. Mit der Automation wird der größte Teil der menschlichen Arbeit den schöpferischen Charakter »aktiver Selbstbestätigung« annehmen; das Bildungsniveau der arbeitenden Menschen wird auf das der gegenwärtigen Intelligenz angehoben werden müssen.

Die hochgesteckten Erwartungen, die man nach 1950 an die Entwicklung der maschinellen Intelligenz geknüpft hatte, haben sich zwar noch nicht erfüllt, aber die *Verbesserung der EDV-Möglichkeiten* ist stetig. Man darf eben nicht übersehen, daß die Natur Milliarden von Jahren benötigte, um zu Strukturen und Funktionen zu gelangen, an deren Nachmodellierung der Mensch erst seit kurzer Zeit arbeitet. Die Entwicklung ist nicht aufzuhalten, daß sicherlich schon ab 1980 in vielen Staaten die *Computer zu staatlichen Verbundnetzen zusammengefaßt* werden können. Das wiederum ist die Voraussetzung zur *Schaffung internationaler Informationsbanken*.

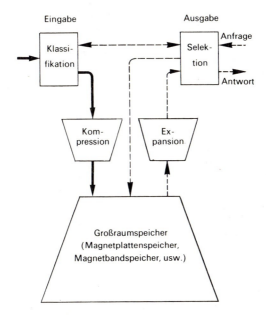

Abb. 2.2/11. Schema einer Informationsbank (nach K. Steinbuch 1973 (149))

2.2.3 Veränderungen der Sozialstrukturen

Der rasche technologische Wandel beeinflußt bereits jetzt die soziale Entwicklung:
1. Die Automatisierung — *der selbständige Ablauf von Produktionsvorgängen* — wird bestimmt durch die *Anwendung von Computern* und Kommunikationssystemen, d. h. Vorgänge werden fortlaufend beobachtet und Computern gemeldet, die die geeigneten Steuerbefehle ermitteln und weitergeben.
Körperliche Anstrengungen kennzeichnen nicht mehr den Arbeitsvorgang. Bei hohem Automatisierungsgrad sind auch Geschicklichkeit und Wissen nicht mehr so wichtig. Die Bedeutung des Facharbeiters geht zu Gunsten des anlernbaren Arbeiters zurück, der die automatisierten Produktionseinrichtungen wartet, während für Installationen und Reparaturen Spezialisten notwendig sind. Bei ihnen setzt sich der Angestelltenstatus immer mehr durch. Neue Berufsbilder kommen auf.

In den USA werden heute in den industriellen Betrieben nur noch 17% der Belegschaft zur Fertigung benötigt. Von 1947 bis 1965 stieg die Anzahl der Kopfarbeiter um 9,6 Millionen, während die der Handarbeiter um 4 Millionen sank (65; S.113).

In Frankreich ist seit der Jahrhundertmitte folgende Entwicklung eingetreten (81; S. 198).

Ausgehend von der Zahl 100 stieg die Zahl der ungelernten Arbeiter auf 108, die der gelernten Arbeiter auf 131, die der Ingenieure auf 148, die der Führungskräfte auf 151 und die der Techniker auf 171.

Anknüpfend an den Begriff »Gesamtarbeiter« (Arbeiter, Techniker, Konstrukteure, Erfinder) von K. Marx spricht R. Garaudy vom »historischen

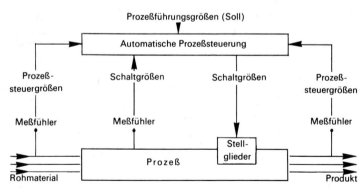

Abb. 2.2/5. Schema der automatischen Prozeßsteuerung (nach K. Steinbuch 1971 (148))

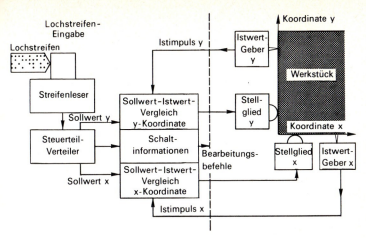

Abb. 2.2/6. Schema der Prozeßsteuerung bei einer Werkstückbearbeitung als Beispiel für das Wirken von Regelkreisen in der Automation

Block« der Arbeiter, Techniker, Ingenieure usw., denen in der gegenwärtigen naturwissenschaftlich-technischen Revolution erhöhte Bedeutung zur Überwindung des Kapitalismus zukomme, da sie sich durch die profitorientierte Produktion ohne persönliche Einflußnahme entfremdet sehen. Es ist jedoch fraglich, ob der gegenwärtige »historische Block«, heterogen hinsichtlich Arbeit, Verantwortung oder Bezahlung, bei verbesserter materieller Lage eine radikale Umgestaltung der Gesellschaftsordnung anstrebt.

2. *Die Automatisierung macht viele Arbeitsplätze überflüssig.* Die mit ihr verbundene Erhöhung der Produktivität und des Wirtschaftswachstums schaffte bislang jedoch *ebenso viele neue Arbeitsplätze*. In der Bundesrepublik Deutschland wird zur Zeit die Produktionsmenge des Vorjahrs von 5% weniger Beschäftigten hergestellt (148; S. 296). Noch kann die Entwicklung dadurch gesteuert werden, daß *neue Produkte* auf den Markt geworfen und *weitere Konsumwünsche* geweckt werden. Auch eine ständige Steigerung der Freizeit mildert den Druck auf den Arbeitsmarkt. Im industriellen Bereich entstehen neue Berufsbilder wie Informatiker, Operateur oder Technischer Assistent mit weiten Betätigungsfeldern.

Das Dienstleistungsgewerbe dehnt sich immer mehr aus. Der wichtigste Arbeitgeber hierfür wird der öffentliche Dienst, der bereits 45% des Sozialprodukts erstellt.

Der ungelernte Arbeiter wird im Dienstleistungsbereich eine wichtige Funktion übernehmen. Gerade an den Stellen, die einer Automatisierung widerstehen, werden höhere Einkünfte erzielt werden, wie es sich

bei den Müllarbeiterstreiks in verschiedenen Städten der Bundesrepublik Deutschland im Herbst 1973 zeigte.
3. Die Automatisierung wird von einer *verstärkten Konzentration in der Wirtschaft* begleitet, da nur Großunternehmen die dazu erforderliche komplizierter werdende Technik und Forschungsarbeit leisten können. *Großsysteme* werden sich auch im Handel, im sozialen Bereich (z. B. Krankenhäuser) und im Bildungswesen (z. B. Hochschulen) durchsetzen. Ist hier der Computer die technische Basis, so können diese Systeme gesteuert und kontrolliert werden.
4. Der rasche technologische Wandel verlangt eine *wachsende Bereitschaft zu permanenten Veränderungen beruflicher Qualifikationen*. Wird die Organisation beruflicher Weiterbildung vernachlässigt und die Fähigkeit zum Erwerb neuer Qualifikationen bei den Arbeitnehmern nur ungenügend entwickelt, so muß es zur *Arbeitslosigkeit* kommen (65; S.134).
5. In der Forschung werden künftig Meß- und Beobachtungsergebnisse nicht mehr vom Menschen, sondern vom Computer registriert, der aus vorhandenen Entwurfselementen neue Konstruktionen erarbeiten kann. *Der durch die Denkmaschine entlastete Mensch vermag seine intellektuellen Fähigkeiten auf kreatives Denken zu konzentrieren.*

2.2.4 Veränderungen der Entscheidungstechniken

Bei einer Arbeitstagung der Industriegewerkschaft Metall über Automatisierung 1968 in Oberhausen faßte Th. Whisler die Veränderungen der Unternehmensstrukturen aufgrund amerikanischer Untersuchungen wie folgt zusammen (Zitat in 148; S.292):

1. Vereinfachung der Betriebsorganisation durch Zusammenfassung von Abteilungen mit bislang unterschiedlichen Funktionen;
2. Verringerung der Kontrollbereiche durch Abbau hierarchisch geordneter Kontrollstufen;
3. Verringerung der Ebenen in der Unternehmenshierarchie, da die Computer die Produktivität der Manager steigern;
4. Zentralisierung der Kontrolle;
5. Kontrollbefugnisse gehen an Stabsleitungen (Management) und Überwachungsabteilungen in der Produktion über;
6. Kommunikation zwischen dem Personal und den verschiedenen Ebenen der Unternehmenshierarchie nimmt nach der Einführung der Computer zunächst zu (Umstellung und Anpassung), um später wieder zurückzugehen;
7. Intensivierung der Planungen einerseits strategisch und andererseits kurzfristig;
8. Entscheidungen werden auf höherer Ebene schneller als früher gefällt. Die Tendenz zu Gruppenentscheidungen mit Zwang zu Rationalisierung und Quantifizierung von Entscheidungsprozessen wächst.

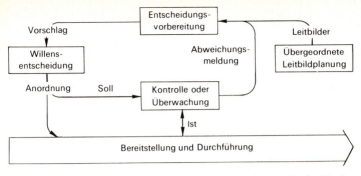

Abb. 2.2/7. Steuerung als Systemintegration eines formalen Handlungsablaufes

War *früher kaufmännischer Wagemut* Kennzeichen der Entscheidungsprozesse in der Wirtschaft, so ist es heute *kybernetisch gesteuerte Planung*, deren Prinzipien schnelle Information und Integration aller Entscheidungsinstanzen zu übersichtlichen Steuerungsvorgängen sind. Zeitliche Ablaufzusammenhänge und Erfordernisse des Informationsflusses bestimmen die Grenzen von Systemen, die zu erkennen wiederum Aufgabe der Systemanalyse ist.

Der *Organisationsaufbau* in der Wirtschaft ist also in systemanalytischer Betrachtungsweise die *Annäherung an ein Produktionsziel auf kürzestem Wege durch Integration aller beteiligten Steuerungskomponenten zu einem einheitlichen Regelkreis.*

Die herkömmliche Unterscheidung von »Produktion« (Ingenieur, Techniker, gelernter Arbeiter, ungelernter Arbeiter) und »Verwaltung« (Jurist bzw. Betriebswirt, Kaufmann, Sachbearbeiter) *verliert somit unter kybernetischen Aspekten jegliche Bedeutung wie auch nur die Berechtigung zu hierarchisch begründeten Machtansprüchen.* Die organisatorische Gestaltung wird nicht mehr durch traditionelle Aufgabenstellung, sondern durch Systemanalyse geleistet, an deren Anfang die Untersuchung der sachlich notwendigen Abläufe und die Informations- bzw. Kommunikationsbeziehungen stehen. Fertigungsgestaltung ist nunmehr zugleich Fertigungssteuerung.

Es wäre allerdings falsch, anzunehmen, die Systemanalyse sei in Theorie und Methode bereits ausgefeilt. Hier liegt *noch ein weites Feld zur Erfahrungssammlung* offen. Das Ziel der Systemanalyse, die Synthese optimaler Organisationen, kann nur erreicht werden, wenn es gelingt, komplizierte Informationssysteme zu analysieren.

Die Kybernetik hebt natürlich keine Entscheidungsinstanzen auf. Sicherlich werden interessantere Aufgabenstellungen und Teilentscheidungen auf eine wesentliche größere Anzahl von Mitarbeitern und Abteilun-

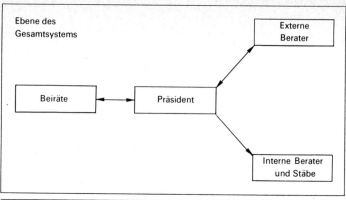
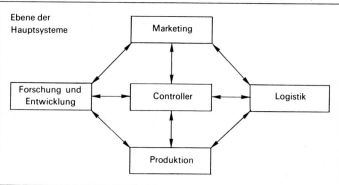
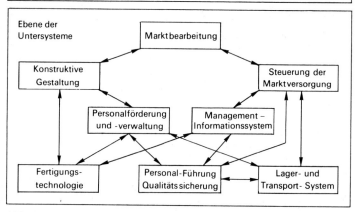

Abb. 2.2/8. Kybernetisches Schema der Organisation in einem Wirtschaftsunternehmen

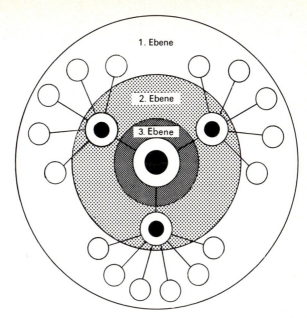

Abb. 2.2/9. Zeitgemäße hierarchische Struktur von Entscheidungskompetenzen (nach K. Steinbuch 1973 (149))

gen als bisher übertragen. Dennoch hat die Führungsspitze auch weiterhin die letzte Entscheidungsverantwortung. Sie hat insbesondere immer dann einzugreifen, wenn der Entwicklungsablauf gestört ist. Schließlich gibt auch hierzu der Computer einen interessanten Hinweis. Wenn man in einem Computer einen komplexen Speicher aufbaut, so werden hierzu hierarchisch geordnete Strukturen benutzt. Eine zeitgemäße hierarchische Struktur von Entscheidungskompetenzen läßt sich auch aus kybernetischen Grundbegriffen ableiten (vgl. Abb. 2.2/9).

Eine derartige hierarchische Struktur bietet folgende Vorteile:
1. Die Hierarchie *ordnet Entscheidungskompetenzen* und *vermindert Konflikte.*
2. Informationen fließen von oben nach unten, von unten nach oben und auch seitwärts. *Keine Instanz ist von Kritik ausgenommen,* und *jede Instanz kann Initiativen entwickeln.*
3. Die Hierarchie ist im Sinne des Aufstiegs leistungsfähiger Mitarbeiter und des Austritts von Überforderten *veränderbar.*

Im politischen und staatlichen Bereich unserer Zeit bietet die Kybernetik bei der Komplexität der modernen Gesellschaft Entscheidungshilfen. Entscheidungen gleich welcher Art weisen heute hinsichtlich ihrer Nah-

und Fernwirkung eine Fülle miteinander gekoppelter Probleme auf und sind sehr störanfällig.

So hat z.B. eine radikale Geschwindigkeitsbegrenzung auf den Straßen zunächst Nahwirkungen: Rückgang des Automobilabsatzes und damit Drosselung der Produktion, zunächst der als besonders schnell ausgelegten Typen. Die Fernwirkungen fächern sich auf: Einkommensverminderungen, Kurzarbeit oder gar Entlassungen in der Autoindustrie und ihren Zubringerindustrien (Reifen, Elektrik), Zwang zur Schließung von Tankstellen und schließlich Rückgang des Steueraufkommens (Gewerbesteuer, Mineralölsteuer). Hinzu kommt die Frage nach dem rechten Zeitpunkt der geschwindigkeitsbeschränkenden Maßnahmen; es ist zu bezweifeln, ob man genügend Zeit hatte, den Automobilexport zu vergrößern, der neuen Lage angepaßte Automobiltypen zu entwickeln und die Nahverkehrsmittel auszubauen.

Die *Steuerbarkeit komplexer moderner Gesellschaften* hängt ab von der *Fähigkeit, die Dynamik und Interdependenz ihrer Systemelemente zu analysieren*. Demokratische Gesellschaften müssen dazu die notwendigen Informationen verlangen und erhalten. Bei dem Bestreben, komplexe Vorgänge transparent zu machen, ist jedoch dadurch eine *Latenzgefahr* gegeben, daß die *Auswahlkriterien und Zielsetzungen von Handlungsabläufen nicht für jedermann verständlich* werden; damit bleibt die Frage, welche der Informationen und Zahlen, die von verschiedener Seite vorgelegt werden, nun eigentlich stimmen. Immer mehr flüchten daher Politiker in Leerformeln (»Sicherheit für alle«, »Mehr Demokratie wagen«), die, da inhaltlich nicht bestimmt, die Wähler eher verunsichern.

In Wirtschaft und Staat vermag der Computer das Kommunikationssystem dadurch zu intensivieren, daß die Speicherung von Daten, deren Quantität immer mehr erweitert werden und zugleich nach einem gewissen Beobachtungszeitraum die *Funktion eines Indikators* annehmen kann, den Informationsfluß und die Informationsstruktur verbessert. Grundlage ist die *operative Datei*, deren Wirksamkeit am Beispiel der Notengebung in der Schule verdeutlicht werden kann (vgl. Abb. 2.2/10). Das durch die EDV intensivierte Kommunikationssystem vermag interne Daten untereinander oder mit externen Daten zu verknüpfen, gewünschte Operationen durchzuführen und ein Ergebnis anzugeben. Neben der Kontrolle besteht die *Möglichkeit, durch Computersimulation alternative Lösungen für Entscheidungen bereitzustellen*. Wenn es auch in den USA schon etwa 2000 Titel zur Computersimulation gibt, so steckt die Entwicklung dieser Methode jedoch noch in den Anfängen (93; S. 235 und 311). Die Computersimulation dient eher zur Theoriebildung als zur Lösung unmittelbarer praktischer Probleme. S. Harbordt zeigt auf, daß in der Stadt- und Regionalplanung, in der Bildungs- und Unternehmensplanung sowie in der politischen Entscheidungshilfe hochgespannte Hoffnungen an die Computersimulation nicht erfüllt werden,

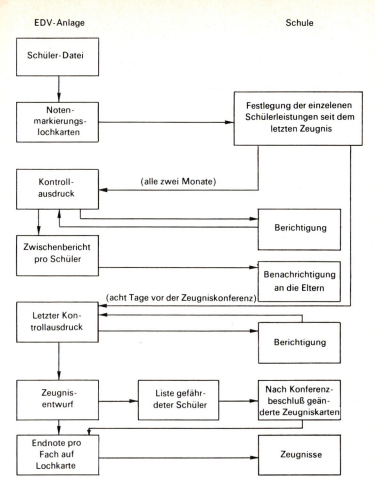

Abb. 2.2/10. Wirkungsweise der operativen Datei, dargestellt am Beispiel der Schulnotengebung

wenn die Probleme sehr komplex sind. Abgesehen davon, daß es (noch) nicht möglich ist, geschichtliche Wandlungen von Systemstrukturen und qualitative Veränderungen von Systemvariablen zu mathematisieren, hat die Computersimulation noch folgende Schwierigkeit (93; S. 315):

»Sie liefert zwar einen methodischen Rahmen zur Lösung sehr komplexer Probleme, stellt aber zugleich so hohe Anforderungen an das theoretische und empirische Wissen, daß diese nur in seltenen Fällen zu erfüllen sind. Diese Situation, die manche Beratungsfirmen nicht daran gehindert hat, Auftraggeber für großangelegte Simulationsprojekte zu gewinnen, kann sich jedoch in den nächsten Jahren ändern. Auf dem Gebiet der Unternehmensplanung kündigt sich der Wandel schon heute an. Wie eine Umfrage unter amerikanischen Firmen zeigte, gewinnt die Simulationsmethode auf diesem Sektor zunehmend an Effizienz und Bedeutung. Die Aufwendungen für die Entwicklung von Simulationsmodellen der Unternehmung und ihrer Märkte beginnen sich auszuzahlen. Vermutlich hängt das maßgeblich damit zusammen, daß die erforderlichen Daten vorhanden sind. Man muß damit rechnen, daß die gegenwärtigen Hindernisse einer praktischen Anwendung — zu denen auch methodologische Lücken wie der Mangel an Verfahren zur Auffindung von Variablenbeziehungen, zur Parameterschätzung, zum Strukturtest und zur Analyse von komplexen Modellen gehören — im Laufe der Zeit beseitigt werden. Weil die Computersimulation ... ein wichtiges Mittel zur Erhöhung der Produktivität geistiger Arbeit ist, wird sie sich langfristig durchsetzen.«

Dennoch bietet die Computersimulation schon jetzt *Entscheidungshilfen*, wenn bei den anstehenden Problemen hohe Informationsquantität mit geringer Komplexität einhergeht. Aber die *Entscheidungen selber können nicht durch Computersimulation getroffen werden*. Die Entscheidungsträger in Wirtschaft und Politik, oft in der Gefahr, von der Datenfülle erdrückt zu werden, müssen wissen, was sie wollen.

Schon N. Wiener betonte, daß die Ziele der Politik formuliert sein müssen, wenn Datenverarbeitung und Kybernetik helfen sollen. Das macht auch ein Schaubild von N. Konegen deutlich (vgl. Abb. 2.2/11):

Die positive Seite der Computersimulation wird durch folgendes Beispiel verdeutlicht: In den 50er Jahren kamen die USA aufgrund von Systemanalysen nach dieser Methode zur Erkenntnis, daß durch die Erhöhung der Anzahl der Atomwaffenmächte das internationale System krisenanfälliger würde. Wenige Jahre später wurde erkannt, daß unter der atomaren Schwelle beim atomaren Patt zwischen den Großmächten genügend Spielraum für eine aggressive Politik vorhanden ist. Der Einfluß dieser Erkenntnisse auf die Politik der USA ist bekannt (Atomteststoppabkommen, SALT-Gespräche, Annäherung an die Volksrepublik China).

Offensichtlich hat die Eskalation der Rüstung durch den Bau von Raketen mit einzeln steuerbaren Mehrfachsprengköpfen die beiden Supermächte USA und UdSSR zur Einsicht geführt — in den USA über Computersimulationen und Systemanalysen — daß die Waffen so aufwendig geworden sind, daß die Währung aufgeweicht wird und die zivile Produktion eingeschränkt werden muß. Außerdem scheint ein Punkt erreicht zu sein, an dem es unmöglich ist, Gegenwaffen zu entwickeln. Die Konsequenz hieße Verlegung der Großstädte unter die Erde, eine »unmenschliche« Lösung. Daher kam es zu den SALT-Gesprächen (Strategic Arms Limitation Talks), die sich um eine Rüstungsbegrenzung durch kontrollierte Abrüstung in beschränktem Umfang bemühen.

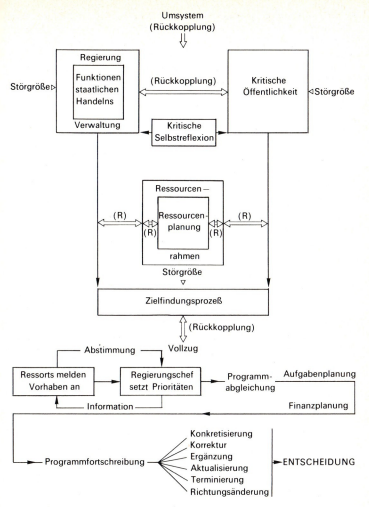

Abb. 2.2/11. Schema der Entscheidungsfindung (nach N. Konegen 1973 (108))

Abschließend kann mit D. Senghaas zur Computersimulation gesagt werden (141; S. 267):

»Die Simulierung gesellschaftlicher Prozesse durch kybernetisch operierende Datenverarbeitungsmaschinen wird größere Bedeutung für die politische Praxis erlangen. War die Geschichte und die aktuelle Politik bislang ein mangelhaftes Laboratorium, so können Denkmaschinen künftige gesellschaftliche

Prozesse unter kontrollierenden Bedingungen analysieren. Allerdings hängt der Erfolg derartiger Simulationen vom Vorhandensein gesellschaftstheoretischer Vorstellungen ab. Ohne diese können weder Daten gesammelt noch Computer programmiert werden.

Natürlich ist die reale gesellschaftliche Entwicklung nicht immer so einfach und präzise wie die Simulation. Ihr Erfolg hängt von der Überwindung der Schwierigkeit ab, Größen zu abstrahieren, deren Interaktionsmuster unter verschiedenen Bedingungen überprüft werden sollen.«

Verständnisfragen zu Kapitel 2.2

2.2.1 Welche Probleme und Gefahren veranlaßten den Club of Rome, die MIT-Untersuchung durchführen zu lassen?
2.2.2 Zu welchen Ergebnissen kam die MIT-Untersuchung?
2.2.3 Welchen Einfluß nahm die MIT-Untersuchung auf das Denken der Menschen und insbesondere der Politiker?
2.2.4 Wodurch gab die MIT-Untersuchung Anlaß zur Kritik?
2.2.5 Welche Möglichkeiten bietet die elektronische Datenverarbeitung bei der Bewältigung der Zukunftsprobleme?
2.2.6 Welche Entwicklungen lassen sich in der Computertechnik absehen?
2.2.7 Wie arbeitet eine Informationsbank?
2.2.8 Welche sozialen Auswirkungen hat die Automatisation?
2.2.9 Welche Möglichkeiten bietet die elektronische Datenverarbeitung bei der Verbesserung der politischen Entscheidungstechniken?
2.2.10 Wo liegen die Grenzen der Computersimulation?

2.3 Die gesellschaftliche Bedeutung der Datenverarbeitung

2.3.1 Politische Aspekte der Datenverarbeitung

Anfang 1967 wurde festgestellt, daß in den USA bei etwa vierzehn verschiedenen Behörden über jeden Bürger Informationen gespeichert sind. Die Frage ist, ob diese behördlich gespeicherten Daten weder kommerziell ausgenutzt noch politisch mißbraucht werden. Die Volkszählung 1970 in den USA stellte u. a. folgende Fragen (120; S. 153):

Wie hoch ist Ihre Miete?
Leben Sie in einem Einfamilienhaus?
Wie hoch war Ihr Jahresverdienst 1967?
Wenn häufiger als einmal verheiratet, wie endete Ihre erste Ehe?
Besitzen Sie eine Trockenschleuder?
Haben Sie Telefon? Wenn ja, welche Rufnummer?
Haben Sie sich während der letzten vier Wochen um Arbeit bemüht?
Besitzen Sie eine zweite Wohnung?
Hat Ihr Fernseher einen Ultrahochfrequenzteil?
Haben Sie Wasserspülung in der Toilette?
Haben Sie eine Badewanne oder ein Duschbad?

Der Kongreßabgeordnete J. Betts meint hierzu

»Hinter den vielen Fragen, die sich auf Gebrauchsgegenstände im Haushalt beziehen, wie die, ob jemand einen Fernseher, eine Waschmaschine, eine Trockenschleuder, eine Tiefkühltruhe hat, stehen die großen Industrieunternehmungen, und Regierungsbeamte mit ihrem unstillbaren Appetit auf immer weitere Tatsachen aus dem Leben des amerikanischen Bürgers ruhten nicht, bis sie Dutzende von Fragen über Einkommens-, Ehe-, Wohnungs- und Beschäftigungsthemen hineingebracht hatten. Das Verhältnis zwischen dem Censusbüro und dem Konsumenten seiner Statistiken ist derart herzlich geworden, daß es die Grenzen des »Dienstes an der Öffentlichkeit« hinter sich gelassen hat. Ich glaube, daß dies ein ganz ungesundes Bündnis ist, mit dem eine untragbare Ausweitung der Sammlung personeller Daten unter Androhung von Geld- und Gefängnisstrafen erreicht wird.«

Und A. Westin sagt zum Verhältnis von Regierung und Computer (161; S. 102):

»Die Computersysteme stellen für die Regierung eine praktisch unwiderstehliche Versuchung dar, angesichts der fehlenden Beschränkungen einen das Regierungsgeschäft, die Sozialwissenschaften und die Sozialreform umfassenden totalen Informationsangriff auf die dringenden Probleme unserer Gesellschaft zu unternehmen. Denn die Regierung ist der festen Überzeugung, daß unserer Politik nichts anderes fehlt als bessere Informationen.«

Sehr pessimistisch beurteilt A. R. Miller die Lage (120; S. 312):

»Die beachtlichen Vorteile, die uns die Computertechnologie beschert, lassen uns oft nicht erkennen, daß wir dafür mit Einbußen an unserer persönlichen Freiheit zahlen müssen. Es erscheint mir daher ganz dringend, darauf aufmerksam zu machen, daß der Computer, der eine immer größere Rolle in der Entscheidungsfindung in praktisch allen unsern wichtigen behördlichen und nichtbehördlichen Institutionen spielt, eine unauffällige Umschichtung der Kräfte innerhalb unserer Gesellschaft herbeiführen kann. Mit der wachsenden Bedeutung, die die Information gewinnt, erhebt sich die zentrale Frage, wie wir den Exzessen dieses neuen Machtpotentials Paroli bieten und gleichzeitig seine Vorteile dem Volke optimal zukommen lassen können. Wenn wir wirklich an die Privatsphäre als Fundament unserer demokratischen Tradition persönlicher Autonomie glauben und sie erhalten wissen wollen, dann erscheint es mir richtig, meine Stimme gegen den Trend zur Dossier-Gesellschaft zu erheben.«

Nach diesen kritischen Stimmen ist es notwendig, die Probleme näher zu betrachten.

Die Entwicklungstendenzen sind eindeutig:

1. Es entstehen immer mehr und umfangreichere Datenverarbeitungsanlagen. Durch sie wird *für das industrielle Management und die staatlichen Organe ein Wissens- und Machtvorsprung* erreicht. N. Calder sagt hierzu (63; S. 272):

»Ganz abgesehen von der Frage, wer ein computerisiertes Informationssystem verwaltet und wem es gehört, wird doch die Nutzung durch die Regierungen und andere große Organisationen eine wesentliche Quelle zentraler Macht sein. Die Staatsregierung kann das System einsetzen, um sich über den einzelnen Bürger zu informieren; sie kann, zumindest im Prinzip, Informationen, die für die verschiedensten Angelegenheiten erfaßt worden waren, an einer zentralen Stelle zusammentragen: Einkommenssteuererklärungen, Angaben zur Sozialversicherung, Polizeiakten, medizinische Befunde und so weiter — all das über jeden einzelnen aufbereitet ergibt ein hübsches Aktenbündel, aus dem der Staat mehr persönliche Informationen entnehmen kann, als es gut sein mag. Von hier nehmen die Befürchtungen, das Computersystem könne sich in den »Großen Bruder« verwandeln, ihren Ausgang. Das Bild gewaltiger Datenbanken der Regierung, in denen die überkommene Achtung vor der Privatsphäre und der Verschwiegenheit verlorengeht, nimmt Konturen an. »Was immer den amerikanischen Staatsbürgern noch an Privatheit verbleibt«, war der Kommentar des US-Senators Edward Long 1968, »das verbleibt ihnen nur deshalb, weil die Bundesregierung gegenwärtig nicht leistungsfähig genug ist, um all ihre Karteien mit persönlichen Informationen zusammenzuholen.«

Und vor dem Europarat in Straßburg mahnte im Januar 1968 der damalige britische Minister für Technologie E. W. Benn:

»Es ist höchste Zeit, daß die Kybernetiker und die Doktoren der Mathematik, die Programmierer und Systemanalytiker, die Fachleute für Computermaschinerie und die für Computerspeichermaterial aus ihrer geheimen Welt herauskommen. Sie müssen ihrer Verantwortung als Staatsbürger gerecht werden und sich ihren höchst gewöhnlichen, unwissenden, besorgten, skeptischen und unwissenschaftlichen Mitbürgern — wie ich einer bin — mitteilen; sie müssen dazu übergehen, die staatsbürgerliche Verantwortung für die Folgen dessen, was sie tun, zu übernehmen. Und sie müssen begreifen, welche möglichen Konsequenzen ihre Planungen für uns alle haben. Ihr Tun könnte sich als der Anschlag erweisen, der je von einer Gruppe gegen eine etablierte Gesellschaft gerichtet wurde.«

2. Für das Individuum wird die *Fülle der Informationen immer größer* und gleichzeitig die *Möglichkeit rationaler Entscheidungen immer geringer*. Es ist also durchaus möglich, daß sich die »informierte Gesellschaft« zu einer Gesellschaft pervertiert, in der Herrschaft durch technische Informationsprivilegien bestimmt wird.
E. Löbl, in den USA lebendes Mitglied des zerschlagenen liberalen Flügels der tschechoslowakischen KP, schreibt (Zitat in 125; S. 338):

»In der künftigen Gesellschaft wird die politische Entscheidung des Bürgers keinen Sinn haben, denn es geht um so komplizierte Fragen, daß sie der Bürger gar nicht übersehen kann, auch dann nicht, wenn er Hochschulbildung hat. Es muß eine politische Entfremdung entstehen, alles wird wissenschaftlich, pragmatisch und sachlich geregelt werden. Auf der anderen Seite wird die Möglichkeit ins Ungeheure wachsen, den einzelnen Menschen politisch zu kontrollieren und zu beeinflussen. Die Macht wird bei jenen sein, welche die Informationen kontrollieren.«

3. *Schon jetzt ist die politische Kontrolle vor der wachsenden Macht der herkömmlichen Informationsträger auf dem Rückzug.*
In der hochdifferenzierten und -spezialisierten Wirtschaft wird der Entscheidungsspielraum auch der Führungskräfte immer geringer. Fehlentscheidungen haben für alle Beteiligten wachsende negative Folgen. Zur besseren Entscheidungsfindung legen sich die Unternehmungen und Dienstleistungsinstitute umfassende *Datenbänke* an, die jederzeit ausgewertet werden können.

Wahrscheinlich ist schon jetzt der größte Teil der Bürger der Bundesrepublik Deutschland hinsichtlich vieler individueller Charakteristika in Datenbänken erfaßt.
Der größte westdeutsche Adressenverlag, Merkur in Einbeck, hatte 1967 bereits 24 Millionen Adressen gespeichert. Kunden dieses Verlages sind Parteien, Unternehmen der verschiedensten Größenordnungen, Privatdetekteien usw. Allein die bunte Mischung der 30000 Auftraggeber des Verlags beweist, daß die verschiedensten Merkmale und Eigenschaften der erfaßten Personen bekannt sind.
Der Verlag Bertelsmann in Gütersloh hat seine große Informationszentrale mit einem Rechenzentrum verbunden, wodurch er in der Lage ist, Aufträge von Wirtschaftsunternehmungen nach Marketingstrategien zu entwickeln. Auf diese Weise werden z. B. Standorte für Handelsketten oder der Einsatz von Werbekolonnen errechnet.

Noch deutlicher zeigen die USA, deren technologische Entwicklung der unseren voraus ist, wohin der Weg führt: Die Dunhill International List Company bietet z. B. an: 23 000 Adressen von Frauen, die Mittel zur Entwicklung ihrer Brüste gekauft haben, 14 Dollar pro Tausend; 48 000 Adressen von Männern und Frauen, die über beträchtliche Mittel verfügen, 15 Dollar pro Tausend; 500 000 Adressen von Jungvermählten, 17 Dollar pro Tausend; 84 000 Adressen älterer Männer, die Mittel zur Steigerung ihrer sexuellen Leistungsfähigkeit gekauft haben, 15 Dollar pro Tausend (136; S. 143).

Sicherlich wird es noch etwa 10 bis 20 Jahre dauern, bis die Behördenarbeit auf Computer umgestellt worden ist, bis alle für die Verwaltungsarbeit wichtig erscheinenden Daten gespeichert und zum Abruf aufgearbeitet worden sind. Von diesem Zeitpunkt an wird der Staat über seine Bürger genau informiert sein können, auch über sein Freizeitverhalten und seine privaten Vergnügen.

Schon seither war es *für totalitäre Staaten typisch, auch private Daten über seine Bürger zu sammeln.* Das Fehlen von EDV-Anlagen verlangte jedoch den Aufbau eines personell aufgeblähten Verwaltungsapparats, dessen Arbeit trotzdem schwerfällig und zeitraubend blieb, so daß man sich damit begnügen mußte, nur über die wichtigsten Personen Informationsakten anzulegen, ohne allerdings Vollständigkeit und Richtigkeit garantieren zu können.

Das ändert sich jedoch mit der Einführung der Datenverarbeitung; denn nunmehr kann man durch schrittweise Erhöhung der Rechenkapazitäten immer größere Mengen von Informationen speichern und diese Informationen können von verschiedenen Stellen unter verschiedenen Zielsetzungen gespeichert und abgerufen werden.

Die Gefahr, daß der Computer die totale Administration durchsetzt, ist gegeben. Sicherlich wird die Computertätigkeit *mehr Gerechtigkeit für den einzelnen Staatsbürger* bringen. Auch können Verwaltungsakte schneller und einfacher durchgeführt werden. Die Welt eines Franz Kafka wird uns zwar nicht mehr mit ihrer Vermischung von subjektiven und objektiven Entscheidungsgründen bedrohen, dafür wird die Befürchtung von K. Mannheim Wirklichkeit werden, die er aufgrund der Erfahrungen mit den Diktaturen Hitlers und Stalins gewonnen hatte: *bei Zentralisierung der Machtapparaturen werden immer weniger Machtträger, deren Anonymität wächst, vermittels sich ständig verbessernder Sozialtechniken, die Menschen immer nachhaltiger manipulieren.*

Es liegt im Interesse der Staatsbürger, daß die Verwaltung gut arbeitet. Die geplante Einführung einer Kennzahl für alle Bürger der Bundesrepublik Deutschland wird sicherlich nützlich sein, wenn man sich vorstellt, wie wichtig es etwa für einen Arzt ist, alle medizinischen Daten eines Patienten schnell abrufen zu können, der einen Unfall erlitten hat.

Aber wo ist die Grenze zwischen öffentlichem Interesse und dem Freiheitsspielraum des einzelnen Menschen? Was geschieht schließlich mit uns, wenn sich eine radikale Gruppe in den Besitz der Daten über die Staatsbürger setzt?

Als Ende der 60er Jahre die SPD in Nordrhein-Westfalen beabsichtigte, eine Kartei über das Verhältnis aller Wähler des Landes zur SPD anzulegen, vermochte die FDP diese Entwicklung durch die Androhung der Koalitionsaufkündigung im Düsseldorfer Landtag noch zu verhindern.

Was geschieht, wenn Computerfachleute streiken? Noch ist das bei etwa 100000 Computern in der Welt kein Problem. Aber die Gefahr rückt näher, daß die Menschheit von der Milchversorgung bis zur Landesverteidigung von wenigen Datenverarbeitungsspezialisten abhängig wird. Es ist an der Zeit, daß sich der Gesetzgeber intensiver mit den mit der Durchsetzung der Datenverarbeitung auf uns zukommenden Problemen befaßt. Auch wäre die Gründung einer Gewerkschaft für EDV-Fachleute wichtig, weil die demokratische Tradition dieser Organisation auf die Verhaltensweisen der Mitglieder einwirken kann. Es besteht weiterhin die Gefahr, daß sich die EDV-Fachleute mit Presse, Rundfunk und Fernsehen zusammentun und ein Informationsmonopol bilden, dessen meinungsbildende Wirkung man als Rückkopplungseffekt feststellen kann, um von hier aus weitere Meinungsplanung vorzunehmen. Hierzu bemerkt Ö. Jursa (99; S.291):

»Dieser Teufelskreis des Manipulierens wird geschlossen sein in dem Augenblick, da die informationsverarbeitenden Medien mit den informationsverarbeitenden kybernetischen Maschinen zu einem Ungeheuer zusammengewachsen sein werden, für die es erst einen Namen zu finden gilt.«

Schon N. Wiener erkannte 1950 (169; S. 15):

»Es ist wahr, daß wir menschliche Wesen allein oder in Verbindung zu Automaten betrachten, die in einer gegenseitigen Informationsbeziehung zu ihrer Umwelt stehen. Dabei unterscheidet sich unsere Vorstellung von der Gesellschaft von der idealen, an die viele Faktizisten und starke Könner in Wirtschaft und Regierung glauben. ... Diese Leute bevorzugen eine Organisation, in der alle Befehle von oben und keine zurückkommen. Die Menschen sind unter ihnen auf dem Stand ausführender Organe im Dienste eines höheren nervlichen Organismus reduziert... Diejenigen, die einem Machtkomplex verfallen sind, finden in der Mechanisierung der Menschen das einfachste Mittel, ihre Ambitionen zu befriedigen ... Ich ... protestiere gegen diesen unmenschlichen Mißbrauch menschlichen Wesens.«

L. Mumford spricht von den »Megamaschinen«. Er denkt dabei an eine allumfassende Technik, die eine Gesellschaft zu schaffen vermag, in der Ordnung, Macht, Voraussagbarkeit und insbesondere Kontrolle die Menschen zu bloßen funktionierenden Bestandteilen werden läßt.

2.3 Die gesellschaftliche Bedeutung der Datenverarbeitung

2.3.2 Moralische Aspekte der Datenverarbeitung

Die Transparenz der technischen Entwicklung wird für den einzelnen Bürger immer mangelhafter. Zugleich beeinflußt die technologische Entwicklung immer mehr die Lebensqualität, ohne daß negative Folgen sofort sichtbar werden.

So zeigte sich zum Beispiel erst in jüngster Vergangenheit, daß das 1938 erstmalig zur Anwendung gebrachte DDT (Dichlor-Diphenyl-Trichloräthan), das seinem Entdecker Paul Müller 1948 den Nobelpreis einbrachte, für die menschliche Gesundheit schädlich ist, nachdem man es jahrelang als Insektizid zur Schädlingsbekämpfung eingesetzt hatte, um die Nahrungsbasis der Menschen zu erweitern.

Der Computer bietet die Chance, negative Folgen der Anwendung technischer Erfindungen eher zu erkennen. Er ist in der Lage, Zusammenhänge zu erfassen und in die Zukunft zu schauen. Aber der Computer hat kein Gewissen! Hierzu sagt K. Steinbuch (148; S. 18):

»Wir müssen ihn durch operational definierte Moral zu moralischem Verhalten bringen.«

Es wäre falsch, die EDV als einen wissenschaftlichen Religionsersatz anzusehen. Eine völlige Unterwerfung des Menschen unter den Glauben an die Logik der durch die Datenverarbeitung erbrachten Tatsachen ist gefährlich. Der Computer vermag zwar Entwicklungen zu durchschauen und alternative Lösungen anzubieten, die Entscheidung aber kann er dem Menschen nicht abnehmen (80; S. 56).

»Wo es keine Antwort gibt, da ist auch keine Frage«, sagt L. Wittgenstein, aber die Programmierung eines Computers beruht auf Wertbegriffen des Menschen, die nicht immer bewußt sein müssen. Es ist zuerst eine moralische und danach eine politische Entscheidung, welchem Ziel dieser Vorrang zu geben ist, dem weiteren Wachstum der Produktion oder einem besseren Leben mit reiner Luft, sauberem Wasser und nicht vergifteten Nahrungsmitteln. Wollen wir uns völlig kybernetischen Maschinen unterwerfen, die uns unter Umständen absurde Gesellschaftszustände bescheren, in denen menschliches Leben nur als abstrakte Kommunikationsgemeinschaft im Verbund mit elektromagnetischen oder laserierten Nachrichtensträngen besteht?

Der Computer kann dem Menschen helfen, aber die Wertmaßstäbe für seinen Arbeitsauftrag sind weder errechenbar noch vom Menschen unabhängige Gesetze.

E. Fromm fordert (80; S. 107), daß die Denkmaschinen funktionale Bestandteile eines am Leben orientierten Sozialsystems sein müssen. Humanes Planen bedeutet Orientierung an den Entfaltungsmöglichkeiten des Menschen. Ein nach diesen Gesichtspunkten entwickeltes Wertsystem mit Massenverbindlichkeit zu schaffen, ist langwierig und erfordert eine umfassende Aufklärungsarbeit, wobei das Engagement der politischen Kräfte selbst auf Kosten von Augenblickserfolgen — etwa bei Wahlen — notwendig sein wird.

1. In der Öffentlichkeit müssen Prioritäten der Forschungspolitik diskutiert und durchgesetzt werden, wobei mögliche Spätfolgen der jeweiligen Entscheidungen sichtbar zu machen sind. Hierbei sollte ein vorsichtiges Abwägen der Zukunftschancen selbstverständlich sein. Staatliche Finanzhilfe ist erst danach zu gewähren.

2. Die internationale Zusammenarbeit ist zu forcieren. Das sollte insbesondere zu einem politischen Zusammenschluß der EG-Staaten führen, um in diesem hochindustriellen Zentrum der Welt als Voraussetzung für eine weitsichtige Politik nationale Konkurrenz auszuschalten.

3. Der Bereich der Technik (Ingenieurwissenschaften, Technologie, Informatik usw.) muß einen festen Platz im Lehrkanon auch des allgemeinbildenden Schulwesens erhalten. Auch sollte es in der Schule zu einer stärkeren Zusammenarbeit zwischen den Natur- und Sozialwissenschaftlern kommen, werden doch politische Entscheidungen immer mehr von der Einsicht in naturwissenschaftliche Vorgänge und Erfordernisse abhängen.

4. Die technologische Entwicklung ist nicht durch Beschwörungen zu beeinflussen. Sie ist nur durch technik-adäquate Mittel zu steuern, d.h. also etwa durch Systemanalysen, deren Ergebnisse der Öffentlichkeit mehr verdeutlicht werden müßten und die vor allem in der Gestaltung der politischen Entscheidungen einen festen Platz erlangen sollten. Aus den Ergebnissen von Systemanalysen sind Werte für Entscheidungen zu finden, die den Umgang mit der Technik und das Zusammenleben der Menschen humanisieren. Das erfordert organisatorische und methodische Kontrollmöglichkeiten, wozu auch eine Verbesserung der Auswahlkategorien für Verantwortungsträger gehört.

2.3.3 Schutz vor der Datenverarbeitung

Die Datenverarbeitung beeinflußt den Menschen in vielfältiger Weise:
1. Ein Merkmal einer entwickelten Kultur ist die *Freiheit der Privatsphäre*. Schon jetzt unterliegt zwar der einzelne Bürger oder die Familie dem Druck der Umwelt und der Gesellschaft, aber der persönliche Bereich kennt doch einen gewissen Schutz. Die Durchsetzung von

EDV-Anlagen in Wirtschaft und Staat kann ohne Wissen des betroffenen Individuums zur Sammlung und Benutzung sehr privater Unterlagen führen.

2. Der Computer ist *sittlich indifferent*. Die Gefahr besteht, daß die *Denkmaschinen zum bloßen Machtinstrument* in den Händen weniger Menschen werden. Es kann sich neues, in den Möglichkeiten bislang unbekanntes *Herrschaftswissen* ausbilden. Damit können sich *elitäre Machtstrukturen bei Abbau demokratischer Kontrolltechniken* durchsetzen.

3. Die heute oft zitierte und verschieden definierte *»Entfremdung des Menschen«* kann einen neuen Inhalt bekommen: die intellektuellen Leistungen des Computers können künftig die des Menschen überholen, so daß dieser nur noch einfache Denkleistungen vollzieht oder vollziehen will. Die Gefahr, sich völlig den Denkmaschinen auszuliefern, ist einmal durch die *Gefahr der Vergötzung der Technologie* gegeben. Andererseits wird künftig politische Macht und außenpolitischer Einfluß von der Quantität und Qualität von Datenverarbeitungsanlagen einer Nation abhängen.

4. Die gegenwärtige Informationslawine macht das Individuum noch unsicherer, das Geschehen zu beurteilen und einen Standpunkt zu finden. Eine unkontrollierte Verbindung von EDV-Anlagen und Informationsträgern wird zur *Manipulierung und Verplanung des Menschen* führen. Nicht mehr die Erzeugung, sondern die Auswahl von Informationen ist entscheidend. Wer wird nun nach welchen Gesichtspunkten diese Auswahl vornehmen?

5. Es besteht die Gefahr, daß die Datenspeicherung den Menschen nie aus seiner Vergangenheit entläßt. *Fehlverhalten — gleich in welchem Bereich — kann das ganze Leben lang angelastet werden.* Die informative Grundlage zur totalen Beherrschung von Menschen ist also gegeben.

P. Leroque, Mitglied des französischen Staatsrats, bemerkte beim UNESCO-Kongreß über »Automatisiertes Management und Humanismus« (Zitat in 65; S. 202):

»So paradox es klingen mag, erscheint gerade das Recht auf Irrtum häufig als ein wesentliches Attribut der Freiheit. Ja, es ist sogar oft eine Vorbedingung des Fortschritts, weil auch die Bemühung, einen Fehler zu bekämpfen und auszuschalten, zu neuen Erkenntnissen führen, unser Wissen vergrößern und sogar die Wissenschaft voranbringen kann.«

Interessante Einwände nannte der bekannte amerikanische Publizist V. Packard 1967 gegen die Einrichtung eines »National Date Center« (Zitat in 63; S. 270):

»Die Menschen lieben es nicht, bloße Nummern in einer Maschine zu sein. Die Menschen werden der Regierung mißtrauen und vielleicht falsche Informationen geben. Die Computer vergessen nichts, und so kann ein Mann wegen eines belanglosen Vorfalls in seiner Kindheit sein Leben lang als »Gesetzesbrecher« gelten. Die Informationen über einen Menschen können von Amtspersonen benutzt werden, um ihn einzuschüchtern.«

Es wird wohl ein vergebliches Unterfangen bleiben, sich gegen die technologische Entwicklung stemmen und die Speicherung von Daten und Informationen verhindern zu wollen.

Niemand kann bestreiten, daß etwas zur Verbesserung der Infrastruktur eines Ortes — Bau von Schulen oder Krankenhäusern — zunächst einmal Daten zur lokalen Bevölkerungsstruktur und Krankheitsstatistik vorhanden sein müssen. Auch bedarf etwa eine Bank der Unterlagen über einen Kunden, der einen Kredit aufzunehmen wünscht; diese Daten gehen aber nur die Bank etwas an, sonst niemanden.

Die Wahrung der Privatsphäre, d.h. die Möglichkeit, Informationswünsche anderer zurückweisen zu können, kann im Zeitalter der Information nur dadurch erreicht werden:

1. Strenge Auswahlkategorien und klare Disziplinarbestimmungen haben dafür zu sorgen, daß *nur qualifizierte Personen an entscheidenden Positionen* bei der Datenverarbeitung Verwendung finden.

2. Jeder Staatsbürger muß das Recht besitzen, alle ihn betreffenden gespeicherten Daten hinsichtlich der sachlichen Richtigkeit, aber auch der Berechtigung jederzeit überprüfen und durch *eine besondere Gerichtsbarkeit* — die für diesen Bereich noch geschaffen werden müßte — ändern oder löschen zu können.

3. Die generelle Informationsmöglichkeit über gespeicherte Daten wird genaue, *eng definierte Einschränkungen* erfahren müssen. So sollte z.B. ein Arzt nur medizinische Daten abrufen dürfen.

4. Schutz vor Datenmißbrauch muß auch die *Sicherheit vor kommerzieller Ausbeutung* beinhalten. Staatlichem Mißbrauch könnte auch dadurch entgegengetreten werden, daß die parlamentarische Opposition besondere Überwachungsmöglichkeiten erhält und praktizieren kann.

An dieser Stelle sollen einige Zitate das Problem der Privatsphäre im Computerzeitalter verdeutlichen. 1967 definierte eine internationale Juristenkonferenz das Recht des Menschen auf Privatsphäre als Schutz vor

»Einmischung in sein Privat-, Familien- und häusliches Leben; Beeinträchtigung seiner physischen oder geistigen Integrität oder seiner moralischen oder intellektuellen Freiheit; Angriffe auf seine Ehre und seinen guten Ruf; Darstellung in einem falschen Licht; Enthüllung irrelevanter, unangenehmer Fakten aus seinem Privatleben; Verwendung seines Namens, seiner Identität oder seines Äußeren; Spionage, Schnüffelei, Beobachtung oder Verfolgung; Eingriffen in seine Korrespondenz; Mißbrauch seiner privaten schriftlichen oder mündlichen Äußerungen; Enthüllung von Informationen, die unter den Bedingungen des Berufsgeheimnisses von ihm gegeben oder empfangen wurden.«

M. Warner und M. Stone führen aus (161; S. 133):

»Ein weiteres Merkmal der Privatsphäre ist, daß sie uns erlaubt zu bestimmen, wem oder welcher Organisation wir etwas über uns mitteilen wollen. Die Regierungen verfügen bereits über die gesetzlichen Mittel, umfangreiche Faktensammlungen anzulegen, und wo dies geschieht, sollten wir Sicherheit haben, daß das Material unter keinen Umständen andere Regierungsinstitutionen oder Außenstehende erhalten. Geben wir jemanden freiwillige Informationen über uns, etwa bei Hypotheken- und Versicherungsverträgen oder Stellenbewerbungen, sollten wir mit Recht annehmen dürfen, daß dieser Bestandteil unserer selbst mit Ehrerbietung und Respekt behandelt wird.«

A. Westin sagte vor einem US-Senatsausschuß (Zitat in 161; S. 219):

»Den unbeschränkten Einsatz des Computers droht die moderne Auffassung von Privatsphäre und Freiheit zu verhindern. Wollen wir diese Werte beibehalten, ist die Macht des Computers strikt zu beschneiden. Ein Informationsaustausch von Computer zu Computer darf nicht stattfinden. Die Datenspeicher sind mit kostspieligen Sicherheitsvorkehrungen gegen willkürliche Eingriffe sowie gegen die Entstellung von Fakten auszustatten. Da es keine absolute Sicherheit gibt, darf man manche Fakten überhaupt nicht im Computer speichern. Die Würde des Menschen hat den Vorrang vor der menschlichen Leistungsfähigkeit — auch wenn man diese durch eine Theorie des gesellschaftlichen Fortschritts rechtfertigt. Wir dürfen nicht zulassen, daß die Besitzer oder Benutzer von Datenbanken unsere Wehrlosigkeit mit Vertrauensbruch, Einmischung in unsere Angelegenheiten und mit Tyrannei beantworten.«

Das Bundesland Hessen begann bereits um 1967 mit dem Aufbau einer staatlichen integrierten Datenverarbeitung.

Sie besteht aus der Hessischen Zentrale für Datenverarbeitung und den Gebietsrechenzentren der fünf Planungsregionen des Landes. Gleichzeitig wurde ein *Datenschutzgesetz* verabschiedet (Drucksache Nr. 3065, Hessischer Landtag, 6. Legislaturperiode). Demnach besteht die parlamentarische Kontrolle der Hessischen Zentrale für Datenverarbeitung darin, daß vier Landtagsmitglieder dem Verwaltungsrat dieser Institution, einer Körperschaft des öffentlichen Rechts, angehören.

Das Hessische Datenschutzgesetz bestimmt:
in § 2:

Die vom Datenschutz erfaßten Unterlagen, Daten und Ergebnisse sind so zu ermitteln, weiterzuleiten und aufzubewahren, daß sie nicht durch Unbefugte

eingesehen, verändert, abgerufen oder vernichtet werden können. Dies ist durch geeignete personelle und technische Vorkehrungen sicherzustellen.
in § 5:

1. *Jedes Mitglied (Land, Landkreis, Gemeinde usw.) und jeder Auftraggeber hat das Zugriffsrecht auf seine Datenbestände.*
2. *Durch die Erledigung der Verwaltungsarbeiten und anderer Aufgaben unter Einsatz von Datenverarbeitungsanlagen werden die Vorschriften über die Geheimhaltung nicht berührt.*
3. *Durch geeignete Vorkehrungen ist sicherzustellen, daß Daten nicht durch Unbefugte abgerufen werden können.*

Dieses Gesetz hat allerdings keine Anwendungsmöglichkeiten gegenüber privaten Datenverarbeitungsanlagen. Zur Überwachung der Datenschutzvorschriften wurde ein unabhängiger *Datenschutzbeauftragter* eingesetzt. An ihn kann sich jeder Bürger wenden. In einem Jahresbericht macht er seine Erfahrungen und Vorschläge der Öffentlichkeit bekannt.

Seit 1973 gibt es auch seitens der Bundesregierung einen »Entwurf eines Gesetzes zum Schutz vor Mißbrauch personenbezogener Daten bei der Datenverarbeitung«. In diesem Entwurf wird zwar versucht, auch Datensammlungen von Privatleuten zu erfassen, aber er ist insofern völlig unzureichend, als man meint, daß für die staatlichen Behörden keine besondere Kontrolle notwendig sei, da diese an Vorschriften gebunden sind.

Das hier wieder aufgenommene *Prinzip der Selbstkontrolle* könnte noch akzeptabel sein, wenn das Bild vom neutralen, dem Staat selbstlos dienenden und gegen jedermann gleichermaßen objektiv eingestellten Beamten tatsächlich noch stimmen würde. Abgesehen davon, daß die politische Neutralität selbst in der Blütezeit des Beamtentums — also im 19. Jahrhundert — problematisch war, fordern heute schon Beamtengruppen das Streikrecht. Überhaupt bedarf der Öffentliche Dienst hinsichtlich der Organisation, der Aufgabenstellungen und des Verhältnisses zum Dienstherrn einer Neuordnung. Der genannte Entwurf sieht keinen Schutz des Bürgers vor Datenmißbrauch seitens des Staates vor. Eine Kontrolle der Behörden ist nicht nur nicht vorgesehen, vielmehr sieht der Entwurf auch vor, später einmals selbst von den Behörden regeln zu lassen, nach welchen Kriterien die Selbstkontrolle zu geschehen habe. Sicherlich ist das Bekenntnis zur Selbstkontrolle bemerkenswert, aber es überschätzt doch angesichts der anstehenden Probleme die eigenen Möglichkeiten und Fähigkeiten. *Sollte dieser Entwurf Gesetzeskraft erlangen, so werden die Daten gegenüber den Bürgern geschützt und nicht etwa die Privatsphäre gesichert.*

2.3 Die gesellschaftliche Bedeutung der Datenverarbeitung

Die Vorstellungen der Bundesregierung sind um so verwunderlicher, als am 19. 12. 1966 die Vollversammlung der UN eine Entschließung annahm, derzufolge der Generalsekretär aufgefordert wurde, eine Untersuchung der Probleme durchzuführen,:

»die für die Menschenrechte von den Entwicklungen in Wissenschaft und Technologie aufgeworfen werden, und zwar insbesondere

(a) im Hinblick auf die Achtung des Privatlebens des einzelnen und des Bestandes und der Souveränität der Nationen angesichts des Fortschritts der Ton- und Bildaufzeichnungen und anderer Verfahren;

(c) im Hinblick auf solche Verwendungsarten der Elektronik, welche die persönlichen Rechte in Frage stellen können sowie auf die in einer demokratischen Gesellschaft erforderlichen Einschränkungen solcher Verwendungen;

(d) ganz allgemein im Hinblick auf das zu schaffende Gleichgewicht zwischen wissenschaftlichem und technischem Fortschritt und der Hebung des intellektuellen, geistigen, kulturellen und sittlichen Niveaus der Menschheit.«

In anderen Staaten ist die rechtliche Ordnung der aus der Datenverarbeitung herrührenden Probleme ebenfalls noch nicht generell gelöst. In den USA gibt es mehrere Einzelgesetze, die sich um die Wahrung der Rechte der Individuen bemühen. In England, wo es zum guten Ton von Behörden gehört, Angaben besonders vertraulich zu behandeln — ein im Zweiten Weltkrieg angelegtes Nationalregister wurde angeblich vernichtet —, bemüht man sich um eine gesetzliche Regelung der Probleme. In Schweden wurde das Recht des Bürgers, die Herausgabe seiner Daten zu kontrollieren, verfassungsrechtlich verankert.

Wahrscheinlich wird man *unabhängige Kontrollorgane* schaffen und sie der Datenverarbeitung — auch der privaten — gegenüberstellen müssen. Sie bedürfen der Autorität und der Machtmittel, um sich gegen Verwaltungen und Wirtschaftsunternehmen durchsetzen zu können. Keinesfalls dürfen sie der Weisungsbefugnis der Regierung unterworfen sein. Vielleicht kann man von der schwedischen Einrichtung des *Ombudsman* ausgehen, der offensichtlich schon bei der Konzipierung des hessischen Datenschutzbeauftragten Pate stand. Das Parlament allein vermag diese Kontrolle nicht auszuüben, ist es doch schon jetzt kaum mehr in der Lage, die Regierung zu kontrollieren.

Die Hoffnung, Informationsmonopolen dadurch zu entgehen, daß eine *Vielzahl von konkurrierenden Informationssystemen* aufgebaut wird, als »*in Hardware übersetzte Liberalität*«, wie es K. Steinbuch (148; S. 275) genannt hat, ist trügerisch, da die technologische Vernunft zu einem Verbund der Systeme drängt.

Verständnisfragen zu Kapitel 2.3

2.3.1 In welchen Bereichen von Technik, Medizin, Wirtschaft und Verwaltung wird der Computer bereits eingesetzt?
2.3.2 Welche Entwicklungstendenzen lassen sich beim Aufbau der Datenverarbeitung in der Verwaltung bereits erkennen?
2.3.3 Wie ist »Privatsphäre« zu definieren?
2.3.4 Welche Gefahren erwachsen der Freiheit des Bürgers aus der Datenverarbeitung?
2.3.5 Welches Verhältnis besteht zwischen der Anwendung der Datenverarbeitung durch die Regierung und den derzeitigen demokratischen Kontrollmöglichkeiten?
2.3.6 Weshalb sind die herkömmlichen Parlamente kaum in der Lage, die Datenverarbeitung in den Behörden zu kontrollieren?
2.3.7 Wie beurteilen Sie das hessische Datenschutzgesetz?
2.3.8 Worin liegt die Schwäche des Entwurfs eines Datenschutzgesetzes durch die Bundesregierung?
2.3.9 Nach welchen Gesichtspunkten sollten die Mitarbeiter der Datenverarbeitung in den Behörden ausgewählt werden?
2.3.10 Gibt es Beziehungen zwischen den düsteren Zukunftsprognosen etwa von G. Orwell oder von A. Huxley und dem Aufbau von Datenverarbeitungsbehörden?

2.4 Politische Kybernetik

2.4.1 Kybernetische Probleme der Politik

In den Sozialwissenschaften werden kybernetische Analysen zu folgenden Zwecken durchgeführt:
1. um in Gesellschaften selbstregulierende Systeme nachzuweisen;
2. um die Steuerungs-, Kommunikations- und Kontrollprozesse zur Stabilisierung von Gesellschaften aufzuzeigen;
3. Konflikte in selbstregulierenden Gesellschaftsprozessen darzulegen.

Dabei interessieren nach K.W. Deutsch (66; S.109) insbesondere folgende Fragen:
1. In welchem Ausmaß und mit welcher Geschwindigkeit ändert sich in einem System ein Ziel?
2. Wie schnell »schaltet« ein System nach Empfang neuer, anderer Informationen? Wodurch werden Verzögerungen bedingt? Wie groß muß die Kurskorrektur sein? Besteht die Gefahr einer Übersteuerung?
3. Ist die Führung in der Lage, die Probleme rechtzeitig zu sehen?

Die Selbststeuerung sozialer Organisationen und Systeme hängt von der Zahl und der Anordnung der Informationswege sowie der Schnelligkeit und der Genauigkeit des Informationsflusses ab. Jede Selbststeuerung geht zurück auf eine Mischung von Meldungen aus der Außenwelt, Informationen aus dem eigenen System und erinnerten Gedächtnisinhalten.

Jedes System — höherer Organismus, Person, Gemeinwesen oder Regierung — kann sich die Autonomie nur dann erhalten, wenn es »offen« ist, die drei Informationsströme zu verarbeiten (vgl. Abb. 2.4/1).

Bei der Untersuchung staatlicher Entscheidungsapparate kommt K.W. Deutsch (66; S.147) zur Entwicklung von Modellen, die die

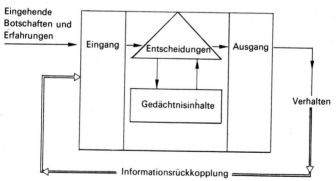

Abb. 2.4/1. Schema der Autonomieerhaltung im offenen System (nach K.W. Deutsch 1968 (66))

Kommunikationsströme und die Beeinflussungsmöglichkeiten innerhalb der Gesellschaft aufzeigen. Er unterscheidet dabei folgende Gruppen:

1. *Die sozio-ökonomische Elite:* etwa 2—3% der Bevölkerung besteht aus Großaktionären, Top-Managern, Bankiers, wichtigsten Arbeitgebern, unterhält untereinander ein dichtes Netz von Beziehungen.
2. *Regierung und politische Elite:* kein geschlossener Block, unterhält aber enge Beziehungen zu Untergruppen. Sie besteht aus höheren Beamten der Exekutive, Legislative, Gerichtsbarkeit, des Militärs, Spitzenvertretern der Parteien, Kirchen, Gewerkschaften und Wirtschaftsverbände.
3. *Massenkommunikationsmittel:* Presse, Rundfunk, Fernsehen und Verlagswesen.
4. *Örtliche Leitpersonen:* etwa 5—10% der Bevölkerung, verfolgen aufmerksam das Geschehen über die Massenmedien und vermitteln ihre Meinungen an Nachbarn und Bekannte. Wichtigste Zugehörige sind örtliche Parteiführer, kommunale Spitzenbeamte, Anwälte, Ärzte, Apotheker, Lehrer, Pfarrer, Verbandsvertreter.
5. *Die Wahlbevölkerung:* etwa 50—90% der Erwachsenen.

Alle diese Gruppen empfangen Informationen und greifen auf Gedächtnisspeicherungen zurück, treffen Entscheidungen und produzieren damit neue Informationen und Aktionen. Jede der Gruppen verfügt über eigene Gedächtnisinhalte und besitzt Autonomie. Jede Gruppe kann angenommene Informationen an die ihr übergeordnete Gruppe zurückgeben. Jede Gruppe unterhält insbesondere zur benachbarten enge Kommunikationen.

Abb. 2.4/2(a—f) zeigt Modelle dieser wechselseitigen Beziehungen.

Politische Macht gründet sich nach der Vorstellung der politischen Kybernetik auf Information. Ohne vorherige Information läßt sich nicht regieren. Das Befolgen der Anordnungen einer Regierung ist nicht ohne vorherige Information möglich, deren Speicherung gleichzeitig einen Überblick über die Qualität der Anordnungen ermöglicht. Die Erinnerung innerhalb der Bevölkerung daran, welche Befehle und welche Befehlenden bedeutsam waren und sind, erzeugt Legitimationsdenken. *Legitimitätsvorstellungen können nur dort wirksam werden und bleiben, wo ein Informationsfluß herrscht und gleichzeitig ein Netzwerk persönlicher Kommunikation vorhanden ist.* So hängt der Erfolg einer politischen Partei auf jeder Wirkungsebene von einem Netzwerk von Kommunikationskontakten ab. Vor Wahlen veranstalten Parteien Kontaktgespräche z. B. mit Sportvereinen und Wirtschaftsgruppen. Vertreter von Verbänden erhalten sichere Plätze auf den Wahllisten der Parteien. Das wiederum steigert den Einfluß der organisierten Interessen.

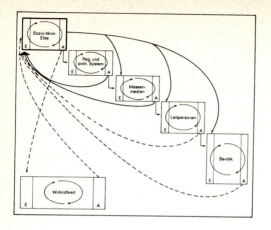

(a)

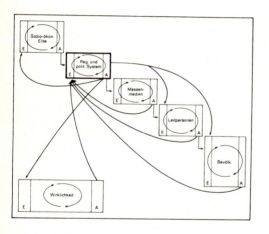

(b)

Abb. 2.4/2. Kaskadenmodelle der Kommunikationsströme und der Beeinflussungsmöglichkeiten innerhalb der Gesellschaft (nach K.W.Deutsch 1968 (66)). (a): Beziehungen der sozio-ökonomischen Elite; (b): Beziehungen der Regierung und der politischen Elite

(c)

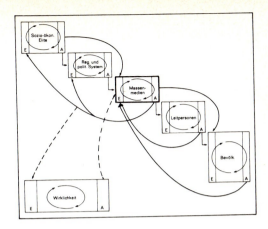

(d)

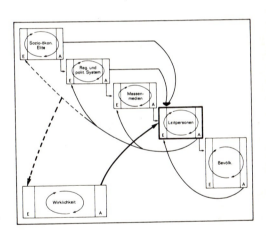

Abb. 2.4/2. Kaskadenmodelle der Kommunikationsströme und der Beeinflussungsmöglichkeiten innerhalb der Gesellschaft (nach K.W.Deutsch 1968 (66)). (c): Beziehungen der Massenmedien; (d): Beziehungen der örtlichen Leitpersonen

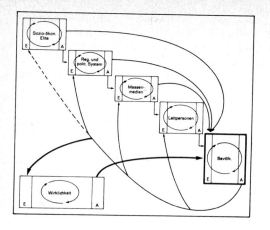

(e)

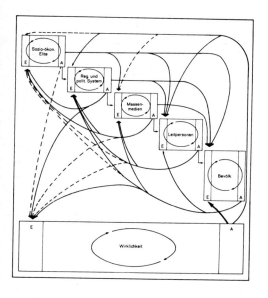

(f)

Abb. 2.4/2. Kaskadenmodelle der Kommunikationsströme und der Beeinflussungsmöglichkeiten innerhalb der Gesellschaft (nach K.W. Deutsch 1968 (66)). (e): Beziehungen der Wahlbevölkerung; (f): Gesamtheit der Beziehungen in einer fünfstufigen Gesellschaft (aus (a) bis (e))

Die französiche Republik oder die norwegische Monarchie genossen nach 1940 bei ihren Völkern ein hohes Ansehen (Legitimitätsvorstellung), so daß die Kommunisten zunächst keinen erfolgreichen Widerstand gegen die deutsche Besatzung organisieren konnten und die »*Quislinge*« — nach dem norwegischen Ministerpräsident Quisling während der deutschen Besetzung benannte Kollaborateure — in der Isolierung blieben. Durch Identifizierung mit der Republik oder der Monarchie konnten die erst so schwachen Kommunisten dann aber die Führung im Widerstand übernehmen. Durch die hierbei über den engeren Kreis hinaus gewonnene Kommunikationsmöglichkeit vermochten sie einen erheblichen Einfluß auf die erste Nachkriegsentwicklung in diesen Staaten zu gewinnen. In den ostmitteleuropäischen Ländern konnten sie unter dem Schutz der Roten Armee alle Kommunikationsnetze kontrollieren, so daß weder die polnische noch die tschechoslowakische Exilregierung nach ihrer Rückkehr aus London Fuß fassen konnten.

Eine *besondere Entdeckung der politischen Kybernetik* ist die »*mittlere Informationsebene*« (66; S.252). Die mittlere Ebene — nach K.W. Deutsch die *Ebene der* »*Obristen*«, denen auf zivilem Sektor die Leiter der Personalabteilungen, die Ministerialräte, die Polizeichefs der großen Städte, bei der Presse die Chefredakteure der großen Zeitungen, in der Parteipolitik die Sekretäre in den wichtigsten Städten und Bezirken, die Vorsitzenden bedeutsamer Verbände und Vereine entsprechen — liegt den Bürgern so nahe, daß von hier aus jeder Kontakt zwischen den Massen und der höchsten Entscheidungsebene unterbunden werden kann.

Hierzu ein Beispiel aus dem militärischen Bereich: Die Generale sind in der Armee derart in der Minderzahl, daß sie nicht unmittelbar mit allen Soldaten in Kontakt treten können; die Anzahl der Feldwebel und Leutnants zu groß, um sich wirksam organisieren zu können. Daher ist der »*Obrist*«, der Oberst, die geeignete Position, von der aus Militär politisch tätig werden kann. Man denke an die Militärputsche unserer Tage z.B. in Ägypten (Oberst Nasser), Peru, Griechenland, Chile oder die die Weimarer Republik attackierenden Freikorps. Und ein anderes Beispiel aus der Parteipolitik: Die starke Stellung der »*Landesfürsten*« in den Parteien, ohne die der jeweilige Bundesvorstand keine Entscheidung treffen kann. 1973 waren es die »*Landesfürsten*«, deren Votum den damaligen CDU-Vorsitzenden Rainer Barzel zum Rücktritt veranlaßte.

Der Erfolg der mittleren Ebene hängt allerdings von der Zusammenarbeit der Kollegen untereinander ab. *Der Aufstieg eines Führers und seine Führungskontinuität hängen von seiner Fähigkeit ab, Neigungen und Abneigungen der Gefolgsleute zu kennen und deren mögliche Reaktionen einzukalkulieren.*

Der hieraus sich entwickelnde *Trend zur Oligarchisierung demokratischer Massenorganisationen* wurde bereits vor 1914 von R. Michels erkannt. Die politische Kybernetik bestätigt diese Beobachtung.

2.4 Politische Kybernetik

Für eine Regierung oder eine Parteiführung ist es wichtig, die Kanäle und Institutionen zu kennen, die Informationen über die eigene Anhängerschaft verschaffen. *Die Kenntnis des Loyalitätsgrades von Mitarbeitern und untergeordneten Organisationen ist gleichermaßen in Demokratien wie in Diktaturen entscheidend. Nötigenfalls können Loyalitätsprüfungen und Säuberungen ein gestörtes Verhältnis zwischen Führung und Gefolgschaft wieder in Ordnung bringen.*

In Krisenzeiten hingegen ist der *Zeitfaktor*, den ein Gesinnungswandel benötigt, für jede Verschwörung oder deren Verhinderung wichtig. *Revolutionen sind in der Regel Folgen ungenügender interner Nachrichtenvermittlung;* ein den verschiedenen gesellschaftlichen Gruppen wenig entgegenkommendes Verhalten etwa von Ludwig XVI. oder Nikolaus II. zum Beispiel rührte von der Unkenntnis oder Nichtbeachtung der Informationen aus dem Volke her.

Die Sozialkybernetik geht davon aus, daß die Bildung einer Gesellschaft nur durch Kommunikation ermöglicht wird. Hieraus ergeben sich die Kriterien der Systemanalyse einer Gesellschaft. In diesem Zusammenhang folgen wir wieder K. W. Deutsch (67; S. 127):

»Jedes System besitzt Ziele *(»Präferenzen«)*, die in einer bestimmten Reihenfolge stehen und natürlich verändert werden können. Veränderungen setzen Lernprozesse voraus, die auch die Bewußtseinsinhalte der Gesellschaftsmitglieder ändern.«

Die Lebensfähigkeit hängt nicht nur von der Qualität der zur Verfügung stehenden Informationen ab, sondern auch von dem Vermögen, jeweils nach Maßgabe der neuesten Informationen veränderliche Rangordnungen der Ziele setzen zu können. Wille und Macht sind für das Überleben sozialer Systeme entscheidend. Was aber sind Wille und Macht im kybernetischen Sinn? K. W. Deutsch (67; S. 137) sagt dazu:

»Der Wille ist ein Vorgang, bei dem das Entscheidungssystem Daten aus seiner Vergangenheit in der Weise einsetzt, daß die aus seiner Umgebung laufend empfangenen Informationen vollständig oder weitgehend unwirksam gemacht werden. In einer extremen Form ... funktioniert der Wille in der Politik ähnlich wie der Redaktionsschluß bei der Zeitung ... Der Wille beurteilt die Relevanz von Ereignissen und Nachrichten nach einem zeitlichen Maßstab: Informationen, die vor dem Augenblick der Entscheidung empfangen wurden, können noch als relevant berücksichtigt werden, spätere Nachrichten nicht mehr ... Da der Wille fähig ist, zäh an einer einmal gefaßten Entscheidung festzuhalten, scheint er einen Ausweg anzubieten, mit dem man die psychische Belastung weiterer Entscheidungsbildung umgehen kann ... Der Vorteil eines solchen Verfahrens liegt auf der Hand: das ursprüngliche Problem braucht nicht wieder aufgeworfen zu werden und erneute innenpolitische Konflikte werden dadurch vermieden ...«

Ohne den Willen zum Lernen, das heißt neue Informationen anzunehmen und durch Rückkopplung wirksam werden zu lassen, kommt es zum Zusammenbruch eines Systems.

Um diesen Willen durchzusetzen, bedarf es der Macht; hierzu wiederum K.W.Deutsch (67; S. 329):

»Wenn »Wille« als Wunsch verstanden wurde, nicht zu lernen, so ist »Macht« die Fähigkeit, nicht lernen zu müssen. In dieser einfachen Bedeutung sind Wille wie Macht Elemente der Pathologie des sozialen Lernens ... Pathologisch ist ein Lernprozeß (mit entsprechender Veränderung der inneren Struktur), durch den die zukünftige Lernfähigkeit des Systems nicht erhöht, sondern verhindert wird. Wille und Macht können leicht in selbstzerstörerisches Lernen umschlagen, wenn sie zur Überbewertung der Vergangenheit gegenüber der Zukunft, der in einer begrenzten Umwelt erworbenen Erfahrungen gegenüber der Weite des umgreifenden Universums oder gegenwärtiger Erwartungen gegenüber allen möglichen Überraschungen, Entdeckungen und Veränderungen führen. Wenn sie zum Exzess getrieben werden, können Wille und Macht in ihrer einfachen Bedeutung die Entscheidungssysteme, in denen sie die Oberhand gewinnen, zugrunde richten ...«

Das beste Beispiel für einen durch pathologischen Lernprozeß wachsenden Verlust an Realitätsübereinstimmung sind die Diktaturen.

Hier werden diejenigen Informationen unterdrückt, die den Kern der Selbstzerstörung in sich tragen. In den westlichen Demokratien besteht natürlich insofern auch eine Informationsverzerrung, als eine Konzentration der Massenmedien, insbesondere auf dem Pressesektor, eine manipulierende Nachrichtenverarbeitung ermöglicht.

Im kybernetischen Modell ist die Macht aber nicht nur eine Voraussetzung, Lernprozesse zu unterbinden, sondern auch, allerdings wohldosiert, zur Lebensfähigkeit unentbehrlich. Hierzu nochmals K.W.Deutsch (67; S.329):

»In einem erweiterten Sinn können wir Macht ... als die Fähigkeit definieren, sich gemäß einer bestimmten Präferenz zu verhalten oder ein bestimmtes Ziel zu erreichen — und zwar mit dem geringstmöglichen Verlust der Fähigkeit, ein anderes Verhalten zu wählen oder ein anderes Ziel anzustreben. Macht in diesem erweiterten Sinn bezieht sich also nicht allein auf die Abwehr einer ungewollten Verhaltensänderung, sondern auch auf den rationalen Einsatz jeder Zweckbindung und auf die Möglichkeit einer beliebigen andersartigen Zweckbindung in der Zukunft.«

Vier Typen von Sozialsystemen unterscheidet K.W.Deutsch (67; S.330) hinsichtlich der Wahrscheinlichkeit des Überlebens:

1. Selbstzerstörerische Systeme, die womöglich auch unter relativ günstigen Umweltbedingungen zusammenbrechen;

2. Lebensunfähige Systeme, die mit großer Wahrscheinlichkeit nicht geeignet sind, mit den vielfältigen Problemen, wie sie unter fast allen Umweltbedingungen auftreten können, fertig zu werden; solche Systeme müssen allerdings nicht von vornherein selbstzerstörerisch sein;
3. Lebensfähige Systeme, die geeignet sind, ihre von vornherein gegebenen Überlebenschancen unter einer begrenzten Vielfalt von Umweltbedingungen zu realisieren;
4. Selbstentwickelnde Systeme, die fähig sind, ihre Überlebenschancen zu verbessern und ihren Aktionsradius auf eine wachsende Vielfalt von Umweltbedingungen auszudehnen.

W.-D. Narr richtet dementsprechend folgende Fragen an die Politik (77; Band 1; S. 105):

1. Mit welchen Aufgaben, die aus Veränderungen der internationalen oder der innenpolitischen Situation resultieren, muß das Entscheidungssystem rechnen?
2. Worin versagt es in der Lösung der gestellten Aufgabe?
3. Welchen Erfolg zeitigen die Entscheidungen?
4. Sind die Regierungsinstanzen in der Lage, neue Probleme vorwegzunehmen und die Lösungen zu verbessern?

Daraus wird ersichtlich, daß jede sich selbst steuernde Organisation nur dann erfolgreich handeln kann, wenn sie fortgesetzt ihre Erinnerungen und ihre innere Struktur erneuert. Nach K. W. Deutsch gibt es folgende *Funktionsstörungen und pathologische Verhaltensweisen* (67; S. 350):

1. Verlust der Macht bzw. Verfügungsgewalt über Mittel und Einrichtungen, um sich über Hindernisse der Umgebung hinwegsetzen zu können;
2. Verlust der Informationen aus der Außenwelt, da die alten Kommunikationswege nicht mehr ausreichen;
3. Verlust der eigenen Steuerungskapazität; das eigene Verhalten kann nicht mehr kontrolliert werden;
4. Verlust des Erinnerungsvermögens und damit schwindende Urteilskraft und Phantasie;
5. Verlust der Flexibilität durch Unfähigkeit zur inneren Neugestaltung und mangelnde Lernbereitschaft;
6. Verlust der Fähigkeit zur fundamentalen Neuordnung der inneren Struktur und zur umfassenden Verhaltensänderung, wodurch Umstrukturierungen, Reformationen oder Revolutionen entstehen.

Damit wird deutlich, daß ein soziales System nur dadurch überleben kann, daß die Individuen und Gruppen in einen Gesamtzusammenhang und zu einem Gesamtziel integriert werden.

Diese Integration wird durch verbindende Werte, die Kommunikationsfähigkeit, die Steuerungs- und Führungsleistung und vor allem durch die soziale Lernbereitschaft erreicht.

Dabei hat sich ein System — letztlich bestimmt durch die Lernkapazität — Entwicklungen gegenüber als anpassungsfähig zu erweisen. Selbsterhaltung eines sozialen Systems ist eine Frage der Kreativität sowie der Fähigkeit, neue Ziele zu finden. Die Selbstbestimmung des Individuums oder von Gruppen wird nicht gefährdet, denn deren Lernoffenheit läßt erst integratives Verhalten zu und ermöglicht Selbststeuerung.

Eine inhaltliche Bestimmung des Kommunikationsprozesses darf allerdings nicht ohne eingehende Berücksichtigung der Interessenlagen von Individuen und Gruppen geschehen. Hier liegt ein weites Feld, das bislang von der Sozialkybernetik kaum berührt wurde.

Wenn die Sozialkybernetik nicht darin erstarren soll, daß die Erhaltung des bestehenden Zustands perfektioniert wird, die Regierungen schneller eingreifen und ihre Macht konzentrieren können, dann bedarf es einer zukunftsgerichteten, konkretisierbaren *Gesellschaftstheorie.* Nur dann ist es möglich, die Kybernetik als eine Hilfe bei der qualitativen Erneuerung der Gesellschaft zu begreifen.

2.4.2 Kybernetik und Politik im Ostblock

Auf dem 7. Parteitag der SED 1967 führte Walter Ulbricht, damaliger Vorsitzender des Staatsrates der DDR, aus:

»Der Zeitpunkt ist gekommen, um, ausgehend von den Beschlüssen des Parteitags und den vorliegenden fortschrittlichen Erfahrungen sowie gestützt auf die marxistisch-leninistische Theorie des Staates und des Rechts und mit Hilfe der kybernetischen Wissenschaft, ein Modell des Gesamtsystems der staatlichen Leitung auszuarbeiten.«

Schon früher schrieb der Kybernetiker G. Klaus (104; S. 3):

»Die Kybernetik ist die Theorie der dynamischen selbstregulierenden Systeme. Sie hat spezielle Methoden zur Bewältigung komplexer Systeme ausgearbeitet, die von den klassischen Systemen der Physik und Chemie usw. wesentlich verschieden sind. Das befähigt sie in hohem Maße dazu, die Forschungsmethode des historischen Materialismus zu bereichern, da die Gesellschaft ein Komplex von Systemen der genannten Art ist.«

In der DDR bemühte man sich, die Kybernetik für das Rechts- und Verfassungssystem nutzbar zu machen. So schrieb M. Benjamin 1967 (60; S. 1231):

»Bei der kybernetischen Analyse des Staates und des Rechts in der DDR ist es also nicht ganz richtig, primär von irgendeiner Gesamtheit von Staatsorganen auszugehen — etwa dem System der Volksvertretungen der Räte usw. —, Ausgangspunkt muß vielmehr die Tatsache sein, daß die sozialistische Staatlichkeit in der DDR ein System der Selbstregelung der Gesellschaft durch ihre Mitglieder ist. Die sozialistische Gesellschaftsordnung stellt sich damit als eine Gesamtheit untereinander in verschiedener Weise wechselwirkender Elemente (Bürger) und Teilsysteme dar. Zu den Teilsystemen gehören beispielsweise die gesellschaftlichen Klassen, territoriale Teilsysteme (Bezirke, Städte, Gemeinden usw.), die Kollektive der Werktätigen, Betriebe. Gesellschaftliche Teilsysteme sind insbesondere auch die Staatsorgane wie Volksvertretungen und Räte.«

M. Benjamin entwarf dazu das in Abb. 2.4/3 wiedergegebene Modell. Man dachte jedoch nicht daran, im Sinne des Rückkopplungseffektes das Führungsmonopol der SED zugunsten der Interessen der Bevölkerung zu brechen. Der Führungsanspruch der Partei blieb auch »kybernetisch« erhalten, wie G. Klaus formulierte (105; S. 1180):

»Die Kybernetik ist gar nicht in der Lage, gesellschaftliche Aspekte von ihrem Wesen her auch nur darzustellen; sie umfaßt nur die Struktur- und Funktionsaspekte. Bei gesellschaftlichen kybernetischen Systemen ist der Mensch und sind Gruppen von Menschen im Sinne der Kybernetik »Elemente« des Systems. Damit die kybernetischen Element-System-Beziehungen zustande kommen, müssen die Elemente entsprechend zurechtgestutzt bzw. normiert werden. Man muß ihnen z. B. die Eigenschaft zuschreiben, daß sie auf bestimmte Einwirkungen im statistischen Durchschnitt mit bestimmten Outputs antworten ... Entscheidende Wendepunkte in der Geschichte, neue Initiativen z. B. werden aber gerade durch den Kampf fortschrittlicher Klassenkräfte erzeugt, dadurch, daß neue Verhaltensweisen sich durchsetzen, zu allgemeingesellschaftlichen werden ...

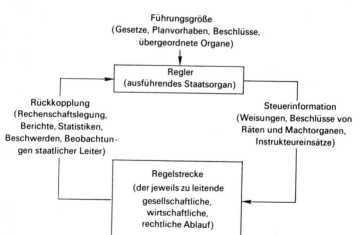

Abb. 2.4/3. Modell der staatlichen Selbstregelung in der sozialistischen Gesellschaftsordnung (nach M. Benjamin 1967 (60))

Vor allem muß beachtet werden, daß die Kybernetik nicht fähig ist, die gesellschaftliche, klassenmäßigen Aspekte der Struktur des ökonomischen Systems des Sozialismus durch kybernetische Zusammenhänge zu ersetzen, Kapitalismus bleibt Kapitalismus und Sozialismus Sozialismus — das kann man kybernetisch ausdrücken wie man will, es ändert nichts an den grundlegenden Tatsachen ...«

Ursprünglich sahen die Kommunisten in der Kybernetik eine kapitalistische, arbeiterfeindliche Erfindung.

Nach der Kampfansage gegen den Stalinismus durch Chruschtschew 1956 versuchten sowjetische Wissenschaftler und Techniker, unter Ausnutzung des Sputnik-Erfolgs 1957, mit der Kybernetik einen größeren Handlungsspielraum zu gewinnen. Im Kampf gegen die Dogmatiker glaubten Chruschtschew und das Parteipräsidium in der Kybernetik ein Mittel zu haben, die Wirtschaft zu modernisieren (130).

Die technologische Entwicklung hatte in der UdSSR einen solchen Grad erreicht, daß die Planungs- und Überwachungsapparate nicht mehr in der Lage waren, der komplizierter und differenzierter gewordenen Aufgabenstellung in Industrie und Technik zu genügen. Die Verminderung der jährlichen wirtschaftlichen Zuwachsraten, die Starrheit der Planungsbürokratie, das Fehlschlagen gigantischer Entwicklungsprojekte, das Nachhinken der Chemieindustrie, die zu dünne Kapitaldecke, das unbefriedigende Wirtschaftsergebnis einer Überprüfung nach Produktivität und Rentabilität, die Erkenntnis, das Wirtschaftsplanung weder Konjunkturpolitik noch Arbeitslosigkeit verhindern kann, und schließlich die Unbeweglichkeit des ganzen Systems führten zur Einsicht, Entscheidungen im Wirtschaftsbereich auch auf untere, d.h. Betriebsebene zu verlagern, ohne allerdings die zentrale Kontrolle aufzuheben. Man verlangte eine *Revision der bisherigen wirtschaftspolitischen Vorstellungen*, die, auf den Dogmen des Marxismus-Leninismus beruhend, nicht mehr zur Bewältigung der Aufgaben einer komplizierten Technologie und Organisation taugen. Wollte man ein Eingeständnis des Versagens der bisherigen theoretischen Fundierung einer kaum erfolgreichen Wirtschaftspolitik vermeiden — und damit das Gebäude des Marxismus-Leninismus unangetastet lassen —, so mußte man eine Möglichkeit finden, die Industrie leistungsfähiger zu gestalten, um den Anspruch zu bekräftigen, daß die Gestaltung von Wirtschaft und Gesellschaft im kommunistischen Bereich nach den Erkenntnissen des wissenschaftlichen Fortschritts erfolge. Die Kybernetik sollte als *Leitungswissenschaft* realistischere Prognosen ausarbeiten:

»Die Ausarbeitung von Prognosen, insbesondere der Entwicklung von Wissenschaft und Technik und der damit verbundenen ökonomischen Hauptprozesse, ist eine objektive Voraussetzung für alle daran anschließenden Prozesse der Planung... Die Prognosen können die ihnen gestellte Aufgabe als Maßstab und als Grundlage von Entscheidungen nur dann erfüllen, wenn sie ein Höchstmaß der Annäherung an die objektive in Zukunft zu erwartende Realität aufweisen. Sie dürfen also in keiner Weise verwässert werden«, heißt es in einem 1969 in Ostberlin erschienenen Werk »Politische Ökonomie des Sozialismus und ihre Anwendung in der DDR«.

Auf dem 23. Parteitag der KP der Sowjetunion prangerte Leonid Breschnew den Rückstand in der Anzahl der in der UdSSR arbeitenden EDV-Anlagen gegenüber den USA heftig an. Er wies dem *Ausbau des informatorischen Bereichs höchste Planpriorität* zu. Sicherlich beweisen die sowjetischen Weltraumerfolge das Vorhandensein leistungsfähiger Computer. In der nach westlichem Vorbild aufgebauten und 1970 eröffneten Managerschule in Moskau arbeitete jedoch anfänglich ein amerikanischer Computer.

Inzwischen ist die Begeisterung für die Kybernetik in den industriell entwickelten Ostblockländern weitgehend abgeklungen. Das hat mehrere Gründe:

1. Die *Wirksamkeit kybernetischer Modelle hängt von der Effektivität der Rückkopplung ab.* Das würde für den Ostblock ein stärkeres *Mitspracherecht des Volkes* bedeuten. Daran sind die Führungen der jeweiligen Staatsparteien weiterhin uninteressiert.
2. Die Versuche, die Wirtschaft effektiver zu gestalten, ohne von den Dogmen des Marxismus-Leninismus abzugehen, lassen eine kontinuierliche, längerfristige Wirtschaftspolitik nicht zu. Vielmehr wir das Wirtschaftsfeld von Experimenten bestimmt, die unter dem *Zwang zu unmittelbarem Erfolg* stehen und daher nie Zeit zur Verwirklichung haben.
3. In den letzten Jahren haben sich *Ansätze einer politischen Opposition* in der UdSSR entwickelt. Einer ihrer bekanntesten Vertreter ist der Physiker Sacharow, der »Vater der sowjetischen Wasserstoffbombe«.

Die Kybernetik wurde von der kommunistischen Führung als systemstabilisierend angesehen, während Wissenschaftler und Techniker in ihr die Möglichkeit sahen, von politischen Instanzen unbeeinflußter arbeiten zu können. Nachdem jedoch gerade Wissenschaftler und Techniker die unkontrollierte Machtausübung der Parteiführung in Frage stellten, ist man kaum noch daran interessiert, den Opponenten das kybernetische Modell zu belassen, mit der die Herrschaft in Frage gestellt werden kann.

Interessant ist die Ansicht des französischen Marxisten R. Garaudy zum Problem von Gesellschaft und Kybernetik (81; S. 229):

»In unserem Zeitalter, in dem die Wissenschaft und ihre schöpferische Entwicklung für die Gesamtentwicklung immer mehr zur technischen Kraft wird (und nicht mehr die mechanische Akkumulation von Kapital und Arbeitskraft), ist die wirksamste, die »rentabelste« Methode jene, die der Wissenschaft, der Forschung ihre maximale Entwicklungsdynamik sichert. Diese wissenschaftlich orientierte Führungsmethode ist von der früheren grundlegend verschieden: sie erfordert Vertrauen in den Geist der Initiative, in den Verantwortungswillen, in die schöpferischen Kräfte. Sie ist die wahre Methode, für die Organisation und Führung einer revolutionären Partei, deren Aufgabe es ist, den wissenschaftlichen Sozialismus in Politik umzusetzen.

Der demokratische Zentralismus muß nach der dialektischen Auffassung seiner Begründer, Marx und Lenin, heute mehr denn je in unseren hochentwickelten Gesellschaften nicht im Sinne des mechanistischen Modells konzipiert werden, sondern im Sinne des kybernetischen Modells.

Das impliziert, da die Basis ständig die Rolle eines Reglers spielt, daß durch »Rückkopplung« die Entscheidungen der Führungsspitze ständig korrigiert werden können ...

Das impliziert ferner ... eine neue Konzeption der Führung: ihre Rolle besteht nicht mehr darin, Weisungen zu erteilen und deren Durchführung zu kontrollieren, sondern in erster Linie Initiativen hervorzurufen, die Aktivität komplexer, sich wechselseitig regelnder Systeme zu artikulieren, das autonome Verhalten dieses Systems zu optimalisieren und sie in einer Synthese zu integrieren.«

R. Garaudy wurde wegen des Buches, in dem diese Gedanken niedergelegt sind, aus der französischen KP ausgeschlossen.

2.4.3 Gefahr der Technokratie

In den 20er Jahren unseres Jahrhunderts machten die amerikanischen Soziologen Thorstein Veblen und Howard Scott auf den *Mangel an Effizienz in der industriellen Produktion und der Verteilung ihrer Ergebnisse* aufmerksam. Allerdings lasteten sie diesen Mangel nicht dem Kapitalismus an, sondern der Tatsache, daß weder Produktion noch Distribution die wissenschaftliche Rationalität besitze, die für Maschinen typisch sei. Geldstreben, Eigentumsfrage oder Profitgier waren für sie überholte Wirtschaftsprinzipien. Sie folgerten, daß der *Ingenieur* die Volkswirtschaft gestalten müsse, um in ihr endlich der Rationalität zum Durchbruch zu verhelfen. Vorstellungen über die *Notwendigkeit der Technokratie* sind sehr alt. J. Habermas sagt hierzu (91; S. 67):

»Nicht erst ihre Verwendung, sondern schon die Technik ist Herrschaft (über die Natur und über den Menschen), methodische, wissenschaftliche, berechnete und berechnende Herrschaft ... Herrschaft ist nur noch bedingt durch die Fähigkeit und das Interesse, den Apparat als Ganzes zu erhalten und zu erweitern.«

Datenverarbeitungsmaschinen und kybernetische Modelle entlasten Ingenieure, Techniker, Manager, Verwaltungschefs usw. von geistiger Routinearbeit. Man hat damit nicht nur die Chance, mehrere Lösungen eines

Problems durchzuspielen, sondern kann auch den *gesamtgesellschaftlichen Bezug* herstellen. Gleichzeitig kommt es zu einem stärkeren Zusammenspiel von Regierungsplanern, Computerfachleuten und Spezialisten verschiedener Wissenschaften. Die Komplexität der Probleme und die Ungewißheit über die Auswirkungen ihrer Lösungen verstärken die *Gefahr der Technokratie*, d.h. der Verwissenschaftlichung der Politik im Sinne des Übergewichts technischer Gesichtspunkte.

Hierzu ein Beispiel: Die EG-Behörden haben, frei von unmittelbaren demokratischen Kontrollen, eine große Eigenständigkeit gegenüber dem eigentlichen Entscheidungsorgan, dem Ministerrat, gewonnen. Da aber ein ernsthafter Wille zu internationaler Zusammenarbeit in den Mitgliedsstaaten fehlt, erschöpft sich die Tätigkeit der EG-Behörden im wirtschaftlichen Bereich. Diese Materie ist in ihrer Komplexität und Differenziertheit jeweils nur für einige wenige Spezialisten überschaubar. Treffen die Politiker auch Grundsatzentscheidungen für die EG, so obliegt ihre Ausgestaltung jedoch den EG-Behörden, die dann neue Wirklichkeiten und neues Recht schaffen. Die durch die Brüsseler Behörden bewirkten Veränderungen zwingen nationale Politiker, im nachhinein wieder tätig zu werden, um Schäden an Gruppen der eigenen Gesellschaft zu verringern oder abzuwehren, wie z.B. die Entwicklung der Landwirtschaftspolitik nicht nur in der Bundesrepublik Deutschland immer wieder zeigt.

Die Erkenntnis, daß *auch innerhalb der Gesellschaft kybernetische Regelkreise* wirken, muß zu Überlegungen führen, daß die *Durchsetzung erhöhter Rationalität in der Politik* nur durch Übertragung von Ergebnissen aus den Naturwissenschaften und der Technik in die politische Praxis zu erreichen ist. Dabei gilt es, gerade in Zeiten der Unsicherheit, gesamtgesellschaftliche Zielsetzungen zu entwickeln. Hierzu sagt J. Habermas (90; S. 251):

»Eine solche rationale Verwaltung der Welt aber ist mit der Lösung historisch gestellter praktischer Erfahrungen nicht ohne weiteres identisch. Es besteht kein Grund zu der Annahme eines Kontinuums der Rationalität zwischen der Fähigkeit technischer Verfügung über vergegenständlichte Prozesse und einer praktischen Beherrschung geschichtlicher Prozesse. Die Irrationalität der Geschichte ist darin begründet, daß wir sie »machen«, ohne sie bisher mit Bewußtsein machen zu können. Eine Rationalisierung der Geschichte kann darum nicht durch eine erweiterte Kontrollgewalt hantierender Menschen, sondern nur durch eine höhere Reflexionsstufe, ein in der Emanzipation fortschreitendes Bewußtsein handelnder Menschen befördert werden.«

Der Regierung steht ein sich ständig verbesserndes Instrumentarium herrschaftsstabilisierender Techniken zur Verfügung. Es kann dazu kommen, daß sich die wachsende Komplexität politischer Probleme der Einsicht der Bürger immer mehr entzieht. *Wissen und Macht werden sich zunehmend bei Spezialisten konzentrieren.* In Verbindung mit einer wachsenden bürokratischen Organisation der Gesellschaft ist die *Gefahr der Durchsetzung einer festgefügten elitären Hierarchie* gegeben. Diese Problematik wird gesehen. So führt R.F. Behrendt 1967 (57; S.298) aus:

»Das spezifische Ohnmachtsgefühl in unserer Zeit und unserer Gesellschaft kann nur dadurch bekämpft werden, daß man den vielen sich ohnmächtig Fühlenden immer wieder zu der Erfahrung verhilft, daß sie Anteil an der Macht der zahllosen Kollektive haben können, an denen sie beteiligt sind. Wir müssen die zahlreichen potentiellen Wege zu Beteiligung finden, wir müssen sie ausbauen und wir müssen sie beschreiten.«

E. Schnelle urteilt 1969 (138; S. 133):

»Die großen leistungshergebenden soziotechnischen Systeme der Industrieländer werden immer stärker voneinander abhängig, verschmelzen zu größeren organisatorischen Einheiten und beschleunigen damit den soziostrukturellen Wandel. Die Entscheidungsprozesse werden umfangreicher und verflochtener. Die in dieser Situation für die Entscheider notwendige Kooperation darf keine Bereichsgrenzen kennen, keine Informationsvorenthaltung und keine Gewinnmaximierung auf Kosten anderer, auf Kosten Unterprivilegierter. Es ist keine Kooperationsform für Planer.«

Daraus folgert der Gewerkschaftler G. Heyder (95; S. 25):

»Die Mitbestimmung wird über gesellschaftliche Ziele — und die Werte, die ihnen zugrunde liegen — entscheiden, wie kybernetisch konstruierte politische Regelkreise vorprogrammiert werden. Wichtiger als das technische Know-how, das die Kybernetik bereitstellt, ist die breitfundierte demokratische Bewußtseinsbildung und das Engagement für eine mitbestimmte emanzipatorische Politik.«

Die Gestaltung der Zukunft setzt die Entwicklung von langfristigen gesellschaftspolitischen Zielen voraus. Die Einbeziehung der sichtbaren und der zu erwartenden Ergebnisse der gegenwärtigen naturwissenschaftlich-technischen Revolution, insbesondere die Berücksichtigung der biologischen Forschungsergebnisse, ist unumgänglich. Besonders wichtig ist es, wissenschaftliche Erkenntnisse mehr als bisher den Bürgern bewußt werden zu lassen. An dieser Stelle liegt die besondere Schwierigkeit und zugleich die *Gefahr technokratischer Herrschaft:*

1. *Der wissenschaftliche Experte* besitzt in der Bevölkerung ein *großes Prestige;*
2. Ist es schon eine Lücke in unserer Verfassungsordnung, daß die *Verbandsvertreter mit spezialisiertem Fachwissen jenseits öffentlicher Kontrolle* einen derartigen Einfluß auf die Ministerialbürokratie und Parlamentarier ausüben, daß etwa das Zustandekommen von Gesetzen jenseits der Öffentlichkeit stattfindet, so ist man auf die Einflußnahme von wissenschaftlichen Experten ebensowenig vorbereitet. Weil die Umwelt immer komplizierter wird, reicht weder der Sachverstand der

Administratoren noch die Kontrollfähigkeit der Parlamentarier gegenüber Wissenschaftlern aus. *Zwar wurden bisher Wissenschaftler durch den Politiker zumeist absorbiert, da sie für die Ministerialbürokratie lediglich fachliche Hilfs- und Unterstützungsfunktionen zu praktizieren hatten. Nunmehr ist jedoch das Bedürfnis enorm gesteigert, wissenschaftlichen Sachverstand für politische Entscheidungen zu nutzen.* Das kann dazu führen, daß sich Wissenschaftler über ihre Funktionszuweisungen hinwegsetzen, um ihrerseits politisch initiativ zu werden. *Sehr viel hängt von dem demokratischen Bewußtseinsstand der Wissenschaftler und Techniker ab.*

Analog zu amerikanischen *Denkfabriken* wie Rand Corporation, System Development oder Standard Research Institute kam es auch in der Bundesrepublik Deutschland zu ähnlichen Einrichtungen: die »Heidelberger Studiengruppe für Systemforschung«, das »Institut zur Erforschung technologischer Entwicklungslinien« der Industrie, das »Institut zur Erforschung der Lebensbedingungen der wissenschaftlich-technischen Welt« der Max-Planck-Gesellschaft unter C. F. von Weizsäcker in Starnberg. 1969 wurde beabsichtigt, aus dem Kanzleramt eine Planungsinstitution zu entwickeln.

Die optimistischen Ansätze sind inzwischen vergangen: aus dem Planungsstab beim Kanzleramt wurde nichts, in Starnberg konzentriert man sich auf Theorieprobleme und in Heidelberg, wo man beachtliche Erfolge aufzuweisen hatte wie ein Informationssystem für das Deutsche Patentamt, eine Untersuchung zur Prioritätsfindung in der Forschungs- und Entwicklungsplanung oder ein Informationssystem zur Umweltplanung, entstanden 1973 Schwierigkeiten mit der geldspendenden Ministerialbürokratie, obwohl wichtige Projekte in Angriff genommen worden waren, etwa die Kernenergiebelastungsanalyse für den Oberrhein oder eine Analyse der Informationssysteme der Bundesregierung.

Diese Affären zeigten zumindest *Unsicherheiten zwischen den sich noch nicht in ihrem politischen Stellenwert bewußten Wissenschaftlern und einer bislang sich nur als Entscheidungsinstanz verstehenden Ministerialbürokratie.* Vor allem verdeutlichte dieser Vorgang, wie wichtig der *Einbau wissenschaftlicher Planungsinstitutionen in das politische System* ist, um Kontrolle und gleichzeitig Transparenz zu ermöglichen.

Da Kommunikationsvorgänge an Interessenlagen gebunden sind, müssen folgende Punkte verwirklicht werden:

1. Die Entwicklung gesellschaftstheoretischer Zielsetzungen;
2. Die Verhinderung der Ausnutzung sozialtechnischer Informationen zur Sicherung bestehender Herrschaftsverhältnisse;
3. Die qualitative wie quantitative Verbesserung der Informationsmöglichkeiten als Voraussetzung zur intensiveren Mitwirkung aller Bürger an politischen Entscheidungen.

Hierzu sagt W. Goldstein (84; S. 353):

»Die Revolution in den Naturwissenschaften ruft jetzt nach wohldurchdachtem politischen Wandel, nicht nach Stückwerk und Provisorien. Wenn wir zu lange zögern, ... könnte der ganze Komplex Naturwissenschaft eher zu einer akuten Gefahr für unser demokratisches System statt zu reichem Nutzen führen. Wir werden den Ausbau der persönlichen Freiheit wahrscheinlich eher erreichen, wenn wir die naturwissenschaftliche Arbeit vernünftig ordnen, als wenn wir ihre Unordnung weiter unterstützten. Es hat fast ein Jahrhundert gedauert, bis wir diese Lektion gelernt haben und flexible Kontrollen für unser wirtschaftliches Tun entwickelten. Wir wollen hoffen, daß wir eine erheblich kürzere Anlaufzeit haben werden, wenn wir beginnen, mit wirksamen Kontrollen über die naturwissenschaftlichen und technologischen Schätze unseres Landes zu experimentieren.«

Und D. Senghaas urteilt (141; S. 273):

»Die Kybernetik wirkte in vielen nichttechnischen Wissenschaften als Stimulans. Sie ist ein Teil des Wissens, das die gegenwärtige Gesellschaft in der Auseinandersetzung mit der Natur entwickelt hat. Ehe sie in die sozialwissenschaftliche Diskussion eingedrungen war, fungierte sie schon als technische Gewalt, die im Begriff ist, die Gesellschaft umzuwälzen. Man kann diesen Prozeß im Sinne von Anpassungsproblemen interpretieren; dann allerdings stellt sie nichts Aufregendes dar. Die Politikwissenschaft als Sozialkybernetik verstanden würde zu seiner Bewältigung ein wesentliches therapeutisches Instrument beisteuern. Ihr praktischer Horizont läge in einer technisch perfektionierten Verwaltung des Bestehenden, wenn nicht soziale Umwälzungen zuvor die gegenwärtige Gesellschaft aus den Angeln heben. Man kann die Kybernetik und ihre Auswirkungen als Chance ihrer qualitativen Erneuerung begreifen. Dies verlangt allerdings eine Theorie der Gesellschaft und eine politische Praxis, die sich nicht darin erschöpft, die Verfügung über gesellschaftlich naturwüchsige Prozesse zu perfektionieren.«

2.4.4 Möglichkeiten zur Erweiterung der Demokratie

Herrschaftswissen bestand noch in jeder Epoche der Geschichte. Immer wieder wurde versucht, das jeweilige Herrschaftswissen zu »demokratisieren«. Heute produziert die Wissenschaftsexplosion neues Wissen in bisher unbekannter Quantität, das gleichzeitig wiederum das Spezialistentum vergrößert. Die Denkmaschinen sind jedoch in der Lage, das sich immer mehr verfeinernde und aufsplitternde Wissen zusammenzufassen, zu ordnen, zu speichern und damit verfügbar zu machen. Daraus resultiert natürlich eine *Schlüsselposition der Computerfachleute* in der künftigen Gesellschaft, zumal von deren Vermögen, den Computer für Entscheidungshilfen einzusetzen, die notwendige geplante Zukunftsgestaltung abhängt.

Bislang wurden technische Neuerungen akzeptiert und als eine Verbesserung der Konsummöglichkeiten angesehen. Das ist heute nicht so ohne weiteres der Fall. Die Frage nach den Überlebenschancen der Menschheit ist gestellt und hat zugleich die Diskussion um die Wiederherstellung des ökologischen Gleichgewichts und die Grenzen des ökonomischen Wachstum eingeleitet.

Die Expertendiskussion findet an der Basis ihre Ergänzung durch Bürgerinitiativen, denen es oft um örtliche ökologische Probleme geht oder zumindest vorschnelle Entscheidungen solange hinauszuzögern versuchen, bis tatsächlich der jeweilige gesamte Problemkomplex aufgefächert werden kann. Während sich die großen politischen Organisationen gegenwärtig schwer tun, ihre Politik längerfristig anzulegen, sich von der Befriedigung unmittelbarer Gruppeninteressen zu befreien und umfassende wissenschaftliche Begründungen für politische Entscheidungen einzuholen, kommt es mit der wachsenden Bildung von Bürgerinitiativen zu einer interessanten Neubelebung der »*Demokratie von unten*«, die zumindest die Chance bietet, neben den Parteien und den Interessenverbänden zu bestehen (131).

Die Grundlage der westlichen Demokratie bilden die liberalen Freiheitsrechte. Ihre ständige Gefährdung wird in Geschichte und Gegenwart reichlich belegt. Es wurde gezeigt, daß auch die neuen technologischen Entwicklungen die Freiheit und die politische Mitgestaltung der Bürger einschränken oder gar beseitigen können. H. Frank nahm bereits 1966 hierzu Stellung (77; S. 176):

»Wenn die vornehmste Aufgabe des Menschen im Freiheitsverbrauch besteht, dann muß er eine Maximalisierung seiner Freiheit anstreben. Dies bedeutet, daß die Funktion des Kapitäns nicht einem einzigen Menschen, also einem Diktator, übertragen werden soll, sondern daß die Kapitänsfunktion soziotechnisch objektiviert werden muß, nämlich durch die Spielregeln eines demokratischen Systems, das verbindliche Gesetze nur für solche Situationen vorschreibt, in denen nicht ohne Freiheitsverminderung anderer Menschen des Systems der betroffene einzelne selbst entscheiden kann.
Nachdem die kybernetische Technik hervorragende Möglichkeiten der Nachrichtenübertragung und der Nachrichtenverarbeitung geschaffen hat, bestehen nur noch Scheinargumente gegen die schrittweise Einführung der direkten Demokratie auch in mittleren und großen Staaten ...
Die Kybernetik macht allmählich eine jede Staatsform (ob Diktatur oder repräsentative Demokratie) vermeidbar, in der exakt oder nährungsweise »alle Informationen von oben kommt und keine zurückgeht«. Da überdies die Hoffnung nicht ganz unberechtigt ist, daß weitsichtige Politiker sehr gegensätzlicher politischer Lager an der allmählichen Überführung von Diktaturen und repräsentativen Demokratien in direkte Demokratien arbeiten werden, könnte somit die Kybernetik geradezu dazu beitragen, »auch unsere heute sehr geringen Aussichten für einen längeren Bestand der Menschheit« zu verbessern«.

Tatsächlich besteht die Möglichkeit, daß man ein alle Haushalte erfassendes Fernseh- und Computernetz in absehbarer Zukunft aufzubauen vermag, um Informationen zu geben und einzuholen. Man könnte sich die spätere Praxis etwa so vorstellen: Politiker, Angehörige der »organisierten Interessen«, Wissenschaftler, Vertreter von Minderheiten formulieren Ziele und Methoden des jeweiligen Programms bzw. nehmen dazu Stellung. Dabei können schnell Informationen von den Datenbänken abgerufen werden, auch durch den einzelnen Bürger. Sicherlich bleibt auch diese Diskussion nicht wertfrei, aber die Prämissen von Positionen können deutlicher werden.

H. Wheeler vom Center of the Study of Democratic Institutions folgerte bereits 1968 (Zitat in 63; S. 405):

»Das System würde es ermöglichen, einigermaßen wichtige, umstrittene Fragen nicht nur an die niedere Ränge zurückzuverweisen, sondern sie dem Volk selbst vorzulegen. Denn auch wenn die Datenverarbeitung die Entscheidungsmöglichkeiten nicht bis auf einfache Alternativen verringern kann, so kann sie doch in großen Zügen klarlegen helfen, was die verschiedenen Möglichkeiten bieten. Wenn z. B. die Leute befragt würden, ob sie einen Wirtschaftszuwachs von zwei Prozent statt eines solchen von sechs Prozent vorziehen würden? Die meisten von ihnen können heute keine Entscheidung aufgrund von Argumenten darüber treffen. Die Informationsverarbeitungssysteme aber können die Wahlmöglichkeiten rational darstellen und so bessere Entscheidungsgrundlagen schaffen.«

Ähnlich den Experimenten an der kalifornischen Universität in Berkeley seit 1967 wurde im Deutschen Fernsehen (ARD) verfahren: durch das »System **ORAKEL**« (d. h. **O**rganisierte **R**epräsentative **A**rtikulation **K**ritischer **E**ntwicklungs-**L**ücken) sollte versucht werden, politische Probleme zusammen mit den betroffenen Bürgern zu lösen. Die ORAKEL-Veranstaltungen — der Westdeutsche Rundfunk veranstaltete mehrere derartige Sendungen zu den Themen Umweltschutz, Gesundheitswesen und Mitbestimmung — wurden folgendermaßen durchgeführt (111; S. 68):

1. Politiker, Wissenschaftler, Verbandsvertreter und nichtorganisierte Betroffene, die besonders qualifiziert sind, bemühten sich zunächst, den eigenen Standort zum jeweiligen Problem herauszustellen. Die Diskussionen verliefen also von vornherein kontrovers. Wichtig war, daß gewöhnlich vernachlässigte Gruppierungen in dieser Runde ihre Vertreter haben.

2. Bürger konnten während der Sendung anrufen und nach Angabe bestimmter Sozialdaten ihre Meinung zu den behandelten Fragen sagen, die dann sofort in eine EDV-Anlage gegeben und wenig später der Diskussionsrunde graphisch dargestellt wurde. Die Diskussionsteilnehmer hatten in ihrer Argumentation nunmehr die Meinungen und Bewertungen der Anrufer zu berücksichtigen.

3. Da nicht alle Bürger ein Telefon besaßen, wurde vor der Sendung ein »Panel« organisiert, d.h. eine repräsentative Gruppe von Bürgern

ausgewählt, die während der Sendung ihrerseits ihre Meinungen über andere Telefonanschlüsse kundzutun hatten. Diese Maßnahme hatte den Sinn, zu verhindern, daß ein falsches Bild über die Meinung der Anrufer aufkäme, z. B. Häufung der Anrufer aus einer Berufsschicht oder gesteuerte Teilnahme von einer bestimmten Seite. Weiterhin konnten diese Anrufer stets direkt in die Diskussion eingreifen, wenn etwa deren Verlauf unbefriedigend war oder wichtige Fakten nicht einbezogen wurden.

4. Den Teilnehmern des Streitgesprächs standen vorbereitende Daten zur Verfügung, die natürlich noch nicht einer mit Computern arbeitenden Datenbank entnommen werden konnten. In diese Richtung müßte aber die Entwicklung gehen.

Den Ablauf der ORAKEL-Veranstaltungen zeigt Abb. 2.4/4. Sicherlich ist ein derartiges Experiment — bei aller entwicklungsbedingten technischen Unvollkommenheit — eine Möglichkeit, den Bürger an aktivere Teilnahme an Problemdiskussionen zu gewöhnen, wobei zudem noch ein Lerneffekt erzielt wird. Es zeigte sich, daß — die Sendungen erstreckten sich über einige Abende — die Argumentation der Anrufer im Laufe der Zeit immer differenzierter wurde und damit die Experten zu immer gründlicherer Diskussion zwang.

Die ORAKEL-Experimente zeigen, daß es noch geraume Zeit dauern wird, bis eine »*Computerdemokratie*« technisch verwirklicht werden kann. Und auch dann wird es noch andere Probleme geben:

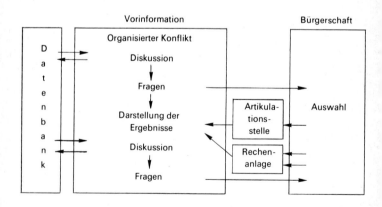

Abb. 2.4/4. Organisationsschema der ORAKEL-Veranstaltungen (nach H. Krauch 1974 (111))

1. Es wird weiterhin notwendig sein, *gesellschaftliche Zielvorstellungen* zu entwickeln, ehe Lösungen der einzelnen Probleme angestrebt werden können. Derartige Zielvorstellungen werden immer schwieriger zu formulieren und in konkrete Pläne umzusetzen sein.

2. Es müssen *Wissenschaftler und Techniker* bei aller Spezialisierung einen *Bezug zur gesamtgesellschaftlichen Bedeutung ihrer Arbeit* finden. Wurden bislang die Wissenschaftler von den Politikern noch immer absorbiert, so gilt es, rechtzeitig Kontrollen zu entwickeln, die die Herausbildung einer Technokratie verhindern.

3. Auch wenn die technischen Mittel zur Praktizierung direkter Demokratie vorhanden sind, wird man davon ausgehen können, daß sich die Menschen weiterhin hinsichtlich ihrer politischen Interessiertheit, ihrer Kenntnisse oder ihres Machtstrebens unterscheiden. Man macht es sich in der Literatur sehr oft zu leicht, die Forderung nach Demokratisierung als durch die »Computer-Gesellschaft« demnächst erfüllbar anzusehen, ohne ernstlich die *Frage nach den individuellen Veranlagungen* der Staatsbürger zu diskutieren.

Wenn sich auch wahrscheinlich *Formen der repräsentativen Demokratie* erhalten oder neue entwickeln werden, sei es um Verantwortlichkeiten für Entscheidungen zu besitzen oder sei es um Grundeinstellungen politisch wirksam werden zu lassen, so vermag die künftige *Technologie* bessere Möglichkeiten zur *Einschaltung der betroffenen Bürger in politische Entscheidungsprozesse* zu bieten. Daraufhin sollte das Bildungssystem verändert werden: Fertigkeiten und Kenntnisse sind weiterhin zu erwerben, aber nicht um der Rezeption oder Reflexion willen, sondern um sich aktiv in die Politik einschalten zu können. *Analytische und synthetische Fähigkeiten* sind zu entwickeln, um den Bürger in die Lage zu versetzen, sich selbst die Informationen zu besorgen, sie zu beurteilen, einzuordnen und zu bewerten, um an den Entscheidungen teilnehmen zu können. Das setzt aber *den Verzicht auf die starre Trennung von Natur- und Sozialwissenschaften in den Bildungsgängen* voraus.

Sicherlich werden Ausbildung und Bildung der großen Masse der Bürger künftig verbessert werden können, aber damit ist von vornherein überhaupt noch nichts darüber gesagt, daß die *Herrschaft einer Funktionselite* ausgeschlossen ist. Dennoch hängt nach R. Nitsche die Zukunft der Demokratie davon ab, daß »das Mitspracherecht ein erster Schritt zum Mitbestimmungsrecht ist. Das verlangt die Möglichkeit, auf Information durch Rückkopplung zu reagieren und mit »denen da oben« zu kommunizieren. Die Kontaktunterbrechung zwischen den Adressaten und den Informationen isoliert und individualisiert die Informationsempfänger, staut ihr Antwortbedürfnis zurück, macht sie der üblichen Information überdrüssig, sozial gereizt gegen »die da oben«. Die verhinderte Rückkopplung wirkt sozial desintegrierend und damit gegen die Prinzipien der Demokratie, die ständige Auseinandersetzung verlangt.« (125; S. 329).

Verständnisfragen zu Kapitel 2.4

2.4.1 Für welche Probleme hat sich die politische Kybernetik bislang besonders interessiert?
2.4.2 Welche Kommunikationsströme in unserer Gesellschaft kennt die politische Kybernetik?
2.4.3 Wie sind »Wille« und »Macht« kybernetisch zu erklären?
2.4.4 Nennen Sie selbstgewählte Beispiele aus Geschichte oder Gegenwart, die »pathologische Lernprozesse« aufzeigen!
2.4.5 Welchen Einfluß kann die elektronische Datenverarbeitung auf politische Entscheidungen nehmen?
2.4.6 Weshalb schwand in den Ostblockstaaten die anfängliche Begeisterung für die Kybernetik?
2.4.7 Wie ist »Technokratie« zu definieren?
2.4.8 Wie ist eine verstärkte Herrschaftsausübung durch Anwendung der Kybernetik zu verhindern?
2.4.9 Was versteht man unter »Computerdemokratie«?
2.4.10 Beurteilen Sie die ORAKEL-Experimente als Vorläufer der »Computerdemokratie«!

3 ANHANG
3.1 Literatur

Zu Teil 1: Kybernetische Grundlagen

1. Anschütz, H.: *Kybernetik — kurz und bündig*. 1. Auflage; Würzburg 1967; 3. Auflage, Würzburg 1970
2. Ashby, W. R.: *An Introduction to Cybernetics*. London 1970
3. Beer, St.: *Kybernetik und Management*. Frankfurt am Main 1967
4. Bense, M.: *Einführung in die informationstheoretische Ästhetik*. Reinbek 1969
5. Bernhard, J. H.: *Digitale Steuerungstechnik — kurz und bündig*. 2. Auflage; Würzburg 1967
6. Birett, H.: *Funktionsmodelle — Versuche zur biologischen Nachrichtenverarbeitung*. Frankfurt am Main 1974
7. Bogen, H. J.: *Knaurs Buch der modernen Biologie*. München 1967
8. Cherry, C.: *Kommunikationsforschung*. Frankfurt am Main 1967
9. Cube, F. von: *Kybernetische Grundlagen des Lernens und Lehrens*. Stuttgart 1968
10. Cube, F. von: *Was ist Kybernetik?* Bremen 1970
11. Fischer, F. A.: *Einführung in die statistische Übertragungstheorie*. Mannheim 1969
12. Flechtner, H. J.: *Grundbegriffe der Kybernetik*. 5. Auflage; Stuttgart 1970
13. Frank, H. (Hrsg.): *Kybernetik — Brücke zwischen den Wissenschaften*. 2. Auflage, Frankfurt am Main 1964; 7. Auflage, Frankfurt am Main 1970
14. Frank, H.: *Lehrautomaten*. In: Steinbuch, K. (Hrsg.): *Taschenbuch der Nachrichtenverarbeitung*. Heidelberg 1967
15. Frank, H.: *Kybernetische Grundlagen der Pädagogik* (2 Bände). Baden-Baden 1969
16. Fuchs, W. R.: *Knaurs Buch der Denkmaschinen*. München 1968
17. Fuchshuber, R.:: *Wir machen ein Programm*. Reinbek 1969
18. Händler, W.: *Digitale Universalrechenautomaten*. In: Steinbuch, K. (Hrsg.): *Taschenbuch der Nachrichtenverarbeitung*. Heidelberg 1967
19. Hassenstein, B.: *Biologische Kybernetik*. Heidelberg 1970
20. Jursa, O.: *Kybernetik, die uns angeht*. Gütersloh 1971
21. Karg, E.: *Regelungstechnik — kurz und bündig*. 2. Auflage; Würzburg 1967
22. Karlson, P.: *Kurzes Lehrbuch der Biochemie*. 9. Auflage; Stuttgart 1974
23. Klaus, G.: *Kybernetik in philosophischer Sicht*. Berlin 1961
24. Klaus, G.: *Wörterbuch der Kybernetik* (2 Bände). Frankfurt am Main 1969
25. Klaus, G., und Liebscher, H.: *Was ist, was soll Kybernetik?* 5. Auflage; Leipzig 1969
26. Lauschke, G.: *Automation und Kybernetik*. Frankfurt am Main 1968
27. Lehninger, A. L.: *Biochemie*. Weinheim 1975
28. Lindemann, P.: *Aufbau und Arbeitsweise elektronischer Datenverarbeitungsanlagen*. Oberursel 1967
29. Lohberg, R., und Lutz, Th.: *Keiner weiß, was Kybernetik ist*. Stuttgart 1969
30. McCracken, D.: *A Guide to Fortran Programming*. New York 1964
31. Meyer-Eppler, W.: *Grundlagen und Anwendungen der Informationstheorie*. 2. Auflage; Heidelberg 1969
32. Morgenstern, O.: *Spieltheorie und Wirtschaftswissenschaft*. München 1966
33. Neumann, J. von, und Morgenstern, O.: *Theory of Games and Economic Behavior*. Princeton 1944

34. Neumann, J. von, und Morgenstern, O.: *Spieltheorie und wirtschaftliches Verhalten.* Würzburg 1961
  (Dieser Titel ist eine deutschsprachige Übersetzung von 33)
35. Poletajew, J. A.: *Kybernetik.* Berlin 1963
36. Roling, E.: *Regeltechnik.* Frankfurt am Main 1968
37. Schäfer, O.: *Grundlagen der selbsttätigen Regelung.* Gräfelfing 1965
38. Shannon, C. E., and Weaver, W.: *The Mathematical Theory of Communication.* 3rd Edition; Urbana/Illinois 1969
39. Speiser, A.: *Digitale Rechenanlagen.* Heidelberg 1967
40. Steinbuch, K.: *Automat und Mensch.* 4. Auflage; Heidelberg 1971
41. Steinbuch, K. (Hrsg.): *Taschenbuch der Nachrichtenverarbeitung.* Heidelberg 1967
42. Steinbuch, K.: *Die informierte Gesellschaft.* 2. Auflage; Stuttgart 1969
43. Steinbuch, K.: *Falsch programmiert.* Stuttgart 1968
44. Stüssi, F., und andere (Hrsg.): *Fischer-Lexikon Band 33: Technik IV.* Frankfurt am Main 1963
45. Teplow, L.: *Grundriß der Kybernetik.* Berlin 1967
46. Watson, J. D.: *Molecular Biology of the Gene.* New York 1965
47. Weltner, K.: *Informationstheorie und Erziehungswissenschaft.* Quickborn 1969
48. Weltner, K.: *Sprachliche Information und Pädagogik.* In: Frank, H. (Hrsg.): *Kybernetik — Brücke zwischen den Wissenschaften.* 7. Auflage; Frankfurt am Main 1970
49. Wentzel, J.: *Elemente der Spieltheorie.* Frankfurt am Main 1970
50. Whitesitt, J.: *Boolesche Algebra und ihre Anwendungen.* Braunschweig 1969
51. Wiener, N.: *Cybernetics or Control and Communication in The Animal and The Machine.* Cambridge/Massachusetts 1948
52. Wiener, N.: *Kybernetik — Regelung und Nachrichtenübertragung in Lebewesen und Maschine.* 2. Auflage; Reinbek 1963
  (Dieser Titel ist eine deutschsprachige Übersetzung von 51)
53. Zemanek, H.: *Lernende Automaten.* In: Steinbuch, K. (Hrsg.): *Taschenbuch der Nachrichtenverarbeitung.* Heidelberg 1967

Zu Teil 2: Kybernetik in Gesellschaft und Politik

54. Bahrdt, H. P., und andere: *Zwischen Drehbank und Computer.* Reinbek 1970
55. Bednarik, K.: *Die Programmierer.* Wien 1965
56. Beer, St.: *Kybernetik und Management.* Frankfurt am Main 1967
57. Behrendt, R. F.: *Über das Gefühl der Ohnmacht in unserer Gesellschaft — Zwischen neuen Ordnungen und Anarchie.* Freiburg im Breisgau 1967
58. Behrendt, R. F.: *Lob des Westens.* Zürich 1971
59. Beinhauer, H. H., und Schmacke, E.: *Fahrplan in die Zukunft — Digest internationaler Prognosen.* Düsseldorf 1970
60. Benjamin, M.: *Kybernetik und staatliche Führung.* Berlin 1967
61. Böhret, C. (Hrsg.): *Simulation innenpolitischer Konflikte.* Opladen 1972
62. Buchholz, A.: *Die große Transformation.* Reinbek 1970
63. Calder, N.: *Technopolis.* Düsseldorf 1971
64. Churchman, C. W.: *Einführung in die Systemanalyse.* München 1970
65. Closets, F. de: *Vorsicht! Fortschritt!* Frankfurt am Main 1970
66. Deutsch, K. W.: *Analyse internationaler Beziehungen — Konzeptionen und Probleme der Friedensforschung.* Frankfurt am Main 1968
67. Deutsch, K. W.: *Politische Kybernetik — Modelle und Perspektiven.* 2. Auflage: Freiburg im Breisgau 1970

68. Drucker, P. F.: *Die Zukunft bewältigen!* Düsseldorf 1969
69. Duverger, M.: *Demokratie im technischen Zeitalter.* München 1973
70. Ebert, Th.: *Weltinnenpolitik.* In: Zeitschrift für Zukunftsforschung, **3**, 1970
71. Ehrlich, P. R., und Ehrlich, A. H.: *Bevölkerungswachstum und Umweltskrise — Die Ökologie des Menschen.* Frankfurt am Main 1972
72. Flechtheim, O.: *Futurologie.* 2. Auflage; Köln 1971
73. Forrester, J. W.: *World Dynamics.* Cambridge/Massachusetts 1971
74. Forrester, J. W.: *Der teuflische Regelkreis.* Stuttgart 1972
75. Forsthoff, E.: *Der Staat der Industriegesellschaft.* München 1971
76. Frank, H. (Hrsg.): *Kybernetik — Brücke zwischen den Wissenschaften.* 7. Auflage; Frankfurt am Main 1970
77. Frank, H.: *Kybernetik und Philosophie.* Berlin 1966
78. Frank, H.: *Kybernetische Grundlagen der Pädagogik* (2 Bände). 2. Auflage; Baden-Baden 1969
79. Friedrich, H.: *Staatliche Verwaltung und Wissenschaft.* Frankfurt am Main 1971
80. Fromm, E.: *Die Revolution der Hoffnung.* Stuttgart 1971
81. Garaudy, R.: *Die große Wende des Sozialismus.* Wien 1970
82. Geiger, S.: *Erkennen und Wählen — Ein kybernetisches Modell.* Köln 1970
83. Glaser, H. (Hrsg.): *Kyberneticon.* München 1971
84. Goldstein, W.: *The Science Establishment and Its Political Control.* In: Virginia Quarterly Review, **43**, 1967
85. Greiwe, U.: *Herausforderung an die Zukunft.* In: Jungk, R., und Mundt, H. J. (Hrsg.): *Modelle für eine neue Welt.* München 1970
86. Greven, M. Th.: *Systemtheorie und Gesellschaftsanalyse.* Neuwied 1974
87. Gross, H.: *Das quartäre Zeitalter.* Düsseldorf 1973
88. Gunnarsen, B.: *Japans ökologisches Harakiri.* Reinbek 1974
89. Guillain, R.: *Der unterschätzte Gigant.* Bern-München-Wien 1970
90. Habermas, J.: *Theorie und Praxis.* Neuwied 1963
91. Habermas, J.: *Technik und Wissenschaft als „Ideologie".* Frankfurt am Main 1969
92. Habermas, J., und Luhmann, N.: *Theorie der Gesellschaft oder Sozialtechnologie — Was leistet die Systemforschung?* Frankfurt am Main 1971
93. Harbordt, St.: *Computersimulation in den Sozialwissenschaften* (2 Bände). Reinbek 1974
94. Hedberg, H.: *Die Japanische Herausforderung.* Hamburg 1970
95. Heyder, G.: *Machiavelli ex Machina.* In: Gewerksch. Monatshefte, **4**, 1972
96. Jirasek, J.: *Das Unternehmen — Ein kybernetisches System?* Hamburg 1968
97. Jouvenel, B. de: *Die Kunst der Vorausschau.* Freiburg im Breisgau 1967
98. Jungk, R.: *Der Jahrtausendmensch.* Gütersloh 1973
99. Jursa, O.: *Kybernetik, die uns angeht.* Gütersloh 1971
100. Kammler, U.: *Kybernetische Modelle in der internationalen Politik.* In: Politische Vierteljahresschrift, **13**, 4, 1972
101. Kilian, W., und andere: *Datenschutz.* Frankfurt am Main 1973
102. Klages, H.: *Planungspolitik.* Stuttgart 1971
103. Klaus, G.: *Kybernetik in philosophischer Sicht.* Berlin 1961
104. Klaus, G.: *Kybernetik und Gesellschaft.* Berlin 1965
105. Klaus, G.: *Kybernetik und ideologischer Klassenkampf.* In: Einheit, **9**, 1970; Berlin 1970
106. Klaus, G., und Liebscher, H.: *Was ist, was soll Kybernetik?* 5. Auflage; Leipzig 1969
107. Koch, C., und Senghaas, D. (Hrsg.): *Texte zur Technokratiediskussion.* Frankfurt am Main 1970
108. Konegen, N.: *Politikwissenschaft.* Düsseldorf 1973

109. Krauch, H.: *Prioritäten für die Forschungspolitik.* München 1970
110. Krauch, H. (Hrsg.): *Systemanalyse in Regierung und Verwaltung.* Freiburg im Breisgau 1972
111. Krauch, H.: *Computerdemokratie.* München 1974
112. Lang, E.: *Zu einer kybernetischen Staatslehre.* Salzburg 1970
113. Lauschke, G.: *Automation und Kybernetik.* Frankfurt am Main 1968
114. Lenk, H.: *Philosophie im technischen Zeitalter.* Stuttgart 1971
115. Lindemann, P.: *Unternehmensführung und Wirtschaftskybernetik.* Neuwied 1970
116. Lohberg, R., und Lutz, Th.: *Keiner weiß, was Kybernetik ist.* Stuttgart 1969
117. Mannheim, K.: *Mensch und Gesellschaft im Zeitalter des Umbruchs.* Darmstadt 1958
118. Marcuse, H.: *Eros und Kultur.* Frankfurt am Main 1957
119. Meadows, D., und andere: *Die Grenzen des Wachstums — Bericht des Club of Rome zur Lage der Menschheit.* Stuttgart 1972
120. Miller, A. R.: *Der Einbruch in die Privatsphäre.* Neuwied 1973
121. Mumford, L.: *The Myth of The Machine.* New York 1966
122. Narr, W. D., und Naschold, F.: *Einführung in die moderne politische Theorie* (3 Bände). 2. Auflage; Stuttgart 1971
123. Naschold, F.: *Organisation und Demokratie.* Stuttgart 1969
124. Naschold, F., und Väth, W. (Hrsg.): *Politische Planungssysteme.* Opladen 1973
125. Nitsche, R.: *Die Überdrußgesellschaft.* München 1971
126. Nußbaum, H. von (Hrsg.): *Die Zukunft des Wachstums — Kritische Antworten zum Bericht des Club of Rome.* Gütersloh 1973
127. Opp, K.-D.: *Kybernetik und Soziologie.* Neuwied 1970
128. Ottmanns, W. L.: *Die Grenzen des Wachstums — Pro und Contra.* Reinbek 1974
129. Packard, V.: *Die große Verschwendung.* Düsseldorf 1961
130. Paloczi-Horvath, G.: *Rebellion der Tatsachen.* Frankfurt am Main 1963
131. Pufendorf, U. von (Hrsg.): *Partizipation.* In: Offene Welt, **101**, 1970
132. Repenning, K.: *Umweltschutz.* Frankfurt am Main 1972
133. Rieker, H.: *Alltag im Jahre 2000.* Freiburg im Breisgau 1966
134. Ronge, V., und Schmieg, G. (Hrsg.): *Politische Planung in Theorie und Praxis.* München 1973
135. Scharpenack, F. (Hrsg.): *Strukturwandel der Wirtschaft im Gefolge des Computers.* Basel 1966
136. Schneider, H. G.: *Die Zukunft wartet nicht.* Stuttgart 1971
137. Schnelle, E.: *Organisationskybernetik.* In: Kommunikation, **1**, 1963
138. Schnelle, E.: *Kritische Hinweise zur Verbesserung der Entscheidungsprozesse.* In: Kommunikation, **3**, 1969
139. Schramm, W.: *Grundfragen der Kommunikationsforschung.* München 1969
140. Schultz, U.: *Umwelt aus Beton oder unsere unmenschlichen Städte.* Reinbek 1971
141. Senghaas, D.: *Kybernetik und Politikwissenschaft.* In: Politische Vierteljahresschrift, **7**, 2, 1966
142. Shannon, C. E., and Weaver, W.: *The Mathematical Theory of Communication.* 3rd Edition; Urbana/Illinois 1969
143. Stahl, K., und Cordes, U.: *Umweltplanung in der Industriegesellschaft.* Reinbek 1970
144. Steinbuch, K.: *Automat und Mensch.* 4. Auflage; Heidelberg 1971
145. Steinbuch, K.: *Die informierte Gesellschaft.* 2. Auflage; Stuttgart 1969
146. Steinbuch, K.: *Falsch programmiert.* München 1968
147. Steinbuch, K.: *Programm 2000.* Stuttgart 1970

148. Steinbuch, K.: *Mensch — Technik — Zukunft*. Stuttgart 1971
149. Steinbuch, K.: *Kurskorrektur*. Stuttgart 1973
150. Taylor, G. R.: *Die biologische Zeitbombe*. Frankfurt am Main 1970
151. Taylor, G. R.: *Das Selbstmordprogramm*. Frankfurt am Main 1971
152. Tenbruck, F. H.: *Zur Kritik der planenden Vernunft*. München 1972
153. Toffler, A.: *Der Zukunftsschock*. München 1970
154. Toffler, A.: *Kursbuch ins dritte Jahrtausend*. München 1973
155. Vester, F.: *Bausteine der Zukunft*. Frankfurt am Main 1968
156. Vester, F.: *Das Überlebensprogramm*. München 1972
157. Vester, F.: *Kybernetisches Denken in der Technologie*. In: Nußbaum, H. von (Hrsg.): *Die Zukunft des Wachstums — Kritische Antworten zum „Bericht des Club of Rome"*. Gütersloh 1973
158. Vester, F.: *Das Kybernetische Zeitalter*. Frankfurt am Main 1974
159. Voigt, J.: *Das große Gleichgewicht*. Reinbek 1971
160. Wagenführ, H.: *Industrielle Zukunftsforschung*. München 1970
161. Warner, M., und Stone, M.: *Die Computer-Gesellschaft*. München 1972
162. Waterkamp, R.: *Futurologie und Zukunftsplanung*. Stuttgart 1971
163. Weis, J.: *Wirtschaftsunternehmen und Demokratie*. Köln 1970
164. Weizsäcker, C. F. von: *Gedanken über unsere Zukunft*. Göttingen 1968
165. Weltner, K.: *Informationstheorie und Erziehungswissenschaft*. Quickborn 1970
166. Weltner, K.: *Sprachliche Information und Pädagogik*. In: Frank, H. (Hrsg.): *Kybernetik — Brücke zwischen den Wissenschaften*. 7. Auflage; Frankfurt am Main 1970
167. Wiener, N.: *Cybernetics or Control and Communication in The Animal and The Machine*. Cambridge/Massachusetts 1948
168. Wiener, N.: *Kybernetik — Regelung und Nachrichtenübertragung in Lebewesen und Maschine*. 2. Auflage; Reinbek 1968 (Dieser Titel ist eine deutschsprachige Übersetzung von 167)
169. Wiener, N.: *The Human Use of Human Beings — Cybernetics and Society*. Boston/Massachusetts 1950
170. Wiener, N.: *Gott & Golem Inc.* Düsseldorf 1965
171. Wittkämper, G.: *Analyse und Planung in Verwaltung und Wirtschaft*. Bad Godesberg 1972

3.2 Namen- und Sachregister

Zu Teil 1: Kybernetische Grundlagen

Abgeschlossenes System 69
Abtastimpuls 38
Abtasttheorem 37, 38
Adaption 79
adaptives System 79
Addition 48–50, 52
Adenin 36
Adressat 5
Äquivalenz 47
Äquivokation 31, 32
Ästhetik 16, 17
Aiken-Code 8
Algorithmentheorie 1, 70
Algorithmus 3
Alphabet 9, 19, 23, 31
alphanumerische Zeichen 9, 11
Alphatext 9
Aminosäure 36
Analogrechner 50, 51
Anschütz,H. 4
Antivalenz 44, 47, 48
aristotelische Logik 1
Ashby,W.R. 70, 77
Assembler 54
Ausgabe (→ Output) 53–55, 72–74
Ausgang (→ Output) 53–55, 72–74
Auslösung (Regelungstheorie) 57
Aussagenlogik 47
Auswendiglernen 80
Auszahlungsmatrix 84, 85
Automatentheorie 70, 80–82
automatische Übersetzung 81

Babbage,Ch. 1
Bandbreite 37–41
BCD-Code 9, 18
bedingter Reflex 80
bedingte Zuordnung 80
Behaviorismus 75
Belehrung (Lerntheorie) 81
Beobachtungskette 14
bidirektionale Kommunikation 14–16
Billing,H. 35

Binärcode (→ Dualcode) 7–9, 34, 37, 39
Binärsystem (→ Dualsystem) 1, 6–9, 18, 48
Binärzeichen (→ Dualzeichen) 6–11, 33–35, 39, 42, 48
Binary Digit (Bit) 20, 21
Black Box 72–74
Black-Box-Methode 72–75
Boole,G. 46
Boolesche Algebra 46, 47, 51, 70
Boolesche Funktion 46, 47
Boolesche Variable 46, 47
Briefpost 36, 37

Code 7–9, 11, 18, 34, 36, 37, 39
– Aiken-Code 8
– BCD-Code 9, 18
– Binärcode 7–9, 34, 37, 39
– Dualcode 7–9, 34, 37, 39
– 3-Exzeßcode 8, 18
Codierungstheorie 70
Codon 36
Compiler 54
Computer 47, 52, 75
Cube,F. von 79
Cytosin 36

Desoxyribonukleinsäure 36
deutscher Text 27, 29, 31
Dewey,J. 74
Dezimalsystem 7–9, 23, 51
Digitalrechner 51, 52
Disjunktion 43, 44, 47
Dissipation 31
Division 49
Dualcode (→ Binärcode) 7–9, 34, 37, 39
Dualsystem (→ Binärsystem) 1, 6–9, 18, 48
Dualzeichen (→ Binärzeichen) 6–11, 33–35, 39, 42, 48
dynamisches System 67

Eingabe (→ Input) 52–55, 72–74
Eingang (→ Input) 52–55, 72–74
Einsfunktion 47
Einsicht (Lerntheorie) 81
Eiweißsynthese 36
Element (Systemtheorie) 3, 6, 15, 19, 66
Energietechnik 56
endliches Spiel 84, 88
Entropie 28–30
Entscheidungsgehalt 21–23, 30
Erkenntnistheorie 14, 66, 74
Existenzerhaltung 76–79
exklusives „oder" 44, 47, 48
3-Exzeß-Code 8, 18

Fernschreiber 11, 36, 39
Fernsehen 36
Fernsprecher 36–39
Ferritkernspeicherung
  (→ Magnetkernspeicherung) 33, 35, 52
Fertigungstechnik 56
Festwertregelung 62
Fischer,F.A. 25, 26
Flechtner,H.J. 3, 35, 79
formale Logik 1, 44
Frank,H. 3, 18, 70, 82
Frequenzband 37–41
Frequenzskala 39–41
Führungsgröße 63
Funktion 5, 6, 16–19, 24, 46–48
– logische 46–48
– pragmatische 5, 16–18
– semantische 5, 16–18, 24
– syntaktische 5, 6, 16–19, 24
Funktionsmodell 75, 76

Gedächtnis 35
genetischer Code 36
Gewinn (Spieltheorie) 84, 85, 87–89
Gewinnmaximierung 89
Gruppendynamik 71
Guanin 36

Hardware 52, 53
Hartley,D. 19
Hybridrechner 51

Implikation (logische Funktion) 47
Information (→ Nachricht) 1, 3, 5, 6, 9, 14–21, 23–26, 30–32, 42
Informationsgehalt 17–21, 23–30, 35, 79, 80
Informationsspeicherung
  (→ Nachrichtenspeicherung) 32–36, 39, 79
Informationstheorie 1, 5, 6, 27–29, 79
Informationsübertragung
  (→ Nachrichtenübertragung) 2, 5–7, 11, 15, 17–19, 30–32, 36–39
Informationsverarbeitung
  (→ Nachrichtenverarbeitung) 6, 7, 42–46, 67, 79
Informationsverfälschung
  (→ Nachrichtenverfälschung) 31, 32
Informationsverknüpfung
  (→ Nachrichtenverknüpfung) 42–46, 51
Informationszugriff
  (→ Nachrichtenzugriff) 32–35
inklusives „oder" 44, 47
Input (→ Eingabe, → Eingang) 52–55, 72–74
Input – Output – Relation 73–75
Instabilität (Systemtheorie) 64, 65
Irrelevanz 31, 32
isomorphe Mechanismen 75
Istwert 61–63

Kannphase 81
Klassifizieren (Lerntheorie) 80
klassische Konditionierung 80
Klaus,G. 3, 67, 75
Koalition (Spieltheorie) 84
Kolmogorow,A.N. 20
Kommunikation 14–17
– bidirektionale 14–16
– unidirektionale 14
Kommunikationskette 14–16
Kommunikationsstörung 16
Konfliktsituation 83, 87, 88
Konjunktion 42–44, 47, 48
Kotelnikow,A.J. 37
Kreisrelation (Regelungstheorie) 61
Kunst 16, 17
Kurzwelle 39–41
Kybernetik 1–4, 44, 50, 67, 70, 74, 83

Langwelle 39–41
Lehralgorithmus 82
lehrender Automat 80–83
Leibniz,G.W. 1
Leitwerk (Rechenanlage) 53
Lernen 79–81
– Auswendiglernen 80
– durch bedingte Zuordnung 80, 81
– durch Belehrung 81
– durch Einsicht 81
– durch klassische Konditionierung 80, 81
– durch Nachahmung 81
– durch Probieren 81
– durch Speichern 80
– im Trial- and -Error-Verfahren 81
– Makroprozeß und Mikroprozeß 79
– mit Optimierung 81
– Redundanztheorie 79
lernender Automat 80–83
Lernphase 81
Lernstufe 80
Liebscher,H. 3
Lochkarte 11–13, 52
Lochstreifen 11, 39, 52
Lösung (Spieltheorie) 88
logische Funktion 46–48
logische Verknüpfung 48
Lohberg,R. 3
Lutz,Th. 3

Mach,E. 74
Magnetbandspeicherung 34, 35, 52
Magnetkernspeicherung (→ Ferritkernspeicherung) 33, 35, 52
Makroprozeß (Lerntheorie) 79
Maschinenprogramm 54
Maßästhetik 17
Matrix 33, 84, 85
menschliches Gehirn 35
Meßfühler 61, 62
Metasprache 17
Meyer-Eppler,W. 26, 35
Mikrophonstrom 37–39
Mikroprozeß (Lerntheorie) 79
Mises,R. von 20

Mittelwelle 39–41
mittlerer Informationsgehalt 25–30
Modell (Systemtheorie) 75, 76, 83, 84, 87
– Funktionsmodell 75, 76
– Spielmodell 83, 84, 87
– Strukturmodell 75, 76
Modulation 37, 38
Molekularbiologie 36
Morgenstern,O. 83
Morsealphabet 6
Motivation (Lerntheorie) 83
Multiplikation 49
Multiprogrammierung 54
Multiprozessierung 55
Multistabilität 78, 79

Nachahmung (Lerntheorie) 81
Nachlaufregelung 63
Nachricht (→ Information) 1, 3, 5, 6, 9, 14–21, 23–26, 30–32, 42
Nachrichtenkanal 5, 31, 32
Nachrichtenquelle 5, 14, 19, 20, 26–32
Nachrichtenspeicherung (→ Informationsspeicherung) 32–36, 39, 79
Nachrichtentechnik 56, 57
Nachrichtenübertragung (→ Informationsübertragung) 2, 5–7, 11, 15, 17–19, 30–32, 36–39
Nachrichtenübertragungssysteme 67, 68
Nachrichtenverarbeitung (→ Informationsverarbeitung) 6, 7, 42–46, 67, 79
Nachrichtenverarbeitungssysteme 68, 70
Nachrichtenverfälschung (→ Informationsverfälschung) 31, 32
Nachrichtenverknüpfung (→ Informationsverknüpfung) 42–46, 51
Nachrichtenzugriff (→ Informationszugriff) 32–35
Negation 42, 44–47
Neumann,J. von 53, 83, 88
Nukleinsäuren 36

Nukleotide 36
Nullfunktion 47
Nullsummenspiel 85

Objektprogramm 54
Objektsprache 17
„oder"-Baustein 73–75
Öffner (Regelungstheorie) 45
Ökologie 70
offenes System 70
Off-Line-Verarbeitung 55
On-Line-Verarbeitung 55
Operation Research 71
Operator 52
Optimierung (Lerntheorie) 81
Organisationstheorie 71
Output (→ Ausgabe; → Ausgang) 53–55, 72–74

Parallelschaltung 43, 44
Partei (Spieltheorie) 86, 87
Partie (Spieltheorie) 84, 85
Pawlow, I.P. 80
Pawlowscher Hund 80
Peirce-Funktion 47
politische Partei 86, 87
Positivismus 74
pragmatische Funktion 5, 16–18
Probensatz 37, 38
Probieren (Lerntheorie) 81
Programm 52–55
– Maschinenprogramm 54
– Objektprogramm 54
– Quellenprogramm 54
programmgesteuerte Rechenanlage 1, 11, 18, 48, 53, 55
Programmierer 51, 52
Programmiersprachen 54
Pulse Code Modulation (PCM) 37–39

Quellenprogramm 54

Rechenanlage (→ Computer) 1, 8, 9, 11, 18, 35, 48, 50–55
Rechenoperation 48, 49
Rechenschieber 50
Rechenwerk (Computer) 52–54, 75
Rechenzentrum 55
Redundanz 30, 31, 79, 80
– relative 30, 31
Redundanztheorie des Lernens 79, 80
Regelgröße 61–64
Regelkreis 60–62
Regelstrecke 60–62
Regelung 1–3, 56–62
Regelungstheorie 1, 56–65, 70
Register (Computer) 52, 53
Regler 60–64
– stetiger 63
– unstetiger 63, 64
– Zweipunktregler 64
Reihenschaltung 42–44, 48
Relais 45
relative Redundanz 30, 31
Ribonukleinsäure (RNS) 36
Richtstrahler 39
Rückkopplung 68, 69, 76, 77
Rundfunk 36, 39–41

Sampling Theorem 37, 38
Sattelpunkt (Spieltheorie) 88
Schaltalgebra 47
Schaltungstechnik 42–46, 48–50
Schickard, W. 1
Schmidt, H. 1, 2, 61
Scholastik 1
Schwarzer Kasten (→ Black Box) 72–75
Selbstorganisation (Systemtheorie) 78, 79
selbstregulierendes System 67
semantische Funktion 5, 16–18, 24
Shannon, C.E. 1, 2, 19, 25, 28
Sheffer-Funktion 47
Signal 6, 14, 15, 33
Signalflußplan 62
Sinnesorgan 14, 15
Sinnesphysiologie 14
Skinner, B.F. 74
Software 52, 53
Sollwert 61–64
Speicher (Computer) 33, 52, 53
Speicherkapazität 33–35
Speichern (Lerntheorie) 80

Spiel (Spieltheorie) 3, 84–89
- endliches 84, 88
- mit vollständiger Information 87
- unendliches 84
Spieler (Spieltheorie) 84, 85, 88, 89
Spielmatrix 84–87
Spielregel 84
Spieltheorie 1, 3, 71, 83–89
Sprache 15–19, 26, 37–39
- Metasprache 17
- Objektsprache 17
Sprechstromschwingung 37, 38
Spur (Codierung) 10, 11, 34
Stabilität 76–79
statisches System 67
Steinbuch,K. 3, 35, 67
Steinbuchsche Lernmatrix 80, 81
Stellglied 61, 62, 64
Stellgröße 61, 62
stetiger Regler 63
Steuerung 1, 56–59
Störgröße 61, 62
Störung (Systemtheorie) 77, 78
Strategie (Spieltheorie) 84–88
Stromverzweigung 50, 51
Strukturmodell 75, 76
Subtraktion 49
Superierung 6
Superzeichen 6
syntaktische Funktion 5, 6, 16–19, 24
System 3, 4, 15, 66–72, 74–79, 83
- abgeschlossenes 69
- adaptives 79
- dynamisches 67
- nachrichtenübertragendes 67, 68
- nachrichtenverarbeitendes 68, 70
- offenes 70
- selbstregulierendes 67
- statisches 67
- 1. Stufe 70
- 2. Stufe 70
- 3. Stufe 70, 71
- 4. Stufe 71
Systemanalytiker 52
Systemkomplex 71
Systemtheorie 1, 29, 66–89

Technik 56–58
Telegraphenalphabet 10, 11, 39

Terminal (Computer) 55
Tetrade 8, 9
Thymin 36
Time Sharing 55
Trägerfrequenz 37–41
Trägerschwingung 37, 38
Transinformation 31, 32
Trial-and-Error-Verfahren 81
Triplett 36

Ultrakurzwelle (UKW) 39–41
Ultrastabilität 77, 79
Umwelt 69–71, 76–78
unendliches Spiel 84
unidirektionale Kommunikation 14
unstetiger Regler 63, 64
Uracil 36

Verdrahtung 52
Verfahrenstechnik 56
Verhaltenspsychologie 70
Verkehrstechnik 56
Verlust (Spieltheorie) 84, 85, 87–89
vollständige Information
 (Spieltheorie) 87

Wahlpropaganda 18, 86, 87
Wahrscheinlichkeit 19–22, 24–31
Watson,J.B. 74
Watt,J. 1, 59
Weitschweifigkeit (Redundanz) 30
Weltner,K. 18
Wert (Spieltheorie) 88
Wertästhetik 17
Wiener,N. 1, 2

Zeichen 6–11, 18–20, 23–31
Zeichentheorie 70
Zeichenvorrat 6–9, 15–28, 30, 31
Zemanek,H. 80–82
Zentralnervensystem 14, 15
Zentrifugalregulator 1, 59–61
Zugriffszeit (Informationstheorie)
 33–35
Zuse,K. 1
Zweiersystem 9, 18
Zweipunktregler 64

Zu Teil 2: Kybernetik in Gesellschaft und Politik

Arbeiterbewegung 90
Arbeitskräfte 90, 91, 96, 98, 99, 101, 122, 160
Arbeitslosigkeit 119, 126, 159
Arbeitsplätze 114, 119, 125
Atomenergie 90
atomares Patt 95, 132
Atomwaffen (→ Kernwaffen) 92, 95, 132
Automatisierung 91, 92, 122–126
Autonomie 136, 148, 149, 161
autoritärer Staat 97

Bechert, K. 99
Bednarik, K. 93
Behörden 99, 100, 135, 136, 138, 145
Behrendt, R.F. 119, 120, 163
Benjamin, M. 157, 158
Benn, E.W. 136, 137
Betts, J. 135
Bevölkerungskonsens
  (→ Massenkonsens) 94, 95, 99, 141
Bevölkerungszunahme 94, 100, 104, 109–113, 116
Bildung (Politik) 95, 96, 100, 101, 105, 114, 126, 130, 141, 169
Biochemie 94
Boden (Politik) 101
Brain-Storming-Methode 103
Brandt, W. 96
Breschnew, L. 160
Bürokratie 101, 159, 162–164

Calder, N. 91, 92, 106, 107, 122, 123, 136
Christentum 94
Club of Rome 109, 114
Computer 90–93, 103, 104, 107–109, 115, 120, 124, 126, 129–136, 138–140, 142–144, 160, 162, 165, 169
Computerfaszination 115
Cross-Impact-Methode 103

Datenbank (→ Informationsbank) 91, 123, 136–138, 142, 144, 166–168
Datenbeschaffung 100, 102, 105, 106, 132, 134, 169
Datenmißbrauch 135, 139, 141, 143–146
Datenschutz 141, 143–146
Datenspeicherung 96, 107, 130, 135, 138, 143, 144, 149
Datenverarbeitung
  (→ Nachrichtenverarbeitung) 91, 96, 103, 107, 120, 121, 123, 130, 132, 133, 135, 136, 138–146, 155, 160, 161, 166, 167
Datenverfälschung
  (→ Informationsverfälschung) 93, 142, 143, 155
Delphi-Methode 102
Demokratie 97, 102, 120, 123, 130, 142, 153–155, 161–166, 168, 170
Demoskopie 102
Deutsch, K.W. 148–156
Dienstleistung (→ tertiärer Sektor) 91, 92, 108, 109, 112, 125
Diktatur (totalitärer Staat) 138, 154, 155, 166
dynamisches System 105

elektronische Datenverarbeitung
  (EDV) 91, 96, 103, 107, 120, 121, 123, 130, 132, 133, 139, 140, 142, 160
Elite 142, 149–152, 163, 169
Energie 91, 93, 100, 101, 117
– Technik 91, 93
– Politik 100, 101, 117
Entscheidung 90, 92, 97, 101, 105, 106, 108, 114, 118–120, 126, 127, 129, 130, 132–134, 136–138, 140, 141, 148, 149, 153–156, 159–167, 169
Eppler, E. 117
Erbgutbeeinflussung (Menschheit) 94
Erhard, L. 96

3.2 Namen- und Sachverzeichnis   181

ethische Aspekte (→ moralische
  Aspekte) 94, 95, 99, 118–120,
  140–143
Europäische Gemeinschaft (EG) 100,
  141, 162
Exekutive (→ Regierung) 100–102,
  105–107, 117, 135, 136, 139, 143,
  144, 148–152, 154, 156, 157, 162
Experte (→ Spezialist) 97, 99, 101, 102
  106, 121, 124, 139, 162, 163, 165,
  166, 168, 169
Extrapolation 102–104

Faktizisten 139
Fernsehen 139, 149
Forschung 92, 94, 101, 108, 117, 118,
  126, 141, 161
– Politik 101, 108, 117, 118, 141, 161
– Wissenschaft 92, 94, 118, 126, 161
Fortschritt 94, 105, 116, 142, 144, 146,
  158, 159
Frank,H. 166
Freiheit 116, 136, 139, 141–144, 165,
  166
Freizeit 122, 125, 138
Fromm,E. 140
Führungsgröße (Regelungstheorie)
  158
Futurologie (→ Prognostik) 95, 99,
  100, 102–104, 106, 114, 122, 159,
  160

Garaudy,R. 124, 125, 160, 161
Geburtenkontrolle 94, 112, 113
Gedächtnis (Mensch) 148, 149
Gefährdung der Menschheit 92–95,
  104, 109, 114, 139
Gehirn (Mensch) 108
General System Theory (GST)
  106–108
Gesamtarbeiter 124
Gesellschaft 90–99, 101–105, 107, 119,
  120, 122, 123, 125, 129, 130, 133–137,
  139–141, 144, 148, 149, 154, 157–165,
  169
Gesellschaftstheorie 99, 119, 120, 125,
  129, 130, 134, 157, 164, 165, 169

Gesellschaftswissenschaften
  (→ Sozialwissenschaften) 94,
  102–105, 107, 141, 148, 165, 169
Gesetzgebung (→ Legislative) 118,
  139, 149
Gesundheit (Politik) 95, 96, 101, 105,
  114, 126
Gewinnmaximierung 163
Goldstein,W. 165
Gross,H. 108
Großmächte (→ Supermächte) 95, 132
Gruppeninteressen (→ organisierte
  Interessen) 97–100, 102, 105, 118,
  149–152, 156–158, 162, 166, 167

Habermas,J. 161, 162
Harbordt,S. 114, 115, 130, 131
Hardware 108
Hegemonialpolitik 95
Heilslehren 97, 117, 120
Herrschaft 97, 105, 137, 142, 160–165,
  169
Heyder,G. 104, 105, 163
Hierarchie 126–129, 163
historischer Analogieschluß 102

Industrie 90, 97, 100, 101, 109–115,
  119, 121, 124, 125, 136, 159, 161
– Politik 100, 101
– Produktion 90, 100, 109–115, 119,
  121, 124, 125, 161
industrielles Zeitalter
  (→ technisches Zeitalter) 90, 92,
  95, 97
Industriegesellschaft
  (→ Industriestaat) 90, 97, 99, 105,
  106, 116, 117, 163
Industriestaat (→ Industriegesellschaft) 90, 97, 99, 105, 106,
  116, 117, 163
Information (→ Nachricht) 90–94, 99,
  101, 102, 104–108, 123, 126, 127,
  129, 130, 132, 135–139, 142–144,
  146, 148, 149, 154–156, 158, 160,
  163, 164, 166–170
Informationsbank (→ Datenbank) 91,
  123, 136–138, 142, 144, 166–168

Informationsmonopol
 (→ Informationsprivileg) 137, 139, 146, 163
Informationsprivileg
 (→ Informationsmonopol) 137, 139, 146, 163
Informationsresistenz 93, 94
Informationsselektion
 (→ Nachrichtenselektion) 93, 94, 142, 163
Informationsstörung
 (→ Kommunikationsstörung) 154, 163, 169, 170
Informationstheorie
 (→ Nachrichtentheorie) 93
Informationsübertragung
 (→ Nachrichtenübertragung) 91, 93, 166
Informationsverfälschung
 (→ Datenverfälschung) 93, 142, 143, 155
Infrastruktur 100, 101, 143
Ingenieur 92, 124, 125, 161
Innovationszeit 90
Istwert 125

Jungk, R. 103
Jursa, O. 103, 122, 139
Justiz 122, 157

Kaufkraft 90
Kapital 90, 95, 99, 101, 110–113, 159, 160
Kapitalismus 90, 116, 125, 158–161
Kapitänsinstanz (Kybernetik) 105, 166
Kernwaffen (→ Atomwaffen) 92, 95, 132
Klassendenken (→ Klassenkampf) 97, 116, 158, 159
Klassenkampf (→ Klassendenken) 97, 116, 158, 159
Klaus, G. 157, 158
Kommunikation 93, 104, 124, 126, 127, 130, 140, 148–157, 164, 169, 170
Kommunikationsstörung
 (→ Informationsstörung) 154, 163, 169, 170

Kommunismus (→ Marxismus-Leninismus) 98, 157, 159–161
komplexes System 99, 104–107, 130–132, 157, 162
Komplexität (Systemtheorie) 99, 105–107, 129, 131, 132, 162
Konegen, N. 100, 101, 132, 133
Konflikt 105, 116, 120, 129, 148, 154
Konnektivität (Systemtheorie) 105
Konsumenthaltung 114, 119
Konsumgüter 109, 117, 119
Kontrolle 97, 101, 102, 104, 105, 126, 127, 130, 134, 137, 139, 141, 142, 144–146, 148, 159, 161–165, 169
Krieg 95, 105, 109, 120
Kultur 97, 122, 141
Kunst 122
Kybernetik 104–108, 117, 127–129, 132, 133, 136, 148, 149, 153–155, 157–163, 165, 166
kybernetische Instanzen 104, 105, 153, 166
– Kapitänsinstanz 105, 166
– Lotseninstanz 105
– mittlere Ebene 153
– Ruderinstanz 105
– Steuermannsinstanz 105

Landwirtschaft (vgl. Nahrungsmittel) 94, 98, 101, 109, 114, 162
– Politik 98, 101, 162
– Produktion 94, 109, 114
lebensfähiges System 156
Lebensqualität 95, 117, 119, 140
lebensunfähiges System 156
Legislative (→ Gesetzgebung) 118, 139, 149
Legitimitätsdenken 149, 153
Lehrautomat 92, 122
Leitpersonen 149–152
Lenin, W.I. 161
Lernen 154–157
Leroque, P. 142
Löbl, E. 137
Lotseninstanz (Kybernetik) 105, 166

Macht 90, 101, 116, 119, 127, 136–139, 142, 146, 149, 154–157, 160, 162, 163, 169

Manipulation 94, 137–139, 142, 155
Mannheim,K. 138
Marcuse,H. 97
Marktforschung 102
Marx,K. 124, 161
Marxismus-Leninismus (Kommunismus) 98, 157, 159–161
Massenkonsensus (→ Bevölkerungskonsensus) 94, 95, 99, 141
Massenmedien 149–152, 155
Materialkreislauf 115
Materie 91, 93
Mathematical Theory of Communication 93
Mathematisierung 92, 103, 106, 107, 115, 122, 131
Meadows,D. 109
Menschheit 90, 92–95, 100, 104, 109–114, 116, 117, 120, 123, 139, 146, 165, 166
– Gefährdung 92–95, 104, 109, 114, 139
Merkle,H.L. 118
Michels,R. 153
Militär (Politik) 92, 95, 99, 149, 153
Miller,A.R. 136
Ministerien 99, 100, 117, 163, 164
mittlere Ebene (kybernetische Instanzen) 153
Modell 103, 104, 106, 107, 109–115, 132, 148–152, 155, 157, 158, 160, 161, 163
moralische Aspekte
  (→ ethische Aspekte) 94, 95, 99, 118–120, 140–143
Mumford,L. 139

Nachricht (→ Information) 90–94, 99, 101, 102, 104–108, 123, 126, 127, 129, 130, 132, 135–139, 142–144, 146, 148, 149, 154–156, 158, 160, 163, 164, 166–170
Nachrichtenselektion
  (→ Informationsselektion) 93, 94, 142, 163
Nachrichtentechnik 93, 94
Nachrichtentheorie
  (→ Informationstheorie) 93

Nachrichtenübertragung
  (→ Informationsübertragung) 91, 93, 166
Nachrichtenverarbeitung
  (→ Datenverarbeitung) 91, 96, 103, 107, 120, 121, 123, 130, 132, 133, 135, 136, 138–146, 155, 160, 161, 166, 167
Nahrungsmittel 94, 109–113, 140
Narr,W.D. 106, 156
Nationalsozialismus 94
Naturwissenschaften 90, 91, 94, 118, 141, 162, 165, 169
naturwissenschaftlich-technische Revolution 90, 92, 95, 98, 104, 125, 163, 165
Nitsche,R. 93, 94, 169
Nord-Süd-Gefälle 100
Nußbaum,H. 116

Obristen 153
öffentlicher Dienst 95, 96, 125, 145
Ökologie (vgl. Umwelt) 94, 108, 114, 117, 119, 165, 166
Ökonomie (vgl. Wirtschaft) 102, 104, 108, 114, 119, 159, 160, 166
offenes System 103–105, 148
Oligarchisierung 153
Ombudsman 146
operative Datei; 130, 131
Optimierung (Lerntheorie) 108
Organisation 99, 126–128, 139, 141, 148, 156, 159, 161–163, 166
organisierte Interessen
  (→ Gruppeninteressen) 97–100, 102, 105, 118, 149–152, 156–158, 162, 166, 167
Organisierte Repräsentative Artikulation kritischer Entwicklungslücken (ORAKEL) 167, 168
Organization for Economic Cooperation and Development (OECD) 101
Ostblock 97, 153, 157–160
Ost-West-Gegensatz 100, 117

Packard,V. 142, 143
panerotische Endzeitgesellschaft 97

Parlament 99, 101, 143–146, 163, 164
Partei 97–99, 102, 105, 117, 137, 149, 153, 157–161, 166
pathologischer Lernprozeß 155, 156
Pestel, E. 115, 116
Planung 95–107, 126, 127, 132, 136, 137, 140, 158–160, 162–164, 169
Planungsfeindlichkeit 96–102
Pluralismus 100, 105, 120
Politik 92–102, 105–108, 111, 114, 117, 118, 122, 126, 129, 130, 132–135, 140–142, 148–156, 159–167, 169
Politiker 92, 94, 99, 101, 106, 107, 117, 130, 136, 137, 139, 141, 142, 145, 146, 149–152, 162–164, 166, 167, 199
– Karriere 99
– Kontrolle 137, 139, 141, 142, 145, 146, 163, 164, 169
– Verantwortung 94, 99, 136, 137, 141, 142, 169
Präferenz (→ Priorität) 154–157, 160, 162, 164, 169
Presse 139, 149
Preußentum 94
Priorität (→ Präferenz) 154–157, 160, 162, 164, 169
Privatsphäre 136, 141–146
Produktion 90–92, 100, 109–115, 119, 121, 124, 125, 127, 132, 140, 161
Prognostik (→ Futurologie) 95, 99, 100, 102–104, 106, 114, 122, 159, 160

quartärer Sektor 108

Rassismus 94
Rationalisierung 102, 108, 114, 126
Raumordnung (→ Regionalplanung) 96, 114, 130
Realität (→ Wirklichkeit) 117, 150–152, 155
Recycling (→ Wiederverwendung) 114, 115, 119
Regelkreis 104, 125, 127, 162, 163
Regelung (vgl. Steuerung) 104, 125, 127, 158, 161–163
Regierung (→ Exekutive) 100–102, 105–107, 117, 135, 136, 139, 143, 144, 148–152, 154, 156, 157, 162

Regionalplanung (→ Raumordnung) 96, 114, 130
Revolution 90, 105, 154, 156
Rohstoffe 94, 100, 104, 109–114
Ruderinstanz (Kybernetik) 105
Rückkopplung 104, 106, 109, 139, 155, 158, 160, 161, 169, 170
Rüstungsbegrenzung 132
Rüstungswettlauf 95
Rundfunk 139, 149

Schnelle, E. 163
Scott, H. 161
selbstentwickelndes System 156
Selbsterhaltung 104, 120, 157
Selbstkontrolle 145
selbstregulierendes System 148, 157, 158
selbstzerstörerisches System 155, 156
self-fulfilling prophecy (vgl. Prognostik) 104
self-preventing prophecy (vgl. Prognostik) 104
Senghaas, D. 133, 165
Shannon, C.F. 91, 93
Simulation (Computer) 103, 130–134
Software 108
Sollwert 105, 106, 125
Sozialismus 90, 97, 157–161
sozialistischer Staat 97, 116, 158
Sozialkybernetik 104, 105, 127, 153–155, 157, 165, 166
Sozialprodukt 90, 97, 98, 100, 125
Sozialwissenschaften (→ Gesellschaftswissenschaften) 94, 102–105, 107, 141, 148, 165, 169
Spezialist (→ Experte) 97, 99, 101, 102, 106, 121, 124, 139, 162, 163, 165, 166, 168, 169
Staat 90, 97, 98, 99, 105, 106, 116, 117, 130, 136, 138, 141–143, 154, 155, 157, 158, 163, 166
– autoritärer 97
– demokratischer 120, 130, 145, 155, 166
– Industriestaat 90, 97, 99, 105, 106, 116, 117, 141, 163
– sozialistischer 97, 116, 157, 158
– totalitärer 138, 154, 155, 166

3.2 Namen- und Sachregister   185

Städtebau (Politik) 95, 96, 100, 101,
   114, 130
Steinbuch,K. 102, 103, 115, 118, 123,
   124, 129, 140, 146
Steuermannsinstanz (Kybernetik) 105
Steuerung (vgl. Regelung) 124, 125,
   127, 130, 148, 156–158
Störung 93, 105, 130, 154, 163, 169,
Stone,M. 144
Supermächte (→ Großmächte) 95, 132
System 91, 99, 103–108, 127, 128,
   130–132, 148, 154–158, 161, 162
– dynamisches 105
– komplexes 99, 104–107, 130–132,
   157, 162
– lebensfähiges 156
– lebensunfähiges 156
– offenes 103, 105, 148
– selbstentwickelndes 156
– selbstregulierendes 148, 157, 158
– selbstzerstörerisches 155, 156
Systemanalyse 106–114, 127, 130, 132,
   141, 154
System-Ingenieur 108
Systemtheorie 106–108

Technik (vgl. Technologie) 97, 108,
   120, 121, 126, 139, 141, 146,
   159–162, 164, 166, 169
Technikfeindlichkeit 97
technisches Zeitalter
   (→ industrielles Zeitalter) 90, 92,
   95, 97
Technokratie 97, 123, 161–163, 169
Technologie (vgl. Technik) 90, 97, 100,
   105, 107, 121, 124, 126, 140–142,
   146, 159, 166, 169
tertiärer Sektor (→ Dienstleistung)
   91, 92, 108, 109, 112, 125
totalitärer Staat 138, 154, 155, 166

Überleben 154–156, 165, 166
Ulbricht,W. 157
Umwelt (vgl. Ökologie) 93, 94, 96,
   99, 100, 104, 105, 107, 109–114,
   117–120, 139, 155, 156
– Krise 93, 94, 99, 100, 109–113,
   117, 120
– Schutz 96, 100, 105, 114, 117, 118

Variabilität (Systemtheorie) 105
Varietät (Systemtheorie) 105
Veblen,Th. 161
Vereinte Nationen (UNO) 100, 142, 146
Verkehr 92, 95, 96, 101, 114, 117, 119,
   122, 130
– Politik 95, 96, 101, 114, 117, 119, 130
– Technik 92, 122, 130
Verwaltung 92, 102, 105, 108, 117, 122,
   127, 138, 145, 146, 162–164
Vester,F. 117, 118

Wachstum (→ Zuwachs) 109–114,
   116, 118, 125, 140, 159, 165–167
Wahl (Politik) 98, 99, 101, 130, 140,
   141, 149
Warner,M. 144
Weaver,W. 93
Weizsäcker,C.F. von 117, 164
Weltinnenpolitik 117
Westin,A. 135, 144
Wheeler,H. 167
Whisler,Th. 126
Wiederverwendung
   (→ Recycling) 114, 115, 119
Wiener,N. 104, 107, 132, 139
Wirklichkeit (→ Realität) 117,
   150–152, 155
Wirtschaft (vgl. Ökonomie) 92,
   95–97, 99–102, 108, 114, 122,
   125–127, 132, 137, 139, 142, 146,
   158–162, 165
Wirtschaftswissenschaften 99, 101,
   102, 104, 108, 162
Wissenschaft 90, 92, 94, 99,
   101–104, 106–108, 114, 118, 126,
   142, 146, 157, 159–165, 167, 169
Wittgenstein,L. 140
Wittkämper,G. 101

Zukunft (vgl. Futurologie und
   Prognostik) 101–104, 109–115,
   119–121, 140, 141, 155, 159, 163,
   165, 169
Zusammenarbeit (Politik) 100, 101,
   117, 141, 162
Zuwachs (→ Wachstum) 109–114,
   116, 118, 125, 140, 159, 165–167
Zweikinderfamilie 109, 113